약함 너머

약함 너머

BEYOND WEAKNESS
반드시 이기는 약자의 전략

임종득 지음

굿인포메이션

약함 너머 _ 반드시 이기는 약자의 전략

초판 5쇄 펴낸날 2021년 12월 30일 ‖ 지은이 임종득

펴낸곳 굿인포메이션 ‖ 펴낸이 정혜옥 ‖ 편집 연유나, 이은정 ‖ 영업 최문섭

출판등록 1999년 9월 1일 제1-2411호 ‖ 기획 (주)엔터스코리아 책쓰기브랜딩스쿨

사무실 04779 서울시 성동구 뚝섬로 1나길 5(헤이그라운드) 7층

사서함 06779 서울시 서초구 동산로 19 서울 서초우체국 5호

전화 02)929-8153 ‖ 팩스 02)929-8164 ‖ E-mail goodinfozuzu@hanmail.net

ISBN 97911-975111-9-6 03320

굿인포메이션(스쿨존, 스쿨존에듀)은 작가들의 투고를 기다립니다.

책 출간에 대한 문의는 이메일 goodinfozuzu@hanmail.net으로 보내주세요.

이 도서는 한국출판문화산업진흥원의 '2021년 출판콘텐츠 창작 지원 사업'의 일환으로
국민체육진흥기금을 지원받아 제작되었습니다.

약함은 도둑처럼 찾아온다

개인의 삶이나 조직 간의 경쟁, 국가 간의 전쟁에서 가장 큰 위기는 예상하지 못한 사건으로부터 시작된다. 세상은 우리가 기대하는 대로 움직이지 않는다. 전혀 예상하지 못한 일들이 어느날 갑자기 발생한다. 계획은 엉망이 되고 상황은 통제불능에 빠져 실망하고 당황하게 된다.

남의 이야기가 아니다. 불과 몇 년 전 저자가 직접 경험한 일이다. 사관학교를 입학하면서 시작된 군 생활은 너무나 순조로웠다. 꿈도 많았고 그 꿈을 하나씩 이루어가고 있었다. 그런데, 어느 날 갑자기 의지와 무관하게 군 생활을 마무리해야 하는 상황에 놓이게 되었다. 처음에는 눈앞에서 펼쳐지는 상황을 부정해 보았다. 국면을 전환하려고 안간힘도 써 보았으나 바뀌는 것은 아무것도 없었다. 시간이 지나면서 조금씩 현실을 인정하고 받아들일 수 있었다. 혼자만의 시간이 길어졌다. 마침내 인생에는 어찌할 수 없는 운명이라는 게 존재한다는 것을 인정하게 되었다. 그렇게 현실을 인정할 때 비로소 새로운 출발이 가능했다.

2년여 시간을 온전히 독서와 사색에 몰두했다. 도서관을 찾아 관심 분야의 책을 읽으면서 책 속 주인공들과 시간과 공간을 초월한 만남이 가능했다. 놀라운 일이 벌어졌다. 사마천, 정약용, 이순신, 칭기즈칸, 마오쩌둥, 스티브 잡스 등 많은 인생 선배와의 만남은 자신을 돌아보는 중요한 계기가 되었다. 약함의 상황에서 이들은 시련을 어떻게 인식하고 받아들였고, 어떻게 그 어려움을 극복했는지 보이기 시작했다. 각자가 처한 상황은 사뭇 달랐지만, 상황을 인식하고 해결해 가는 방식에는 많은 유사함이 있었다. 거기에는 일정한 원리가 있었고 패턴이 존재한다는 사실을 발견했다.

독서가 깊어지면서 관심은 개인에서 조직, 국가로 확장되었다. 약한 조직과 국가가 강자를 이기는 사례들이 눈에 들어왔다. 조직이나 국가도 결국은 사람이 중요했다. 약함을 극복해본 경험이 있는 개인이 이끄는 조직이나 국가는 그 지도자의 대의명분과 열정에 동화되어 조직원들도 함께 열정과 끈기를 발휘했다.

약자가 강자를 이기는 데는 비밀스러운 공식이 있다는 확신이

들었다. 전략의 이론과 실제에 대한 지식과 경험을 바탕으로 역사와 전쟁사 속에 숨겨져 있는 약자가 강자를 이긴 놀라운 이야기들을 일관성 있게 해석할 수 있었다. 이 확신이 책을 쓰게 되는 동기가 되었다.

약자가 어떻게 강자를 이길 수 있을까?

약육강식(弱肉強食), 강자존(強者存)은 누구나 잘 알고 있는 이야기다. 그렇다면, 절대다수를 차지하는 약자는 희망이 없다는 말인가? 다행히 현실세계에서는 종종 약자가 강자를 이기는 일들이 발생한다. 우리는 이것을 '기적'이라고 말한다. 왜 이런 '기적'이 특정 개인, 조직, 국가에서만 반복해서 일어나는 것일까? 지금까지 우리가 깨닫지 못한 승리의 비결이 있는 것은 아닐까?

저자는 육군사관학교를 졸업하고 장군이 되기까지 정책부서에서 전략 기획업무를 반복적으로 수행했다. 역사, 국제관계 및 정치학을 전공했고 청와대, 국방부 및 합참에서 정책과 전략을 기획하고 시행했다. 또한, 육군대학교 전쟁사 교관으로서 역사 속에서 약자가 어떻게 강자를 맞아 싸워 이겼는지를 분석하고 가르쳤다. 이러한 다년간의 경험과 치열한 고민의 흔적들이 한 권의 책이 되었다.

이 책은 약한 개인, 조직 및 국가가 강자를 이긴 사례들을 분석하고, 이를 바탕으로 강자를 이기는 약자의 승리 방정식, 'V = WE MISS'를 제시한다. 방책(Ways), 목표(Ends), 가용수단(Means), 정보(Intelligence), 끈기(Strongly Stand)라는 다섯 가지 핵심요소의 머리글자를 따서 만들었다. 약자인 우리가 간절히 바라는(We Miss), 그러면서도 수많은 약자가 놓치고 있는(We Miss) 승리의 비결은 이 다섯 가지 핵심요소를 중심으로 약자의 승리 방정식을 풀어갈 것이다. 이 방정식이야말로 약자가 자신이 가진 한계를 극복할 수 있는 승리전략이자, 제4차산업혁명 시대에도 충분히 통용되는 솔루션(Solution)이다. 강자극복을 소망하는 개인뿐만 아니라 조직이나 국가의 지도자가 되기를 꿈꾸는 사람들, 안보 분야에서 조국의 미래를 짊어질 꿈나무들이 읽기를 권장한다.

전략, 이론만으로는 안 된다

많은 사람이 전략의 중요성을 이야기한다. 오늘날 세상은 온통 전략의 홍수이다. 개인이든 기업이든 성과를 거두기 위해 혹은 치열한 경쟁에서 승리하기 위해 전략을 세운다. 개인의 동아리 활동에서 국가의 주요 정책을 논하는 자리까지 전략이란 단어가 빠지지 않는다. 사람들은 웬만한 단어에 전략이라는 단어를 붙이면 그

럴듯한 작품이 된다고 생각한다. 전략을 모든 문제를 해결해 주는 만병통치약으로 생각한다. 그런데 정작 전략의 원래 의미를 제대로 이해하고 사용하는 사례는 찾아보기 어렵다.

전략을 비전, 야심, 리더십과 동일시하는 사례도 많다. 전략은 이러한 것들과 분명히 다르다. 전략은 목표달성을 위해 가용수단을 활용하여 방책을 수립하고 시행하는 것이다. 전략이란 단순한 개념이나 이론이 아니라, 그 개념이나 이론을 맥락적으로 이해하고 현실에 적용하는 실질적인 행동이다.

'전승불복(戰勝不復)'이라는 말을 들어보았을 것이다. 전쟁에서의 승리는 반복되지 않는다는 의미이다. 주변환경과 상황은 수시로 변한다. 비슷한 상황이라고 이전과 같은 방법을 적용했다가는 실패하기 쉽다. 그런데 사람들은 과거의 승리에 집착한다. 우리가 금과옥조로 여기는 개념과 이론은 '옛 성현의 찌꺼기'[1]에 불과하다. 그것을 맥락적으로 이해하고 참고해야지 그대로 적용해서는 안 된다. 당면한 환경과 역동적으로 움직이는 현재의 사건에 집중해야 한다.

---

1   장자, 김학주 역, 「장자」 (2010), pp.342~345. 천도편 윤편의 이야기. 사람의 말이나 글로는 올바른 도를 표현할 수 없다는 뜻이다.

약함이 전략을 만나다

흥망성쇠는 대자연의 변함없는 이치이다. 모든 사람에게 약함은 찾아온다. 다만 시기에 차이가 있을 뿐이다. 그러나 걱정할 일이 아니다. 약자가 강자를 이기는 비결인 'V=WE MISS' 전략을 만나면 기적이 일어난다. 전략의 핵심요소인 방책, 목표, 가용수단, 정보 그리고 끈기라는 5개 기둥의 의미를 정확하게 이해하고 약자의 특성에 맞게 전략을 구사하면 약자가 강자를 이길 수 있다.

주변을 돌아보면 약자가 강자를 이기는 경우는 흔하지 않다. 약함의 시련에 압도당해 세상에서 빛을 보지 못하는 약자들이 더 많다. 그렇다면 왜 수많은 약자는 성공하지 못하는 것일까? 이유는 간단하다. 과감하게 시도하지 못했기 때문이다. 스스로 '나는 안 돼!' '나는 할 수 없을 거야!'라고 자신의 가능성을 한정한다. 자신이라는 좁은 울타리에 갇혀 무한한 가능성의 세계를 보지 못하고 기존 기득권의 잣대로 성공 가능성을 계산하기 때문이다.

자신의 한계를 스스로 정하는 것은 성공으로 가는 길에 가장 큰 걸림돌이다. 약자의 전략으로 승리하는 꿈을 꾸라. 꿈은 미래의 일이다. 미래의 일을 기존의 틀과 논리로 분석하면 잘못될 수 있다. 역사에서 창의와 기적은 늘 다수가 불가능하다고 하는 그 지점에서 일어났다. 기존의 상식을 인정하는 것을 거부한 약한 소수에 의해 이루어졌다.

약함, 축복의 역설

인간은 꼭 그래야만 하는 이유가 생기지 않는 이상 중요한 결정을 내리기를 망설인다. 온갖 이유를 대면서 회피한다. 마치 첫 비상을 앞둔 아기 제비의 모습과 같다. 어릴 적 우리 집 처마 끝에는 제비집이 있었다. 봄이 되면 강남갔던 제비는 어김없이 돌아와 알을 낳고 부화를 하여 아기 제비가 태어났다. 어미 제비는 부지런히 먹을 것을 물어와 아기 제비에게 먹이고 어느 정도 성장하면 어미 제비는 아기 제비를 둥지 밖으로 밀어낸다. 아기 제비에게 하늘을 나는 법을 가르치기 위해서이다. 아기 제비는 두려워서 비명을 지르며 온몸으로 버티지만 결국 밀려 떨어진다. 그때 비로소 자신에게 날개가 있음을 알게 된다.

우리도 자주 유사한 경험을 한다. 어느 날 불쑥 찾아온 약함은 참기 어려운 고통을 주어 문제해결을 위한 결단을 하도록 밀어붙인다. 고통은 자신을 돌아보게 하고, 돌아봄을 통해 더 강하게 된다. 이때가 새로운 시작을 할 수 있는 절호의 기회다. 시련이 가혹하면 할수록 훗날 쓸모가 더 크다. 약함 너머에 기회가 있다. 시련에 굴복하여 좌절하지만 않는다면.

그동안 나는 겉모습의 나를 위해 앞만 보고 달려왔다. 그러나 예기치 않게 찾아온 약함의 경험은 나의 내면을 바라보는 계기가 되었다. 진정한 삶의 의미를 깨닫게 된 지금이 최고 축복의 순간이다. 새로운 꿈을 향해 도전할 수 있으니까.

이 책은 전문가의 어려운 분석이 아니라 일반인의 눈높이에서 쉽게 공감할 수 있도록 기술하였다. 책은 총 여섯 장으로 구성되어 있다. 제1장에서는 전략의 기원과 특징을 소개하고, 약자의 승리 방정식 V=WE MISS를 제시한다. 2~6장에서는 '방책(W), 목표(E), 가용수단(M), 정보(I), 끈기(SS)'라는 다섯 가지 기둥을 중심으로 약자가 강자를 이길 수 있는 승리의 비결을 제시한다. 전쟁사례뿐만 아니라 정치와 문화, 스포츠, 경영 분야의 사례를 활용하여 설명하고 있어 쉽게 이해하고 적용할 수 있을 것이다.

군 생활을 통해 익힌 전략 분야의 전문성, 전쟁사를 가르치며 경험한 현장의 이야기, 독서를 통해 넓혀진 안목이 독자들의 공감을 이끌어낼 것이다. 책을 읽는 순간, 약자도 강자를 이길 수 있다는 자신감이 충만해질 것이다. 약함이 축복일 수 있다는 사실에 가슴 설렐 것이다.

이 책을 마무리하며 지금의 나를 있게 한 많은 분께 감사의 인사를 전한다. 나를 낳고 길러주신 부모님과 사랑하는 아내 강용재를 비롯한 가족들, 존경하는 스승님들, 군의 소중한 선후배님들, 고마운 친구들… 이분들 도움에 힘입어 오늘의 내가 있다. 받은 사랑과 은혜는 세상의 약자들을 사랑하고 돕는 일에 흘러보내려 한다.

더불어, 지금까지 책을 쓰는 과정에서 함께 해주신 분들에게 감사의 인사를 드린다. 엔터스코리아 책쓰기브랜딩스쿨 양원근 대표님을 비롯해 긴 원고의 에디팅에 심혈을 기울여주신 굿인포메이션 정혜옥 대표님과 출판사 식구들, 연유나 편집장님 및 디자이너님께 깊은 감사의 마음을 전한다.

2021년 9월
임종득

Contents _____

2장 **방책**(Ways) :
약자의 강점을 강자의 약점에 집중하라

3장 **목표(Ends)** :
명확하고 결정적이며 달성가능해야 한다

4장 가용수단(Means) :
당신이 숨겨놓은 무기는 무엇인가?

5장 정보(Intelligence) :
약자이기에 더 절실하다

6장 끈기(Strongly Stand) :
포기하지 않으면 승리한다

BEYOND WEAKNESS

제1장

약자에게는 그들만의 전략이 있다

힘센 사람과 약한 사람이 싸우면 누가 이길까? 당연히 힘센 사람이 이긴다. 그래서 우리는 가깝게는 완력부터 학력, 재력, 명예, 권력에 이르기까지 상대를 제압할 힘을 기르기 위해 노력한다. 강할 때 무시당하지 않고 사회로부터 인정받을 수 있기 때문이다. 토마스 홉스(Thomas Hobbes)가 말한 '만인 대 만인의 투쟁상태'라는 표현은 약육강식(弱肉强食)이 인간의 삶에도 적용되는 원리임을 적나라하게 설명한다.

그런데 역사를 보면 약자가 강자를 이긴 사례를 심심찮게 확인할 수 있다. 어떻게 이런 일이 일어날까? 사실 그것은 기적이 아니다. 비결이 있다. 이 비결을 깨달은 약자는 승리했고, 이 비결을 모르는 약자는 그저 기적이라고 환호하며 부러워한다. 자기는 감히 넘볼 수 없는 일이라고 생각한다. 그리고 약자의 삶을 계속 살아간다. 간절히 강자를 이기고 싶어하면서도.

이기는 약자는 그들만의 전략이 있다.
약자인 우리가 그렇게 간절히 바라는(WE MISS),
그러면서도, 약자인 우리가 놓치고 있는(WE MISS).

여기에 약자가 강자를 이기는 전략이 숨겨져 있다.

전략이 도대체 뭘까?

엄청난 군사적 재앙이 벌어졌다.

우린 끝까지 싸울 것이다.

결코 항복하지 않을 것이다.

40만 명의 포위된 연합군. 허공에서 폭격기가 날아들고, 군인들로 가득한 선박이 폭격과 어뢰 공격을 받아 침몰한다. 배가 가라앉자 물에 빠진 군인들이 헤엄쳐 다른 배에 옮겨탄다. 민간인들이 자원해 작은 요트부터 어선까지 몰고 나와 군인들을 태우고, 영국 공군 조종사들은 필사적으로 비행하며 적기를 격추한다.

1940년 영국군과 연합군의 '다이나모 작전'을 다룬 크리스토퍼 놀란 감독의 영화 〈덩케르크〉의 한 장면이다. 마치 타임머신을 타고 돌아가 그때의 시간을 고스란히 담아온 것처럼 긴박감이 넘친다. 나는 이 영화를 보면서 다시 한번 전략의 중요성을 생각하게 되었다.

다이나모 작전은 제2차 세계대전 당시 독일군에 맞서 싸우던 영국군과 프랑스-벨기에 연합군 40만 명이 프랑스 북부 해안 덩케르크에 고립되고, 이들을 구출하기 위해 실시된 영국군의 철수 작전을 말한다.

1940년 5월, 독일군은 프랑스가 전혀 예상치 못했던 아르덴느 삼림지대[2]를 이용하여 국경지대의 프랑스 방어선을 뚫고 영국 해협을 향해 전진한다. 예상치 못했던 독일의 전격전[3]에 옆구리를 찔린 프랑스군은 힘없이 밀리기 시작했다. 독일군은 전격전 개념을 창안하고 기갑부대를 편성하여 기갑부대의 아버지로 불리는 구데리안을 선봉으로 신속하게 영국-프랑스 연합군의 후방으로 기동한다. 독일군의 기세에 놀란 연합군은 둘로 갈라지고, 무려 40만 명의 영국군과 프랑스-벨기에 연합군이 프랑스 북부의 덩케르크 해안에 고립되고 만다. 독일군으로부터 전격전이라는 전략적

---

2   당시 프랑스군은 이 구릉지대를 전차가 이동할 수 없다고 생각했다. 소령 시절 독일군이 이동한 아르덴느 전적지를 방문한 적이 있는데, 충분히 전차의 기동이 가능했다. 그런데 당시 전차가 발명된 지 얼마 되지 않아 운용방법이 제대로 정립되지 못해 프랑스군이 대규모 전차부대의 아르덴느 기동을 예상하지 못한 것이다.

3   전격전은 제2차 세계대전 초기 독일군이 기갑부대, 보병부대, 항공부대, 포병부대를 유기적으로 혼합 운용해 전선을 돌파하고 신속히 후방으로 기동하여 적군을 포위 섬멸한 전술을 말한다. 1939년 폴란드 침공, 1940년 프랑스 침공, 1941년 소련 침공에서 사용했다.

기습을 당하고 공황상태에 빠진 것이다.

영국군 사령관 고트 경은 군인들을 무사히 구출한다는 목표를 세웠고, 해군 중장 버트람 람세이 제독에게 작전의 총 책임을 맡겼다. 람세이 제독은 영국 도버에 있는 지휘소에서 윈스턴 처칠에게 작전계획을 설명하고 철수 작전에 돌입했다.

결과는 어떻게 되었을까? 영국은 5월 26일부터 6월 4일까지 고립된 군인들의 희생을 최소화하면서 33만 8천여 명의 군인들을 [4] 무사히 철수시키는 데 성공한다. 중장비와 무기, 차량, 대포 등을 모두 버리고 오로지 군인들만 살린 작전이었다.

인류 역사상 최대의 철수 작전이라고도 불리는 다이나모 작전은 오로지 군인들을 무사히 구출하겠다는 전략목표를 세우고 힘겹게 수행한 작전이다. 사용할 수 있는 선박을 모두 동원하여, 무기나 군수품을 희생시키면서까지 군인을 살리는 데 작전의 중심을 두었다. 절체절명의 위기상황에서 군인들을 구출하기 위해 많은 것을 희생한 선택은 탁월한 결정이었다.

물론, 영국군은 군인들을 구출했으나 많은 전쟁물자를 잃었고, 프랑스군이 영국 군인들의 철수를 돕기 위해 후방을 사수하지만 끝내 항복했다는 점에서 다이나모 작전이 성공적이라고 평가하

---

4   기록에 의하면 정확한 숫자는 33만 8,226명으로 영국군 22만 6천여 명, 프랑스-벨기에 연합군 11만 2천여 명으로 구성됐다.

기는 어렵다. 그러나 영국은 이때 구출한 군인들로 육군 재건의 발판을 마련할 수 있었고, 이 병력이 1943년부터 독일군에 반격하는 연합군의 선봉이 되었다는 점에서 평가할 만하다.

다이나모 작전은 '전략이란 무엇인가?' 그리고 '위기상황에서 약자가 전략을 어떻게 구사해야 하는가?'라는 질문에 많은 영감을 준다. 절대 수세에 몰린 약자가 승리를 위하여 어떻게 해야 하는지를 보여주는 모범적인 사례이다. 람세이 제독은 촉박한 시간의 제약 속에서 어느 한쪽을 포기하는 선택을 해야만 했다. 많은 것을 포기하는 선택이었지만, 궁극적으로 옳은 선택이었다. 전투에서는 패하더라도 전쟁에서 승리할 수 있는 전략적 선택을 한 것이다.

1
전략, 장군이 구사하는
화려한 술(術)

● ● ●

　모든 이들이 전략의 중요성을 잘 알고 있다. 개인이든 기업이든 성과를 달성하기 위해 혹은 치열한 경쟁에서 승리하기 위해 전략을 세운다. 그렇다면 인류 역사상 전략이란 개념은 언제부터 등장했을까? 전략(戰略, Strategy)이라는 용어는 동·서양에서 그 어원을 달리한다.

　서양에서 전략은 그리스의 '스트라테고스(Strategos)' 또는 '스트라테지아(Strategia)'에서 유래되었다. '스트라테고(Stratego)'는 원래 장군을 부르는 호칭이었다. 아테네에서 10개 부족단체로부터 차출된 10개 연대(Taxi)를 총괄 지휘하는 장군을 스트라테고라고 불렀다. 그리고 장군이 구사하는 용병술을 '스트라테지아(Strategia)'라고 하였는데, 시간이 흐르면서 '스트레터지(Strategy)'로 변천하였다. 그래서 전략이 '장군의 술'(Art of The General)이라는 의미로 사용되기 시작했다.[5] 술(術)이라는 단어의 한자 의미에서 알수 있듯이 이때의 전략이란 개념은 장군이 구사하는 '예술적인 경지의 기술'이라는 의미였다.

서양에서 전략이라는 용어가 일반적으로 사용되기 시작한 것은 18세기에 이르러서이다. 전략이 사용되면서 기존에 사용하던 전술의 개념과 자연스럽게 구분되었다. 전쟁을 승리로 이끄는 전반적인 방법이나 책략은 전략, 전쟁·전투 상황에 대처하기 위한 기술·방법은 전술로 구분된 것이다. 그러다 20세기에 들어오면서 국가 총력전 개념이 등장하게 되고, 단순한 군사적 책략을 의미하는 전략의 상위 개념으로 대전략(Grand Strategy)이 널리 쓰이기 시작했다.

대전략은 전략을 군사적 범위를 넘어 외교, 재정, 경제, 정보 등을 포함하는 것으로 의미가 확장된다. 전시뿐만 아니라 평화 시에도 전략이 필요하다는 인식이 움튼 것이다. 대전략은 여러 가지 수단들을 포함할 뿐만 아니라 미래의 평화와 번영에 손상이 가는 것을 회피하기 위하여 그 수단들의 사용을 통제하기도 한다.

그럼, 동양에서는 전략의 어원이 어떻게 시작되었을까? 전략은 한자로 '싸움할 전(戰)'자와 '꾀 략(略)'이 합쳐진 용어로 즉, '싸움하는 꾀'라는 뜻이다. 이 말은 고대 중국의 주나라 병서인 「육도

---

5   하정열, 「국가전략론」 (2009), pp.8~9

(六韜)」와 「위료자(尉繚子)」 등에서 사용된 전권(戰權), 전도(戰道), 병법(兵法), 병도(兵道)라는 용어에서 발전된 것으로 지략(智略), 모략(謀略) 등의 말과 같은 의미로 사용되었다. 전략이라는 용어는 주(周) 왕조 초기에 '무인의 행동에 대한 순수한 군사적 의미'로 한정적으로 사용되다가 춘추전국 시대에 접어들면서 무력과 권모를 구사하여 정치를 행하는 패자(覇者)의 정치수단으로 확장된다.

「손자병법」에는 전략이라는 단어가 나오지 않는다. 대신 '병자(兵者)'라는 말을 쓰고 있는데, 그 의미는 전쟁, 병법, 전략, 전술, 용병술 등을 아우른다. 손자는 가장 훌륭한 병법은 적의 전쟁 의도를 분쇄하는 것이고, 차선책은 동맹의 관계를 끊어 고립시키는 일이며, 그다음은 무력을 사용하여 적군을 격멸하는 일이고, 최하책은 적의 성을 공격하는 일이라고 주장한다. 이 구절은 전략의 핵심을 꿰뚫고 있는 표현이다. 그래서 알렉산드로스, 시저, 나폴레옹, 이순신 등 역사상 위대한 장군들은 손자의 이 주장을 현실에서 구현하기 위해 노력하였다.

1960년대에 이르러 전략은 군사가 아닌 다른 분야로 확장되기 시작한다. 제2차 세계대전에서 패망한 일본은 연합군에서 활용한 '란체스터 법칙'[6]을 기업 경영에 응용하기 시작한다. 란체스터 법

---

6   영국의 항공공학 엔지니어인 프레데릭 윌리엄 란체스터(Frederick William Lanchester)가 세계대전의 공중전 결과를 분석하면서 발견한 원리로 다수가 소수를 쉽게 이길 수 있으면서 그 피해도 훨씬 적다는 것이다.

칙은 전력의 차이가 있는 양자가 전투를 벌인다면, 초기 전력 차이의 제곱만큼 그 전력 격차가 더 커지게 된다는 법칙이다. 즉, 성능이 같은 아군 전투기 5대와 적군 전투기 3대가 공중전을 벌인다면, 최종적으로 살아남는 아군 전투기는 2대가 아니라 그 차이의 제곱인 4대가 된다는 것이다.

전투가 벌어지는 제한된 시간과 공간에서의 상대적 전투력 우세가 그만큼 중요하다는 사실을 알 수 있다. 그러면 상대적 전투력의 우세를 어떻게 달성할 수 있을까? 위대한 전략가들은 열세인 상황에서도 결정적인 시간과 장소에서의 상대적 전투력 우세를 달성하기 위해 고민했다. 약자가 승리한 대부분의 전쟁은 이 원리를 창의적으로 적용하여 얻은 승리였다.

이 법칙을 기업 경영에서도 적용할 수 있다는 사실이 밝혀져 일본의 수많은 기업가들이 란체스터 법칙을 연구하여 마케팅이나 경영전략으로 사용하고 있다. 약한 기업이 강자를 맞아 승리하는 경영전략이다. 일본 중소기업 경영전략 컨설턴트인 다케다 요이치는 란체스터 법칙을 기업 경영에 응용한 선구자 중 한 명이다. 그는 중소기업을 대상으로 란체스터 법칙에 바탕을 둔 경영전략 교재를 200권 넘게 출간했다. 이 교재를 다루는 모임이나 강연 등에 참석해 '다케다식 란체스터 경영'을 배운 사람들을 합산하면 지난 40년간 십 수만 명이 넘는다.[7] 란체스터는 이런 오늘날의 모습을 상상도 하지 못했을 것이다.

군사전략과 경영전략 사이에 어떤 공통점과 차이점이 있는 것일까? '사람과 사람 사이에서 벌어지는 경쟁'이라는 점에서 많이 닮아 있다. 국가 간에 벌어지는 전쟁이든 기업 간 벌어지는 경쟁이든 모두 이해관계가 충돌하는 상대가 있고 이기고자 하는 의지가 있다는 공통점이 있다.

물론, 국가 사이의 전쟁과 기업 사이의 경쟁은 많은 차이점이 있다. 첫째, 전쟁의 주체는 국가이나 경영의 주체는 기업이다. 둘째, 전쟁은 상대가 하나이나 경쟁은 다수인 경우가 많다. 같은 제품의 생산자뿐만 아니라, 고객, 공급자, 대체재 생산자, 잠재적 진입자 등과도 경쟁해야 한다. 셋째, 전쟁은 승리하지 못하면 패자가 되면 반면, 기업의 경쟁에서는 서로 윈-윈 할 수 있다. 전쟁은 목표가 동일하지만, 기업 간의 경쟁은 다른 목표(분야, 업종)가 얼마든지 많기 때문이다. 넷째, 전쟁은 무력으로 제압하려 하지만, 기업 간의 경쟁은 소비자들에게 매력적인 조건을 제시하여 선택을 받으려 한다.

오늘날 사회 많은 분야에서 전략을 사용하면서 그 정의도 다양하다. 전략에 대한 합의된 정의는 없다. 다만, 일반적으로 공감

---

7   가야노 가쓰미, 김현영 역, 「작은 가게가 돈 버는 기술」 (2020), p.6

하는 전략의 정의는 '목적과 방법 및 가용수단 사이에서 작용하는 함수관계'이다. 이 책에서는 전략에 대한 다양한 정의들을 종합적으로 분석하여 '전략이란 목표(Ends)를 달성하기 위하여 제반 가용수단(Means)을 활용하여 방책(Ways)을 구사하는 술'이라고 정의한다.

2
전략의 여섯 가지 특성[8]

• • •

이제 전략의 의미가 이해되는가? 원래 전략은 그 의미가 함축적이고 포괄적이어서 본질을 제대로 이해하는 것이 쉬운 일은 아니다. 그래서 전략이 지닌 특성들을 분석해 보면 전략을 이해하는 데 도움이 될 것이다. 전략은 일반적으로 미래성, 전체성, 상대성, 간접성, 융통성 및 비밀성이라는 특성이 있다.

첫째, 전략은 대부분 미래지향적이다. 미래의 목적을 달성하기 위하여 가용수단을 동원하여 최선의 방책을 제시한다. 따라서 전략은 미래를 예측하는 능력을 요구한다. 그러나 미래 예측은 쉽지 않다. 고도의 상상력이 요구된다. 실현 가능성이 없는 몽상이 아니

---

8   하정열, 앞의 책, pp.12~13. 전략의 6가지 특성은 인용하되 특성의 세부내용은 다르게 기술하였다.

라, 객관적 사실과 과학적 근거를 기반한 비전을 제시할 수 있어야 한다.

둘째, 전략은 부분이 아니라 전체를 고려한다. 근시적인 것보다는 거시적인 접근을 추구한다. 이런 이유로 일을 시작할 때는 가장 먼저 전략을 세워야 한다. 그리고 일이 끝날 때까지 전체적인 과정에서 일관성을 유지해야 한다.

셋째, 전략은 달성하고자 하는 목표가 있기에 반드시 경쟁하는 상대가 있다. 상대하는 대상은 유형적인 존재와 무형적인 존재로 구분할 수 있다. 예를 들면, 육·해·공군이 맞붙는 전투라면 유형적 존재와 싸우는 것이고, 조직의 문화, 편견과 맞붙는다면 무형적 존재와 싸우는 것이다. 상대나 상황에 따라 전략은 달라져야 한다.

넷째, 전략은 간접적으로 접근하는 것이 바람직하다. 상대가 알아차리지 못하도록 혹은 알아차렸더라도 효과적으로 대응하지 못하도록 하는 것이 중요하다. 물론, 전략을 직접 밝힐 때도 있지만, 이것은 강자가 취하는 전략으로 상대방과 비교해 절대적인 우위에 있을 때 취할 수 있다. 약자는 상대적 힘의 열세를 고려할 때 간접성을 유지해야 한다. 약자의 전략이 간접적이지 못하면 성공 가능성은 그만큼 낮아진다.

다섯째, 전략은 주로 미래를 다루고 있다. 인간이 미래를 예측하는 일은 한계가 있다. 그래서 전략을 수립할 때 가정사항을 상정하는 것이다. 전략이 성공하기 위해서는 변화하는 상황에 민첩하게 대응할 수 있어야 한다. 융통성이 절대적으로 필요한 이유이다.

여섯째, 전략은 경쟁하는 상대가 존재하므로 비밀보호가 필수이다. 전략이 노출되었을 때 그 전략은 실패할 가능성이 높아진다. 특히, 약자의 경우는 결정적인 시간과 장소에서 상대적인 힘의 우세를 얻기 위해서는 반드시 비밀이 보장되어야 한다.

이 6가지 특성은 전략의 부분 부분을 잘 설명한다. 이러한 특성들이 잘 적용된 전략은 성공 가능성을 높인다. 그러나 현실에서는 6가지 특성을 모두 적용하기에는 현실적으로 어렵다. 이 특성들을 상대방에 따라 상황에 맞게 조율하여 적용하는 것이 중요하다.

3

부전승(不戰勝), 약자의 전략!

● ● ●

    고등학교 1학년 봄 소풍에서 일어난 에피소드이다. 점심을 먹고 반 대항 씨름 경기가 열렸다. 우리 학교는 7개 반이라 대진표를 짤 때 제비를 뽑아 1개 반은 경기를 치르지 않고 그다음 단계로 올라가게 되는 소위 말하는 부전승을 거두게 된다. 우리 반이 기대하지 않았던 행운을 안게 되었다.

    행운은 여기서 끝나지 않았다. 2라운드 우리의 상대였던 5반은 우리 반이 부전승으로 올라가서 쉬고 있는 사이 1라운드에서 강적을 맞아 5 대 4로 힘겨운 승리를 하고 탈진한 상태에서 우리 반을 상대하게 되었다. 2라운드부터 경기를 시작하는 우리 반은 쉽게 상대를 이길 수 있었고, 그 기세로 우승까지 할 수 있었다.

    결승전 경기, 2 대 2의 상황에서 마지막 승부를 남긴다. 우리 반 대표는 키도 작고 왜소한 체격인 반면, 상대방은 1학년 전체 학생들에게 힘으로 이름깨나 알려진 큰 키에 체격도 우람한 친구였다. 모래판으로 나가 샅바를 잡을 때만 하더라도 우리는 우람한 체격의 친구가 승리할 것으로 예상했다. 그러나 예상은 보기 좋게 빗나갔다. 우람한 체격의 친구는 상대적으로 작은 체구의 친구를 힘과 완력으로 밀어붙였는데, 처음에는 밀리는 것 같던 덩치 작은 친구가 상대의 밑으로 파고 들어가기 시작했다. 그리고 힘으로 밀어붙이는 상대의 힘을 이용해 뒤집어 버린 것이다. 한 편의 예술과 같은 장면이었다.

나중에 알게 된 사실이지만 이 작은 체구의 친구는 중학교 때 씨름을 배워서 뒤집기 기술을 구사할 수 있었다. 그래서 인내심을 잃고 맹렬하게 달려드는 상대방의 힘을 역이용하여 균형을 잃고 넘어지게 만드는 기술을 구사한 것이다. 약자가 강자를 이기는 방법을 제대로 보여준 것이다. 이 장면은 우리에게 신선한 충격이었다. 그래서 고등학교 졸업 후 40여 년이 지나서도 동기생들이 모이면 술자리 안주처럼 늘 따라다닌다.

손자는 '백 번 싸워서 백 번 이기는 것이 가장 좋은 것이 아니고, 싸우지 않고도 적을 굴복시킬 수 있는 것이 가장 좋은 것'이라고 강조한다. 여기서 유래되어 '부전승'이란 말이 나왔다. 부전승(不戰勝)은 저자에게 참으로 매력적인 주제였다. 직업군인으로 38여 년을 살아오면서 머릿속에는 항상 '어떻게 하면 싸우지 않고 이길 수 있을까'로 가득했다.

군이 거두어야 할 부전승은 씨름대회 경기대진표에서의 부전 승과는 많은 차이가 있다. 전쟁은 일단 시작하면 돌이킬 수 없는 중대한 사안이므로 부전승이라는 요행에 국가의 운명을 맡길 수 없다. 사전에 철저하게 분석하고 여건을 조성하여 상대방이 스스 로 포기하도록 만들어야 한다.

일단, 상대를 포기하게 만들면 앞의 씨름 경기에서와 같은 엄 청난 시너지효과를 거둘 수 있다. 오랜 역사를 통해 수많은 명장이 싸우지 않고 이기는 전략을 구사했던 것은 바로 이 때문이다. 대개 부전승은 싸움을 전제로 하므로 내가 막강한 힘을 보유하고 있어 야 상대를 두려워하게 할 수 있고, 싸움을 포기하게 만들 수 있다. 그래서 부전승 추구는 강자의 전략으로 주로 인식되어 왔다.

하지만 약자들도 부전승을 추구했다. 강자를 굴복시킨 약자들 은 객관적으로 열세의 상황에 있으면서도 끊임없이 부전승 원리 를 주어진 여건에 창조적으로 접목하기 위해 고민했다. 강자가 원 하는 시간과 장소에서 강자가 원하는 방법의 전쟁은 절대로 하지 않았다. 겁쟁이처럼 계속 싸움을 피하며 기회를 엿본다. 히트 앤드 런(Hit and Run) 방식으로 상대방을 피곤하게 만들어 전쟁의 참상이 나 비인도적인 장면을 언론에 공개하여 반전여론을 유도하기도 한다. 상대방의 심리를 교묘하게 이용하는 것이다.

뛰어난 전략가들은 상대방의 심리적 약점을 잘 이용했다. 다양 한 방법을 동원하여 상대를 혼란과 좌절에 빠지게 만들어 물리적

충돌을 포기하도록 심리적으로 압박한다. 이것이야말로 싸우지 않고 이기는 방법이고 가장 경제적인 승리비결이다.

약자가 이러한 전략으로 부전승을 거둔 사례는 역사에서 심심찮게 찾을 수 있다. 북베트남의 군인이자 정치가인 보응우옌잡은 구정 대공세[9]를 기획하여 미국 국민을 심리적으로 공격했다. 그의 예상대로 미국 본토에서 반전 여론이 들불처럼 일어났고 결국 전쟁을 포기하게 했다.

우리에게 잘 알려진 영화 〈블랙 호크 다운〉에서 반군 지도자 아이디드의 노림수도 미국 국민의 심리를 공격하여 부전승하는 것이었다. 그 사건으로 미군은 소말리아에서 철수했다. 핀란드가 소련을 맞아 모티 전술로 맞서고, 마오쩌둥이 대장정을 감행한 것도 모두 상대적으로 열세에 놓인 약자가 최소의 전투로 이기기 위한 노력의 일환이었다. 이 사례들은 2장부터 상세하게 소개할 것이다.

비록 약자의 입장이라 해도 상대방과 나의 상황을 꼼꼼히 들여다보면 활용할 수 있는 무궁무진한 방책들이 존재한다. 상대방의 약점을 통찰하여 협상 테이블에서 강한 상대가 전쟁을 포기하게 하고, 약한 상황을 극복하기 위해 주변의 국가들과 연합하기도

---

9   베트남전쟁 당시 벌어졌던 대규모 군사 공세 중 하나로 북베트남 인민군과 남베트남 민족해방전선이 베트남공화국, 미국과 그 동맹국 군대에 맞서 1968년 1월 30일 개시한 작전이다.

한다. 강자가 모방하기에는 너무나 성가시고 힘들어서 스스로 포기하도록 하는 것이 약자가 취할 전략이다.

　역사를 살펴보면 단순한 전력의 우위, 국력, 기술력의 차이를 가지고 승자와 패자를 예단하기는 어렵다. 약자가 승리하는 역전 드라마는 많다. 약자가 비장의 무기를 준비하고, 결정적인 시간과 장소에 집중하여 상대적인 우세를 달성하여 승리하고, 그 작은 승리를 누적하여 강자를 이겨낸다. 이 방법은 비단 전쟁에서만 적용되는 것은 아니다.

　오늘날 수많은 기업의 경영전략에서도 흔히 발견할 수 있다. 개인의 경우도 마찬가지다. 어느 날 갑자기 약자의 입장이 된 개인이 골리앗과 같은 거대한 장애물을 자신의 강점을 활용하여 열정과 끈기를 가지고 넘어서는 모습을 본다. 이러한 승리는 보통 사람의 승리에서 발견할 수 없는 감동이 있다.

반드시 이기는 약자만의 전략

조그마한 보트와 거대한 항공모함이 있다. 같은 속도로 항해하던 중 긴급상황이 발생하여 이들이 가던 방향을 급히 바꾸려고 하는데, 둘 중 누가 방향전환이 더 빠를까?

정답은 작은 보트이다. 거대한 항공모함은 강력한 핵 연료를 사용한다 하더라도 그 규모 때문에 신속하게 방향을 전환하기 어렵다. 뉴턴의 관성의 법칙[10]이 이를 잘 설명한다. 물체가 크면 클수록, 빠르면 빠를수록 방향전환이 어려워진다는 것이다. 또한, 작은 보트는 키를 잡은 사람이 결정해서 바로 바꾸면 된다. 키를 돌리면

---

10 뉴턴의 운동 법칙 중 제1 법칙으로 외부에서 힘이 가해지지 않는 한 모든 물체는 자기의 상태를 그대로 유지하려고 하는 성질이 있다는 것이다.

금세 배의 방향을 바꿀 수 있다. 의사결정도, 실제 방향전환도 오래 걸리지 않는다. 하지만 항공모함은 복잡한 의사결정 과정과 절차를 거쳐야 한다. 조직에도 동일한 법칙이 적용된다. 작은 조직은 신속하게 반응할 수 있는 반면에 거대한 조직은 어려움을 겪는다.

바로 이 점이 약자가 철옹성 같은 강자를 이길 수 있는 단초가 될 수 있다. 약자는 이와 같은 강자의 약점을 식별하고 집중할 때 비로소 승리할 수 있다. 이미 최적의 시스템을 구축한 강자에게 누구나 예상 가능한 방법으로 경쟁해서는 승산이 없다. 그러나 견고해 보이는 조직도 그 거대함으로 인해 발생할 수밖에 없는 약점이 있다. 아무리 거인이라 해도 약자의 공격이 자신의 약점으로 향하면 당황할 수밖에 없다. 새로운 환경에서 예상 밖의 새로운 룰(Rule)로 싸워야 할 때, 강자는 약점을 드러내기 마련이다.

그러나 어떤 조직도 목표를 전환하는 것이 작은 보트의 방향을 전환하는 것처럼 쉬운 일은 아니다. 변화를 위해서는 치열한 노력이 필요하다. 강자의 약점을 찾아내는 통찰이 필요하고, 그 약점에 약자의 강점을 집중해야 한다. 이것으로 끝나는 것이 아니다. 시시각각으로 몰려오는 두려움을 이겨내고 강자에게 담대히 도전해야 한다. 언제까지 지속될지 모르는 불리한 국면을 참고 또 참아내야 한다. 그래서 약자가 강자를 이기는 것은 그만큼 어렵다.

'약함'의 사전적 의미는 '강함'에 반대되는 의미로 '힘, 재산, 권력 등이 없는 상태'를 말한다. 그래서 약자는 약육강식의 생존현장에서 늘 강자에게 희생되는 존재로 인식되어 왔다. 강자와 약자를 바라보는 시각이 왜곡되어온 것이다. 약자라고 해서 항상 약한 것이 아니고 강자라고 모든 경우에 강한 것이 아니다. 자연생태계나 인간세상을 살펴보면 약함이 항상 불리한 것이 아니며, 부끄러워할 일도 아님을 알 수 있다. 개인이든 조직이든 정말 부끄러워해야 할 것은 자신의 처지를 바로 보지 못하는 것이다.

약자가 강자보다 힘이 약한 건 사실이지만, 그것이 전부는 아니다. 약자는 몸집이 작지만 그 작음으로 인해 유연하고 민첩하다. 여기에 선량함, 인내심, 성실함의 요소를 더하면 약자도 충분히 성공할 수 있다. 오늘날 약자가 강자를 이길 수 있는 환경의 변화는 여러 분야에서 일어나고 있다. 대표적인 사례가 바로 지식과 정보의 활용이다. 「제3의 물결」로 친숙한 앨빈 토플러는 1991년 「권력의 이동」을 발간하여 큰 반향을 일으켰다.

토플러는 '인류 역사의 태동 이후, 권력은 힘 있는 자(물리력)로부터 돈 있는 자(부)에게로 이동했고, 미래로 갈수록 권력의 핵심은 지식으로 초점이 맞춰지고 있다'라고 주장한다. 오늘날 과학기술의 급격한 발전으로 인터넷 기반의 인프라가 구축되어 지식과 정보의 대중화가 이루어지고 있다. 그 결과 일부 전문가들만이 독점하던 권력과 부가 일반 대중에게로 이동하고 있다.

지금까지 권력을 상징하는 물리력과 부는 강자의 전유물이었지만, 지식은 약자나 가난한 자도 소유할 수 있다는 혁명적인 특징이 있다. 그래서 지식이 중심이 되는 제4차산업혁명 시대에는 얼마든지 약자도 권력을 소유할 수 있다는 뜻이다. 과학혁명이 이룩해 놓은 '거인의 어깨' 위에서 약한 개인도 힘을 발휘할 수 있게 되었다.

제4차산업혁명 시대는 그 변화의 속도가 놀라울 정도로 빠르고 변화의 방향을 가늠하기 어려워 약자가 민첩성, 유연성 등의 장점을 활용하기에 유리하다. 인터넷을 기반으로 하는 플랫폼은 누구나 쉽게 사용할 수 있어서 어떻게 준비하고 능력을 발휘하느냐에 따라 강자와 경쟁할 수 있고 이길 수 있게 되었다. 문제는 주변 환경과 시대의 흐름을 읽을 수 있는 눈과 자기 자신이 가지고 있는 힘을 언제, 어떻게 집중하여 결정적인 승부를 거느냐에 달려 있다.

생태계에서 대표적인 약자인 식물은 포식자가 다가와도 달아날 수 없다. 그래서 그들의 DNA는 그들 나름의 생존전략을 개발했다. 즉, 자기 몸을 포식자의 입맛에 맞지 않게 만들거나 독성을 띠어 아예 먹지 못하게 만드는 것이다. 역으로 어떤 식물은 동물이 좋아하는 향, 색깔, 과육으로 유혹하여 번식하기도 한다. 꽃을 피워 벌을 유혹하여 번식하거나 맛있는 과일을 통해 동물들이 먹고 씨를 퍼트리게 한다. 이러한 모습은 절대 약자인 식물이 적극적으로 동물의 행동을 유도하여 목적을 달성하는 지혜로운 방법이

다.[11]

이와 같이 인간뿐만 아니라 동식물도 약자는 그들 나름의 생존전략을 지속적으로 발전시키며 진화해 왔다. 그래서 과거 역사에서 약자들이 강자를 맞아 어떻게 생존해 왔는지 살펴보고 이를 맥락적으로 이해하고 오늘날의 현실에 적용한다면 약자도 강자를 이길 수 있다.

---

11 빌 설리번, 김성훈 역, 「나를 나답게 만드는 것」(2020), pp.53~54

4

약자의 승리 방정식, V = WE MISS

• • •

.

보스턴대학의 이반 어렝귄-토프트(Ivan Arrenguin-Toft) 교수가 내놓은 흥미로운 분석이 있다. 19세기 이후 강대국과 약소국 간 전쟁 200여 건을 분석해 보니 약소국이 이긴 경우가 28%에 달했다. 이 수치는 시간이 흐를수록 계속 높아지는 경향을 보인다. 1950~1999년엔 놀랍게도 약소국의 승전율이 50%를 넘었다. 약소국이 승리한 전쟁은 대개 게릴라전 같은 변칙을 구사한 경우였다. 강자가 원하는 전쟁의 룰(Rule)을 거부하는 순간 약자의 승리 가능성이 크게 높아진 것이다.

국가뿐만 아니라 개인이나 조직에서도 이런 일은 자주 일어난다. 이런 현상은 강자를 이기는 약자의 승리가 결코 우연이나 기적으로 치부할 일이 아니라는 사실을 말해준다. 어떤 개인과 조직은 승리하고 어떤 개인과 조직은 패배하는 이유는 무엇일까?

약자의 승리 방정식, 'V=WE MISS'는 전략의 정의에서 방책(Ways), 목표(Ends), 가용수단(Means) 세 가지 요소를 뽑고, 여기에 정보(Intelligence)와 끈기(Strongly Stand)를 더해 약자가 승리하는 데 필요한 다섯 가지 핵심요소를 도출하였다. 약자가 승리하기 위해서는 이 다섯 가지 핵심요소들을 잘 조합하여 상황에 맞게 활용해야 한다. 정보(Intelligence)와 끈기(Strongly Stand)를 추가한 이유는 앞서도 설명했지만, 4차산업혁명 시대에 정보가 굉장히 중요해지고 있고, 기울어진 운동장에서 싸워야 하는 약자에게 정보는 더욱 절실하기 때문이다. 그리고 강자와의 경쟁에는 힘의 불균형이 존재하므로 약자는 정면대결을 피하고 지구전을 추구할 수밖에 없다. 불리한 여건에서 견디기 위해서는 끈기가 필수적이다. 끈기가 있어야 오래 참을 수 있고, 목표를 달성할 수 있다.

'WE MISS'는 다섯 가지 핵심요소의 머리글자를 따서 만들었다. '약자인 우리가 간절히 바라는 것(WE MISS), 그러나 우리가 놓치고 있는 것(WE MISS)'이란 의미이다. 이 안에 약자의 승리비결이 숨어 있다. 승리를 간절히 바란다면 이 다섯 가지 요소들에 대한 정확한 이해와 전략적 적용의 비법을 놓쳐서는 안 된다. 약자의 승리 방정식은 이 다섯 가지 요소의 함수관계이다. 방책(Ways), 목표(Ends), 가용수단(Means), 정보(Intelligence)와 끈기(Strongly Stand)라는 다섯 가지 핵심요소의 특징들을 정확히 이해하고 강자의 약점을 집중공략 한다면 충분히 승리를 거둘 수 있다.

5

전략의 세 기둥:
목표, 가용수단, 방책

● ● ●

먼저 다섯 가지 핵심요소 중에서 일반적인 전략의 3요소를 살펴보자. 전략을 구상하고 시행할 때 빼놓을 수 없는 요소가 바로 목표, 가용수단 및 방책이다. 이 세 가지 요소는 서로 긴밀하게 연결되어 상호 간에 영향을 주고받는다. 그래서 많은 사람이 전략을 정의하기를 '목표달성을 위해 가용수단을 활용하여 방책을 구상하는 술'이라고 정의한다.

목표(Ends)는 전략에서 가장 중요한 요소이고 모든 가용수단을 집중해야 할 결승점이다. 명확하고, 결정적이며, 달성 가능해야 한다. 명확해야 모든 개인과 조직이 공감하고 그 목표를 향해 집중할 수 있기 때문이다. 약자는 가용수단이 제한되기 때문에 강자를 상대할 때는 목표를 낮게 잡아야 한다. 목표를 수 개로 구분하여 조그마한 중간목표를 달성하고 그 여세를 몰아 보다 큰 승리로 나아가는 것이 중요하다. 조그마한 승리의 누적을 통해 상대적 열세를 만회하는 것이 약자가 목표를 결정할 때 명심해야 할 요소이다.

가용수단(Means)은 목표달성에 중요한 역량이다. 군사적 가용수단은 적의 물리적 공격이나 방어에 대응하는 중요한 역량으로 병력, 물자, 전력, 군수지원, 자금 등을 의미한다. 그중에서 가용수단을 대표하는 무기체계가 가장 중요하다. 이전에 사용되지 않았던 무기를 사용하면 상대보다 월등한 전투력을 발휘하여 쉽게 이길 수 있기 때문이다. 전례를 살펴보면 비장의 무기를 기습적으로 사용하여 쉽게 승리한 경우가 많다.

군사적 수단 이외에도 현대전에서는 외교적, 경제적, 심리적 수단 등 다양한 수단들이 동원된다. 국가 총력전의 형태를 가진 오늘날의 전쟁은 한 국가의 가용한 모든 수단이 다 동원된다. 외교적 수단은 협상, 정치적 승인, 조약 및 동맹관계 등을 도구로 활용한다. 통상 적대행위가 시작되기 전에 강조되지만, 적대행위가 일어나는 동안에도 지속적으로 활용되는 수단이다. 경제적 수단은 전쟁지속 능력과 깊은 관계가 있다. 무역규제, 부채 및 부채보증, 원조 및 기술이전 등이 경제적 수단이다. 심리적 수단은 인간 심리의 이성적, 감성적 요소에 영향을 주는 것으로 두려움 혹은 혐오감을 촉발하여서 심리적 영향을 조성할 수 있다. 전쟁에서 결코 과소평가할 수 없는 요소이다.

방책(Ways)은 목표달성을 위해 가용수단을 활용하여 어떠한

옵션을 선택할지를 결정하는 것이다. 즉, 전투력의 운용방법을 의미한다. 전투력 운용은 '누가, 언제, 어디서, 무엇을, 어떻게, 왜'라고 하는 육하원칙을 적용하여 최적의 방책(Course of Action)을 선택하는 것이다. 이 과정에서 전술적 수준에서는 METT+TC 요소[12]를 분석하고 전략적 수준에서는 PMESII 요소[13]를 검토한다. 양측이 유사한 수준의 무기체계를 보유하고 있는 경우에는 전력을 운용하는 방법에 따라 승패가 결정된다. 목표달성을 위해 동일한 군사력을 사용하더라도 어떻게 활용하느냐에 따라 전쟁 양상은 달라진다. 그래서 대부분 국가는 다양한 군사력의 운용방법을 창의적으로 고안하여 적용하고 있다.

약자가 강자를 상대로 선택할 수 있는 옵션은 많지 않다. 그래서 약자에게 전략이 중요한 것이다. 지피지기한 상태에서 면밀하게 상황변화를 관찰하며 약자의 강점을 강자의 약점에 지향하는 것이 방책의 핵심이다. 지형과 기상을 활용하고, 시간과 장소를 선택하며, 예상치 못한 기습을 통해 방책을 다양하게 하여 결정적인 시간과 장소에서 상대적 우위를 달성하는 것이 중요하다.

---

12 전술적 수준에서 방책을 검토할 때 사용하는 요소로서 임무(Mission), 적(Enemy), 지형(Terrain), 가용부대(Troops available), 가용시간(Time available), 민간요소(Civilian consideration)를 의미한다.

13 전략적 수준에서 방책을 검토할 때 사용하는 요소로서 정치(Policy), 군사(Military), 경제(Economy), 사회(Social), 정보(Information), 기반시설(Infrastructure)을 의미한다.

6
약자에게 요구되는 두 기둥: 정보, 끈기

● ● ●

'아는 것이 힘이다.'

경쟁과 전쟁에서 주변환경과 상대방에 대해서 아는 것은 매우 중요하다. 그래서 정보(Intelligence)는 전략에서 가장 중요한 요소이다. 모든 전략활동의 출발점이 정보이다. 정보 없이는 단 한 발자국도 움직일 수 없다. 전략을 기획할 때 먼저 환경과 상대방의 능력을 평가하고 그것이 쌍방에게 미치는 영향을 분석해야 한다.

우리는 경쟁에서 살아남으려고 정보의 노출을 최대한 억제하면서 적을 속이려 한다. 그래서 첩보를 수집하여 해석하고, 가공하여 활용하는 데 많은 시간이 걸린다. 전략적 판단을 해야 하는 사람들에게 적시에 정확한 정보를 제공한다는 것은 거의 불가능에 가깝다. 그래서 클라우제비츠는 「전쟁론」에서 전장의 불확실성을 '안개'로 표현했다.

앞에서 살펴보았듯 미리 결심하고 행동하는 것이 성패에 결정적인 영향을 미친다. 그래서 정보는 적시성이 생명이다. 2등인 정보는 쓸모가 없다. 약자의 경우는 첩보수집 능력이 강자보다 상대적 열세이기 때문에 정보의 결핍에 시달릴 수밖에 없다. 정보결핍을 어떻게 극복할 수 있는지는 5장에서 사례를 가지고 제시할 것이다.

끈기(Strongly Stand)는 '성취하고자 하는 목표를 끝까지 해내고야 마는 힘'이다. 즉, 어려움과 역경, 슬럼프가 있더라도 그 목표를 향하여 꾸준히 정진할 수 있는 능력이다. 불우한 가정환경, 예상치 못한 좌절 가운데서도 놀라운 성공을 이루어낸 사람들은 하나같이 불리함 가운데서도 흔들리지 않고 오랫동안 어려움을 이겨내면서 조그마한 승리들을 누적해 왔다. 약한 조직이나 국가가 강한 상대로 승리한 경우를 보면 리더를 중심으로 끝까지 참고 참았다는 사실을 알 수 있다. 끈기에 대해서는 6장에서 구체적인 사례를 제시한다.

7

약함! 그 위장된 축복

● ● ●

한 기자가 대기업 회장에게 질문했다.

"지금과 같은 큰 성공을 거두게 된 비결이 무엇입니까?"

"하늘이 제게 준 세 가지 은혜가 있습니다.

가난한 것, 허약한 것, 못 배운 것입니다.

그 은혜 덕분에 성공할 수 있었어요."

일본 경영의 신으로 불리는 마쓰시다 고노스케[14]의 대답이다. 가난하고 허약하고 못 배운 것이 은혜라고? 그렇다. 관점을 바꾸면 약점은 얼마든지 장점이 될 수 있다. 약점은 극복할 수 없는 핸디캡이 아니다. 잘만 극복하면 오히려 성장의 자양분이 된다. 모든

---

14 전 마쓰시다 전기의 회장으로 일본 3대 경영의 신 중 한 명이다.

분야에서 탁월한 절대강자는 존재하지 않는다. 누구든 어떤 분야에서는 약자이다. 약자가 이기려면 경쟁에 뛰어들기 전에 자기 약점이 무엇인지를 정확하게 인식하고, 그것을 받아들이는 데서 출발해야 한다. 약자이기 때문에 겪게 되는 고난과 역경이 오히려 성공을 가져다준다는 '약자의 역설'을 기억할 필요가 있다.

약하기 때문에 강해지는 세 가지 반전의 축복이 있다. 첫째, 결핍은 보완심리를 자극한다. 사람은 모자란 부분이 있으면 그 부족한 부분을 메우려고 노력하는 경향이 있다. 고노스케가 말하지 않았는가? "가난한 덕분에 성실함의 중요성을 깨달았고, 허약하게 태어나 건강의 소중함을 알고 몸을 아낄 수 있었고, 초등학교를 중퇴했기에 항상 배움에 목말라 있었다"라고. 고노스케는 이 세 가지 결핍으로 인하여 금수저였다면 상상할 수도 없었던 일들을 경험하게 되었고, 그 고난의 경험을 통해 기회의 문을 열었다.

둘째, 약함이 주는 이길 만한 고난은 예방주사와 같다. 고난이라는 예방주사를 맞은 사람은 면역이 생겨서 더 큰 역경의 상황에서 좌절하지 않는다.

내가 근무했던 특수부대의 요원들은 겨울 가장 추운 시기에 혹한기 훈련을 떠난다. 훈련에 대비하여 겨울이 시작되면 빠지지 않고 등장하는 준비활동이 웃통을 완전히 벗고 달리는 건포마찰이다. 이른 아침 찬 바람이 피부를 아리게 하지만 군가와 함께 날려버리며 약한 추위에 반복적으로 노출해 혹한에 대한 내성을 기르는 것이다. 이렇게 단련된 몸은 눈보라가 내리치는 혹한의 날씨에도 야지에서 몇 주간의 힘든 훈련을 성공적으로 마치게 한다.

셋째, 승리에 대한 갈구는 우리를 블루오션으로 안내한다. 가진 것 없는 약자는 강자와 똑같이 싸우는 게임이 아닌 자기만의 길을 찾아야 한다. 블루오션은 강자만의 전유물이 아니다. 약자도 자신의 강점을 잘 활용하면 남들이 흉내내기 어려운 블루오션을 만들 수 있다.

양치는 목동 다윗의 물맷돌은 거인 골리앗이 흉내내기 어려운 다른 차원의 '신무기'였다. 원거리에서 하는 전투방식이어서 가까이 접근한 적을 힘으로 격파하는 골리앗의 장점은 아무 쓸모가 없었다. 물맷돌은 어디서나 쉽게 구할 수 있는 평범한 돌이었다. 그러나 이를 사용하여 정확하게 목표물을 명중시키는 능력은 하루아침에 만들어지지 않는다. 척박한 환경에서 수많은 실패와 시행착오를 거쳐야만 한다. 진입장벽이 높다는 것이다. 바로 이런 높은 진입장벽이 블루오션을 가능하게 한다.

'하늘이 장차 그 사람에게 큰 사명을 내리려 할 때는 반드시 먼저 그의 마음과 뜻을 흔들어 고통스럽게 한다'라는 말이 있다. 사명을 부여하기 전에 과연 그 사명을 감당할 수 있는지 시험한다는 것이다. 시험을 통과하면 사명과 함께 능력도 주신다. 그래서 우리는 포기하고 싶은 순간을 넘기면 놀라운 성장이 뒤따라오는 것을 경험하게 된다. 모든 일에는 임계점(Tipping Point)이 있기 마련이다.

처음에는 작게 시작해서 무엇이 변화되는지 잘 알 수 없지만, 어느 순간을 넘기면 발전이 확연히 보이기 시작한다.

성공과 실패는 누구나 겪게 되는 인생 경험이다. 유대인은 실패해도 좌절하지 않고 다시 앞으로 나아가는 민족이다. 어떻게 이런 특성을 가지게 되었을까? 유대인의 역사에서 그 비결을 찾을 수 있다. 그들은 민족국가 건설을 간절히 바랐지만, 이민족의 지배 속에서 짓밟히고 뿔뿔이 흩어진 약한 민족이 겪는 시련의 전형이었다. 그러나 끝내 국가재건에 성공한다. 이러한 역사적 경험이 이스라엘을 강하게 만들었다. 실패를 두려워하지 않고 잊어버리지도 않는다. 실패를 인정할 때 다시 도전을 시작할 수 있기 때문이다. 실패의 경험을 기억하며 성공하게 되었고 작지만 강한 나라가 되었다. 이스라엘에 약함은 다른 모습으로 찾아온 축복이 틀림없다.

약자에게 주어지는 고난은 누에가 어렵게 고치를 뚫고 나와 날아가는 과정과 같다. 그 힘든 과정이 안타까워 도움을 주면 결국 날지 못한다고 한다. 어렵게 뚫고 나오는 시련의 과정이 있어야 비로소 날 수 있는 능력이 생긴다. 삶도 마찬가지다. 역경과 스트레스를 받지 않고 온실 속에서 자라면 건강할 것 같지만, 아주 작은 시련에도 쉽게 무너지는 법이다. 젊은 시절의 고생은 사서도 한다는 말이 있지 않은가? 근육운동을 할 때 우리는 자기 힘으로 감당하기 어려운 무게의 바벨을 들어 올리며 아픔을 참는다. 그러면 근육에 미세한 상처가 나고 아물면서 더 큰 무게도 견딜 수 있는 힘을 기를 수 있기 때문이다. 이길 만한 고난과 시련은 약자가 승리하는 데 필요한 것들을 준비시키는 위장된 축복이다.

BEYOND WEAKNESS

제2장

방책(Ways) :
약자의 강점을 강자의 약점에 집중하라

우승열패! 우세한 자가 이기고 열세한 자가 진다는 이야기다. 앞서 란체스터 법칙을 설명하면서 이야기했듯이 국가 간의 전쟁뿐만 아니라 조직, 개인 사이의 경쟁에서도 일반적으로 '우승열패'의 원칙이 적용된다. 그래서 정면대결로 약자가 강자를 이기려는 것은 계란으로 바위를 치듯이 어리석다.

그렇다면 약자는 어떻게 강자를 이길 수 있을까? 어떤 형태로든 전투나 경쟁이 일어나는 그 국면에서 상대적 전투력 혹은 경쟁력의 우위를 점해야 한다. 그러면 어떻게 상대적인 우세를 점령할 수 있을까? 강자의 약점에 약자의 강점을 집중한다면 집중하는 시간과 그 장소에서의 상대적 전투력의 우위를 달성할 수 있다. 그러나 말처럼 그리 쉬운 일은 아니다. 강자도 이기기 위해서 다양한 방책을 강구하기 때문이다. 그래서 강자의 강함을 무력하게 만들 수 있는 장소와 방법을 활용하는 기묘한 방책을 쓰는 것이 중요한 것이다. 그만큼 약자가 선택할 수 있는 방책은 강자에 비해서 훨씬 부족하고 시행하기 어렵다.

그렇다고 방책이 없는 것은 아니다. 어떻게든 당면한 상황에서 약자가 상대적 우위의 국면을 만들어내면 승리할 수 있다. 전쟁의 역사를 살펴보면 상대적으로 약한 전투력으로 강자를 이긴 사례는 많다.

그것은 우연히 일어난 기적이 아닌 철저하게 계산된 전략의 승리였다. 약자로서 강자를 맞아 승리한 명장들은 보통 사람들과 다르게 생각하고 행동했다. 전술적 수준에서는 METT+TC 요소를 고민하고, 전략적 수준에서는 PMESII 요소를 검토해서, 강자의 약점에 약자의 강점을 집중하는 지혜를 발휘했다. 강자에 비해 열세하더라도 결정적인 시간과 장소에서는 상대적인 우세를 달성하는 방책(Ways)을 구사했다.

우승열패(優勝劣敗),

결정적인 시간과 장소에서 상대적 우세를 달성하라!

상대의 약점을 공략하라

그대의 신기한 책략은 천문을 꿰뚫고

기묘한 계산은 지리를 통달했소.

싸움에 이긴 공이 이미 높으니

만족함을 알고 이제 그만두기 바라오.

- 을지문덕이 우중문에게 보낸 시의 일부

수나라 군대의 승리를 칭찬하는 것처럼 보이나, 자세히 살펴보면 구구절절 수군을 조롱하고 있다. 을지문덕의 서신을 받은 우중문은 진퇴양난의 상황을 타개하기 위해서 어쩔 수 없이 고구려에 항복을 권유하는 답서를 보낸다. 을지문덕이 기대하던 반응이었다. 을지문덕은 적진에 다시 사자를 보내 거짓으로 항복 의사를 전하며 '수군이 철수하면 국왕을 모시고 황제를 알현하겠다'고 제안했다.[15] 총대장 우문술은 을지문덕의 제의를 진실로 받아들이지는 않았지만, 평양성을 공격하는 것은 무모하다는 것을 깨닫고 총 퇴각을 결심했기에 수 양제에게 보고할 명분이 필요했다.

을지문덕은 상대방의 약점을 정확히 통찰하고 그 약점에 집중한다. 강력한 기병으로 무장한 수나라 군대를 맞아 결정적인 전투를 회피하면서 후방으로 끌어들여 군수지원에 어려움을 겪게 한 것이다. 그리고 어려움에 빠진 우중문에게 철수의 명분을 제공하고 있다.

우중문이 철수하기 시작하자 드디어 을지문덕이 이끄는 고구려군의 역습이 시작된다. 철수하는 수군의 후방을 고구려군은 게릴라식 공격으로 괴롭힌다. 그 유명한 살수가 수군 앞에 큰 장애물로 나타났고 적 병력이 살수를 절반쯤 도하했을 때 고구려군은 후위 부대를 기습하여 엄청난 피해를 입혔다. 수나라 군대는 일시에 무너졌다. 일부 도주병들은 일주일에 걸쳐 압록강까지 약 180km를 내달렸고 30만 명의 별동대 가운데 요동성으로 살아온 자는 2,700명에 불과했다.

을지문덕은 수나라의 장거리 원정의 약점을 정확하게 꿰뚫어 보고 결정적인 전투를 회피하여 전투력을 보존한 가운데 내륙 깊숙이 유인하여 격멸하였다. 이러한 전략은 한반도가 남북으로 길

---

15 「삼국사기」, 고구려본기, 열전, 을지문덕 ; 「동국병감」, pp.54~55

게 뻗어 있고 동에서 서로 산맥이 형성되어 있어서 북으로부터 공격하는 적에게 활용할 때 큰 성과를 거둘 수 있었다. 이후, 고려에도 몽골의 공격을 청야입보(清野入保)[16] 전략으로 대응했고, 조선에는 지형을 이용하여 성을 쌓아 거점방어식 청야입보 전략으로 강대국의 침략에 대비했다.

국가의 운명이 걸린 전쟁에서는 상대를 기만하는 것이 도덕적인 흠결을 의미하지 않는다. 동물의 세계만 보더라도 약자는 강자들의 공격을 피하려고 본능적으로 위장하고 기만한다. 약자가 활용할 수 있는 다양한 기만의 방법들을 사용하지 않는 것은 어리석다. 약자일수록 더욱 교활하게 강자를 기만해야 한다. 을지문덕이 우중문에게 고구려군이 실제보다 약하다고 믿게 만들어 무리해서 고구려군을 추격하게 유도한 것처럼!

---

16 적이 침입하면 모든 식량을 없애거나 성으로 반입한 후 성을 통하여 장기적인 저항에 돌입함으로써 적의 군량확보를 어렵게 하는 전략이다.

1
정면대결을 피하라

● ● ●

"약자가 강자와 같은 장소에서 싸우려면

우선 상품을 차별화하고,

그것이 여의치 않으면 싸움의 장소를 달리하고,

그것도 여의치 않으면 낮은 가격으로 승부하고,

그것도 여의치 않으면 틈새시장을 찾아라."

경쟁전략 분야의 최고 권위자 마이클 포터가 주장한 약자가 강자를 이기는 방법이다. 약자의 경우 적이 강하면 정면대결을 피하고 약자의 강점인 상품의 차별화, 시간과 장소의 선택, 틈새시장을 찾아야 한다는 것이다.

페이스북, 카카오톡 같은 스타트업 기업들은 이러한 방법을 통해 대기업보다 높은 경쟁력을 차지할 수 있었다. 중소기업이 글로

벌기업과의 경쟁에서 승자가 되기 위해서는 우선 상대방의 취약점을 찾아 이를 집중적으로 공략할 필요가 있다. 중소기업일지라도 한두 분야에서는 상대적 우위의 경쟁력을 확보할 수 있을 것이다. 약자의 강점을 가지고 강자의 취약점을 공격하여 작은 승리를 거두고 그 작은 승리를 누적하면, 점차 격차가 줄어들게 되어 결국 약자도 강자가 될 수 있다. 그럼, 강자의 취약점은 무엇이며, 어떻게 찾을 수 있을까?

엔트로피(Entropy), 강자의 딜레마

엔트로피란 쉽게 표현하면 '무질서 정도'를 의미한다. 1865년, 독일 물리학자 루돌프 클라우시우스(Rudolph Clausius)는 열역학 이론에 관한 그의 연구논문에서 '엔트로피(Entropy)'라는 용어를 처음 사용하였다. 그는 '에너지가 유입되지 않으면 자연계의 모든 시스템은 질서에서 무질서로 흐르게 된다'는 열역학 제2 법칙에 대한 수학적 토대를 제공하기 위해 이 개념을 사용했다.[17]

인간이 만든 시스템은 자연계보다 훨씬 빠른 속도로 무질서로 치닫는다. 복잡한 조직에서 이루어지는 일상업무에서 엔트로피는 대부분 집중력 낭비와 효율성 악화로 이어진다. 회사가 비대해지고 복잡해질수록 내부조직 역시 늘어나기 마련이다. 기업이 설

---

17 크리스 주크, 제임스 앨런, 이혁진 역, 「최고의 전략은 무엇인가」 (2012), p.229

립되어 처음 영업을 개시할 때처럼 리더와 현장 직원 간의 거리가 가까울 때는 없을 것이다. 이때는 리더가 곧 일선 직원이며, 고객에게 물건을 파는 것이 유일한 목표이다. 고객들은 제품 디자인 과정에 도움을 주기도 하고 제품의 성능과 개선점에 대한 피드백도 제공한다. 고객의 목소리들이 여과 없이 정책결정에 반영된다. 당연히 반응속도도 매우 빠르다.

하지만 기업이 성장하면서 리더들은 점점 현장 직원과 고객으로부터 멀어진다. 성장과 함께 조직은 늘어나고 시스템과 상품, 서비스는 더욱 복잡해진다. 아주 단순한 메시지조차 보고과정에서 왜곡된다. 복잡성의 증가는 조직성장에 따른 불가피한 현상이다. 아이러니하게도 조직원들이 그렇게 바라는 성장은 결국에는 소리 없이 조직을 갉아먹는다.

그렇다고 규모를 작게 유지하는 것만이 능사는 아니다. 기업의 지속 가능성과 상충하기 때문이다. 기업이 성장 가능성이 없다고 느끼면 유능한 인재들은 다른 곳으로 떠날 것이다. 불행하게도 성장은 경영전략의 타협할 수 없는 가치 중 하나이다. 그런데 성장하는 만큼 비생산적인 복잡성도 함께 늘어난다면, 도대체 어떻게 하라는 말인가? 바로 이 지점에서 강자의 딜레마가 발생한다.

복잡성이 커질수록 고객을 향한 조직의 초점이 흐려진다. 고객에 대한 초점이 흐려지면 현장 조직 역시 방향을 잃게 된다. 일부 기업에서는 일선 조직의 역할을 형편없는 상품 및 서비스에 대한

불만과 같은 골치 아픈 고객 문제로부터 경영진을 보호하려는 수단으로 인식하기도 한다.[18]

서비스 문제를 해결하기 위해 전화를 걸었다가 끝도 없이 이어지는 통화 메뉴 때문에 고생한 경험이 있을 것이다. 어렵사리 연결된 사람은 대화를 최대한 빨리 끝내고 싶은 외주 전화 상담원이다. 고객 서비스를 책임져야 할 직원이 회사에 대한 자부심도 소속감도 없는 외주직원인데 어떻게 고객 중심 기업이 될 수 있겠는가? 소비자로서는 화나는 일이지만, 기업으로서는 위기의 징후이다. 이런 기업은 성장을 멈추는 것은 물론 멀지 않아 도태될 수밖에 없다.

그래서 복잡성의 문제를 성공적으로 해결하면 지속 가능한 기업이 되고, 해결에 실패하면 역사의 뒤안길로 사라진다. 바로 이지점, '복잡성'이야말로 강자의 아킬레스건이다. 강자의 이러한 취약점을 잘 활용하면 승리할 수 있는 길이 보인다. 약자들이 강자를 이길 수 있는 틈새시장은 여기에 있다.

강대국 경우에도 복잡성과 무질서의 현상이 동일하게 나타난다. 강대국일수록 병력이 많고, 각종 무기체계와 지휘계통이 복잡해질 수밖에 없다. 몸집이 큰 만큼 지켜야 할 것도 많아지고 방어선도 길어질 수밖에 없다. 긴 방어선 어느 곳엔가는 반드시 취약점

---

18 크리스 주크, 제임스 앨런, 앞의 책, pp.274~279

이 있다. 바로 그곳이 약자가 집중해야 할 공격지점이다. 엔트로피의 증가로 발생하는 강자의 딜레마를 공격하면 약자에게도 기회는 있다.

쌍용자동차 사례

쌍용자동차의 사례는 약자는 강자와의 경쟁에서 정면대결을 피하고 약자의 강점에 집중해야 함을 잘 말해 준다. 쌍용자동차는 오랜 부진을 만회하고 2013년 3분기에 내수 1만 5,358대, 수출 1만 9,224대를 포함 총 3만 4,582대를 판매했다. 매출 8,375억과 영업이익 7억, 당기순이익 15억을 기록하여 2분기 연속으로 흑자를 달성했다. 더 이상의 가능성이 없어 보였는데 놀랍게도 흑자로 전환한 것이다.

이런 변화의 이면에는 중요한 비밀이 숨겨져 있다. '쌍용' 하면 전통적으로 SUV를 만드는 회사 이미지가 강했다. 그런데 쌍용은 무쏘부터 코란도, 렉스턴 등의 성공에 고무되어 다양한 제품 라인업을 구성하기 위해 세단까지 생산하며 현대, 기아 등 강자에게 정면으로 도전했으나 현실의 벽은 생각보다 높았다. 전 차종에 대한 라인업을 갖추고 있는 강자와 정면으로 승부하여 이긴다는 것은 쉽지 않았다. 그래서 쌍용이 선택한 전략이 '한 곳에 집중하자. SUV로 돌아가자'였다.

쌍용은 코란도C 모델로 SUV를 집중공략 했다. 한 곳을 집중공

략 해서 성공하니, 시장점유율도 올라가고 흑자로 전환되어 재무
구조가 탄탄해졌다. 자연스럽게 연구개발에 더 많은 투자를 하여
기술을 업그레이드하고 마케팅에 집중할 수 있게 되었다. 대기업
과의 경쟁에서 정면대결을 피하고, 상대의 부족한 곳에서 자신이
잘하는 것으로 경쟁한 것이다.

쌍용의 사례가 주는 교훈은 명확하다. 어떤 경우에도 강자와의
정면대결은 피하라는 것이다. 만약, 새로운 사업에 진출하거나 창
업을 생각한다면 기존의 선두기업이나 경쟁자들의 약점을 분석
하고, 나만의 강점으로 강자의 약점과 경쟁하여 작은 승리를 거두
고, 그 승리를 누적하며 차분히 힘을 키워야 한다.

2

결정적 시간과 장소에서
상대적 우위를 달성하라

● ● ●

언뜻 보면, 란체스터 법칙은 싸움에서 강자가 절대 유리하다고 얘기하는 것처럼 보인다. 하지만 이 법칙은 약자와 강자가 동일한 장소, 무기 및 방법으로 정면대결하는 경우에 국한된 얘기다. 만일 약자가 전투조건을 다르게 가져간다면 어떻게 될까? 놀랍게도 전투조건을 바꾸면 약자도 강자와의 싸움에서 이길 수 있다는 사실을 란체스터 법칙이 스스로 증명하고 있다. 중요한 것은 조건을 바꾸는 것이다.

예를 들어 7대의 전투기를 가진 적군과 5대의 전투기를 가진 아군이 싸우려고 할 때, 란체스터의 주장대로라면 7 대 5로 동시에 정면대결을 해서는 곤란하다. 란체스터 법칙에 의하면 만일 그렇게 하면 적군의 전투기 4대가 생존하는 반면, 아군 전투기 5대가 모두 격추당하게 된다.

그렇다면, 전력상 열세에 있는 아군은 어떻게 해야 할까? 우선 5대의 아군 전투기로 다른 지역에 있는 적군 전투기 3대를 기습하여 집중공격한다. 그렇게 5 대 3의 전투를 벌이면, 란체스터 법칙에 따라 적군 전투기 3대를 격추하고, 아군 전투기는 1대만이 격추당해 4대가 남게 된다. 남은 4대의 아군 전투기로 다시 다른 2대의 적군 전투기를 집중공격한다. 그렇게 4 대 2의 전투를 벌이면, 적군 전투기 2대를 격추하고, 아군 전투기는 4대 모두 무사할 수 있다. 이제 남은 적군의 전투기는 2대에 불과하다. 나머지 2대의 적군 전투기도 결국 4대의 아군 전투기에 모두 격추된다.

물론 이런 상황을 만들어내는 것이 쉬운 일은 아니지만, 그렇다고 전혀 불가능한 일도 아니다. 약자의 입장에서 승리한 역사상 위대한 명장들은 강자가 원하는 싸움을 하지 않았다. 그들은 결정적인 국면에서 상대적 전투력의 우위를 달성하도록 여건을 만들어갔다.

그 대표적인 방법이 게릴라 전법이다. 게릴라들이 정규군과 맞서 이길 수 있는 것은 전투지역과 시기, 전투의 방식을 자기들에게 유리한 쪽으로 결정할 수 있기 때문이다. 약자는 몸집이 작아서 몸을 숨기기가 쉽고, 또 약자이기 때문에 눈여겨보는 경쟁자도 별로 없다.

게릴라전 외에도 경쟁 장소와 무기, 방법을 달리하여 강자의 힘을 집중하지 못하게 한다면 상대적인 힘의 우위를 달성할 수 있다. 베트남전쟁뿐만 아니라 수많은 전쟁의 역사가 이를 증명하고 있다. 이순신 장군의 한산대첩과 넬슨 제독의 트라팔가르해전, 로렌스의 게릴라전, 도고 제독의 대마도 해전이 대표적 사례이다. 세계사에 길이 남아 있는 이러한 전쟁의 사례들은 열세인 전력으로 상대방의 대군을 물리쳐서 승리한 것이다.

영국의 넬슨 제독이 프랑스와 스페인의 연합함대를 물리친 트라팔가르해전은 상대적으로 약한 영국군 함대가 연합군 함대를 예상치 못한 기동으로 양분하여 상대적 전투력의 우위를 달성했다. 란체스터 법칙으로 계산해 보면 서로 같은 전략의 정면승부였다면, 프랑스 연합함대가 크게 승리했을 것이다. 그러나 넬슨 제독의 기상천외한 기동으로 전략적 상황이 바뀌면서 프랑스 연합함대가 대패하였다.

일본은 대마도 해전에서 1 대 3 정도의 상대적 열세였으나 주요 국면에서 상대적 전투력 우세를 달성하여 러일전쟁의 승기를 잡았다. 조선과 일본의 최정예 수군이 맞붙은 한산대첩에서도 조선 수군은 1 대 7 정도의 힘의 열세를 극복했다. 이순신은 '학익진'[19]이라는 전법을 사용하여 전력의 상대적 우위를 달성할 수 있

---

19 '학(鶴)이 날개(翼)를 펼친 듯한 모양의 진(陣)'이라는 뜻이다. 처음에는 일자로 있다가 공격을 시작하면 가운데에 있던 군사들은 뒤로 빠지고, 양옆에 펼쳐진 군사들이 적을 감싸는 것으로 적을 둘러싸서 공격하기에 편리한 진의 형태로 이 전법을 사용하면 시간차를 가지고 상대적인 전투력의 우위를 달성할 수 있다.

었고, 결국 승리했다. 비록 전체 전력은 절대 열세였지만, 전투가 벌어지는 결정적인 시간과 장소에서 상대적인 전력의 우위를 확보하는 것이 주효했다.

9·11 테러, 알카에다(Al-Qaeda)의 기습

2001년 9월 11일, 이슬람 국제테러조직 알카에다(Al-Qaeda)가 민간 항공기 4대를 납치한 후, 뉴욕시의 세계 무역센터(WTC) 쌍둥이 건물과 워싱턴의 펜타곤에 충돌하여 건물을 붕괴시켜서 수천 명이 희생되었다. 아무도 예상하지 못한 일이 일어났다. 나는 지금도 CNN 뉴스를 통해 전 세계에 생중계된 무역센터 붕괴의 충격적인 장면을 잊을 수 없다.[20] 불과 19명의 납치범이 50만 달러의 예산으로 3,000명에 가까운 시민들을 희생시켰다. 독립 이후 단 한 번도 외부의 공격을 받지 않았던 미국이 몇 명의 테러범들에 의해 그 중심부를 공격받았다. 미국 시민들에게 엄청난 충격이 아닐 수 없었다. 미국 사회에 영원히 지워지지 않을 트라우마를 남겼다. 테러범들은 누구나 쉽게 구할 수 있는 흉기로 조종사를 협박하여 항공기를 납치하고 이를 무기로 무역센터와 펜타곤을 공격한 것이다.

---

20 당시 나는 동티모르 PKF 사령부 예하 동부사령부에서 1년간 평화유지 작전에 참여하고 있어 이 소식을 동티모르의 숙소에서 접했다.

9 · 11 테러 이후 강대국과 약소국 간의 전쟁 양상에도 많은 변화가 생겼다. 전쟁도 다윈의 진화론처럼 진화하고 있다. 강자가 늘 약자를 쉽게 이긴다는 고정관념은 깨진 지 오래다. 2003년 이라크 전쟁이 대표적인 사례이다. 미군은 대규모 기동전과 막강한 화력으로 공화국 수비대를 단숨에 제압했지만, 곧바로 게릴라들의 저항에 직면하게 된다. 게릴라들의 약자 전략에 대비하지 않은 미군은 혼란에 빠지고 많은 희생을 치러야 했다.

알카에다의 9 · 11테러, 북한의 핵무기 개발 등 무명의 무력 조직이나 약소국이 패권국 미국에 대항하고 있다. 세계 최강 미국도 이들을 마음대로 통제하기란 쉽지 않다. 무엇이 이런 현상을 가능하게 할까? 과학기술의 발달이다. 과학기술이라는 거인의 어깨에 올라타면 누구나 특정 대상에게 치명적인 피해를 입힐 수 있게 된다. 앞으로는 이런 현상이 더욱 빈번하게 나타날 것이다. 약자일지라도 결정적인 시간과 장소에서 기습을 달성할 수 있다면 능히 강자를 이길 수 있다.

란체스터 법칙을 경영에는 어떻게 응용할 수 있을까? 약자는 특정 분야에서 넘버원이 되는 것이 중요하다. 강자에 비해 기업 전체 역량이 부족하므로 특정 지역이나 특정 제품에서 넘버원이 되어야 한다. 특정 도시의 한정된 범위에서라도 반드시 1위인 지역을 갖는 것이 중요하다. 또한, 특별한 분야의 제품에서 넘버원 제품을 만드는 것도 중요하다. 한정된 범위에서라도 1위 분야를 확보하면 그 부분에서 매출 증가를 가능케 하므로 작은 승리를 누적하면서 성장할 수 있게 된다.

3

신속한 결심과 시행이 중요하다

● ● ●

한국전쟁에서도 약자가 강자를 이기는 기적이 일어났다. 미군의 F-86은 적군의 Mig-15와 비교할 때 대부분의 성능에서 뒤처진다. 그런데 놀랍게도 미군 조종사들이 10 대 1의 압도적인 비율로 적군을 이겼다. 과연 무엇이 이런 압도적인 승리를 가능케 했을까? 당시 조종사로 참전했던 존 보이드(John Boyd)는 이 기적을 '경쟁하는 양측의 서로 다른 의사결정 주기' 때문이라고 분석했다.

그는 'F-86의 성능이 상대적으로 약함에도 불구하고 두 가지 면에서 근소한 우위를 가지고 있었다. 그것이 결과적으로 엄청난 전투 결과의 차이로 이어지게 되었다'는 결론에 도달했다. 첫째, F-86은 외부 시야 확보 면에서 좀 더 유리했다. 둘째, 유압 제어 방식의 속성상 전술 변경이 더 유리했다. 그 결과 외부 변화를 더 잘 관찰(Observe)하여, 상황에 맞춰 더 정확하게 방향을 설정(Orient)하고, 무슨 행동을 취할지 더 확실하게 결정(Decide)하여, 더 빠르게 실행(Act)할 수 있었다. 이렇게 탄생한 것이 OODA 루프이다.[21] 어떤 개인이나 조직이 자신의 OODA 루프를 빠르게 완성하는 반면, 상대의 OODA 루프를 길게 만들 수 있다면 승리의 확률이 높아진다.

변화무쌍한 비즈니스 세계에서도 보이드의 통찰을 적용할 수 있다. 즉, 어떤 기업이 경쟁사의 의사결정 주기보다 앞질러갈 수 있다면, 시장에서 엄청난 전략적 우위를 확보할 수 있다. 보이드와 그의 팀은 의사결정 주기의 4단계가 모두 중요하지만, 그중에서도 방향 설정(Orientation) 단계를 경쟁 상황에서 가장 확실하게 차별화를 꾀할 수 있는 단계로 보았다. 외부에서 유입된 가공되지 않은 정보를 빠르게 해석하고 잡음을 제거하여 신속하고 정확하게 결정을 내리는 것을 가장 중요하다고 본 것이다.

칸나이전투 사례

이런 현상은 역사상 수많은 전투에서도 찾아볼 수 있다. 칸나이전투에서 한니발은 로마군보다 더 빠르게 OODA 루프를 거친 덕분에 역사적으로 가장 위대한 승리를 거둘 수 있었다. 그곳에서 과연 무슨 일이 있었을까? 기원전 216년 8월 2일 아침, 칸나이 인

---

21 크리스 주크, 제임스 앨런, 앞의 책, pp.199~200

근 평원에서 8만 5천 명의 로마군과 5만 5천 명의 카르타고군이 약 800m 거리를 둔 채 1.6km에 이르는 정면에 전선을 형성한다. 한니발은 중앙이 로마군을 향해 행진하는 아치 형태의 전열을 구축했다. 중앙에는 이탈리아로 진군하는 동안 모집한 스페인과 프랑스의 용병을 배치했고 양 측면에는 카르타고의 중보병들을 배치했다.[22]

전투가 시작되자 선두에 선 스페인과 프랑스 병사들이 가장 먼저 전진하는 로마군과 부딪혔다. 그들은 한니발이 명령한 대로 조금씩 후퇴했고 로마군은 승리의 함성을 지르며 계속 전진한다. 이때 양 측면에 자리한 카르타고군의 기병대는 미리 돌아서 로마군의 기병대를 상대한다. 중앙이 뒤로 물러설 때도 양 측면에 배치된 중기병(重騎兵)[23]들은 위치만 지킬 뿐 전투에 뛰어들지 않았다.

로마군의 전진이 계속되면서 자연스럽게 아치 형태로 전선이 형성되었다. '독 안에 든 쥐'의 형세가 된 것이다. 이 순간부터 중앙에 배치된 카르타고의 병사들은 후퇴를 멈추고 전선을 굳게 유지한다. 동시에 중기병들은 세 방면에서 로마군을 공격한다. 로마군의 후방에서는 멀리 돌아갔던 기병대들이 달려들어 로마군이 완전히 포위당한 것이다. 좁은 지역에 8만 명의 로마군이 갇히면

---

22 리처드 루멜트, 김태훈 역, 「전략의 적은 전략이다」 (2011), pp.139~140

23 중기병은 큰 말과 금속 갑옷을 입고 검이나 곤봉, 창을 든 병사들을 말하며, 충격 기병이라고도 한다.

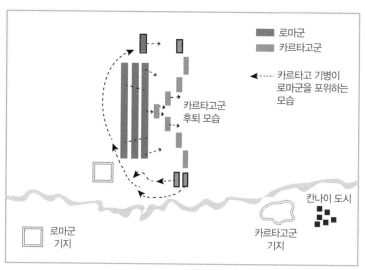

로마군
카르타고군

◀----- 카르타고 기병이
로마군을 포위하는
모습

카르타고군
후퇴 모습

칸나이 도시

로마군
기지

카르타고군
기지

【칸나이 전투 상황도】

서 제대로 싸워보지도 못하고 속절없이 죽어갔다.

　한니발의 대승은 결코 우연이 아니었다. OODA 루프를 적용하여 철저하게 설계한 전략의 승리였다. 그는 로마군의 특성을 면밀히 관찰하여(O) 전투의 방향을 설정하고(O), 사전에 전략을 결정하고(D) 실행했다(A). 카르타고군의 빠른 OODA 루프에 용맹함을 자랑하던 로마군도 결국, 속수무책으로 당할 수밖에 없었다.

　오늘날 과학기술과 무기공학이 급속도로 발전하면서 명실공히 하이테크 시대가 도래하였다. 그 결과 전장 상황을 관측하여 동향을 판단하고 의사결정을 해 행동하는 OODA 루프가 과거에 비해 놀라울 정도로 단축되었다. 고든 설리번 장군의 「정보화시대의 전쟁」이라는 그의 논문에서 발표한 OODA 주기의 변화 추세는 많은 것을 시사한다.

【OODA 주기의 변화】[24]

구 분	프랑스 혁명	남북전쟁	제2차 세계대전	걸프전
관측(O)	망원경	전보	라디오, 유선	컴퓨터
동향판단(O)	수주	수일	수시간	수분
의사결정(D)	수개월	수주	수일	수시간
행동(A)	한 계절	1개월	1주	1일

과학기술의 발달로 OODA 주기가 획기적으로 단축되었다. 이러한 변화는 경쟁하는 쌍방 간 다른 전력 차이가 있더라도 그것을 무의미하게 만들어버린다. 그래서 물리적인 전력보다 이것을 적시에 운용할 수 있는 OODA 루프 같은 무형전력이 더 중요해졌다.

도요타 사례

비즈니스 영역에서 OODA 루프를 잘 적용한 사례로는 도요

---

24 General Gordon R. Sullivan, 「War in the Information Age」, Military Review(April 2002), p.47

타 시스템을 꼽을 수 있다. 제프리 라이커(Jeffrey Liker)의 저서 「도요타 방식(The Toyota Way)」에서 설명하고 있는 제5원칙인 '문제 해결과 품질 최우선을 위한 스톱(Stop) 문화를 구축하라'를 예로 들어보자. 도요타에는 타협할 수 없는 여러 가지 관행 중에 '안돈(Andon)[25]이라는 시스템이 있다.

자동차 조립 공장에서 현장 작업자가 문제나 결함을 발견할 시 자신의 작업대 위에 있는 줄을 당기면 그 즉시 전자 현황판을 통해 불량 사실이 전체 현장에 실시간으로 알려진다. 그러면 작업팀 관리자가 라인을 중지시킬지, 중지시키지 않고 문제를 해결할지를 30초 이내에 판단한다. 물론, 이러한 판단을 할 수 있도록 작업팀 관리자는 사전에 관련 세부절차에 대한 교육을 받는다. 엄청난 손실을 초래할 수 있는 전체 생산 라인 중단 결정을 현장 작업자 개개인에게 부여한 것이다.

문제점을 현장에서 근무하는 작업자가 식별하고 판단하여 OODA 주기를 획기적으로 단축하여 적은 비용을 들이면서 제품의 완전성을 보장한다는 이러한 시스템을 시행한 이유는 제품 불량으로 인한 고객 불만이 결국 그 어떤 금전적 손해보다 더 큰 손실을 회사에 입힌다는 도요타의 철학이 반영된 것이다.

이 제도는 전 세계 모든 도요타 공장에서 동일하게 시행되고

---

25 품질에 목숨을 걸겠다는 정신으로 도요타가 도입한 불량 방지 시스템이다.

있다. 이러한 제도를 통해 도요타는 지난 수십 년에 걸쳐 지속적으로 문제점들을 개선해 왔고, 이것이 경쟁력의 원천이 되어 상대적으로 강자였던 GM 같은 경쟁사들보다 앞서 나갈 수 있었다. 도요타는 1980년 미국에서 시장점유율이 3%였으나 2010년에는 17%까지 끌어올렸다.

전적으로 강하거나 전적으로 약한 개인이나 조직은 없다. 강자의 거대함으로 인해 자연히 발생하는 약점이 있기 마련이다. 반면에, 아무리 약자라 하더라도 승리의 발판이 될 만한 강점은 있다. 강자와 싸울 때는 자신의 약점을 보호하고 강자의 약점을 끈질기게 공격하자.

지금 예기치 않은 일을 만나 약함 가운데 있는가? 절대로 절망하거나 물러나지 말자. 약함 너머의 강함을 바라보면 돌파구가 없을 것 같은 암담한 상황도 곧 역전된다. 서두르지 말고 때를 기다리자. 그리고 강자의 약점에 약자의 강점을 집중하여 상대적 우세를 달성하여 작은 승리를 계속 축적해 가자.

우회할 수 없는 길목을 지키라

어린 시절 시골에 살면서 토끼사냥을 하던 기억이 지금도 생생하다. 철사로 만든 올무를 토끼가 다니는 길목에 설치하고 아이들이 모여서 손에 손잡고 소리를 지르며 숲을 헤쳐나간다. 토끼가 놀라서 도망가다가 미리 설치해 놓은 올무에 걸리게 된다.

신기하지 않은가? 어떻게 어린아이들이 토끼가 달아날 길목을 알 수 있으며, 또 토끼는 멍청하게 그리로 달아나다 낭패를 당하는가 말이다. 그러나 조금만 산을 타고 토끼사냥을 해 보면 이런 일이 어떻게 가능한지 금방 알아챌 수 있다.

지형의 특징은 이동에 대단히 많은 영향을 준다. 그래서 사람도 토끼도 쉽고 편하게 이동할 수 있는 길을 자연스럽게 찾게 된다. 계속 그 길을 사용하게 되면 장애물이 사라져 이동이 더욱 편해지고, 더 자주 찾게 된다. 그렇게 그곳이 길이 되고 그 길을 벗어나면 낭떠러지와 우거진 숲속에서 길을 잃는 경우가 많아 이동에 어려움을 겪을 수밖에 없다.

전쟁에서도 마찬가지이다. 한 번도 가보지 않은 지역을 원정하는 경우를 상상해 보자. 미리 알려진 양호한 길을 이용하는 것은 당연하다. 그래서 적의 예상 이동로를 예측할 수 있는 것이다. 더구나 전쟁을 위해서는 수많은 병력뿐만 아니라 이들을 지원하기 위한 군수물자를 이동해야 한다. 사람의 힘으로는 할 수 없으니 우마차 길을 이용해야 한다. 그 길 중에는 지형의 특성에 의해 절대로 우회할 수 없는 길목이 있다.

이러한 길목은 산이나 낭떠러지, 강이나 바다 등 지형조건에 의해서 병력을 배치하여 운용할 수 있는 공간이 지극히 제한된다. 그래서 아무리 많은 전투력을 가진 강자라 하더라도 집중할 수 없다. 결국은 소수정예의 우수한 전투력을 가진 측이 유리하다. '한 사람이 길목을 지키면 천명도 두렵게 할 수 있다'라는 이야기가 나온 배경이다.

스파르타의 왕 레오니다스는 페르시아 육군을 깊숙이 유인하여 테르모필레 협곡에서 결전을 펼친다. 한편, 핀란드는 숲이 우거지고 눈으로 기동이 제한되는 지형과 기상의 특성을 활용하여 일명 토막내기 전법인 모티 전술로 소련군을 괴롭힌다. 이순신의 명량해전은 어떤가? 언뜻 일본 해군이 그 넓은 바다를 두고 왜 울돌목이라는 지역으로 이동하려 했는지 이해하기 어려울 수 있다. 그러나 당시 일본 전함의 능력이나 원해의 파도 등을 고려해 보면 왜 일본군이 내해를 고집했는지 쉽게 이해할 수 있다. 이순신은 백의종군하면서 남해지역의 수로와 지형을 연구하여 일본 수군이 우회할 수 없는 길목으로 울돌목을 선정했고, 일본군은 어김없이 그리로 와서 명량대첩이 완성되었다.

4

테르모필레 전투, 300 전사
페르시아 대군을 막다

● ● ●

스파르타의 왕 레오니다스는 300명의 스파르타 정예부대와 1,000명의 테스피아 병사만을 남기고 모두 후방으로 철수시킨다. 그리고 자신은 그들과 함께 남았다. 스파르타의 승리를 위해서라면 자신의 목숨은 아깝지 않았다. 죽음을 불사하는 왕의 단호함과 결단력 덕분에 스파르타의 병사들은 하나로 뭉칠 수 있었다.

2006년 개봉된 영화 〈300〉이 바로 이때의 상황을 그리고 있다. 영화에는 BC 480년, 페르시아 대군에 맞서 싸우는 스파르타의 전사 300인의 용맹스러운 모습이 처절하게 묘사되었다. 이 영화의 초점은 스파르타 용사들의 용맹함에 맞추어져 있지만, 그 용맹함을 의미있게 만든 레오니다스의 전략적 식견에 주목할 필요가 있다. 300 대 15만이라는 절대적인 열세 속에서 적을 저지하는 방법은 열정과 용기만으로는 되지 않는다. 그래서 레오니다스는 페르시아군의 이동로를 추적하면서 적보다 먼저 이동하여 적이 우회할 수 없는 협곡을 막아선 것이다.

이곳에서는 아무리 강력한 대군이라 해도 실제 전투에 참여할 수 있는 인원이 극히 제한될 수밖에 없다. 의도적으로 소수의 정예병으로 방어할 수 있는 길목을 막아선 것이다. 레오니다스의 기대에 부응하여 300명의 결사대는 죽기를 각오하고 길목을 지켰고 아무리 많은 페르시아군이라도 이길 수 없었다.

레오니다스는 마라톤전투에서처럼 협곡을 이용하여 적의 기병이 우회할 수 없도록 하면 팔랑크스[26]가 위력을 발휘할 수 있다고 확신했다. 그의 판단이 옳았다. 레오니다스가 이끄는 팔랑크스는 그리스 연합군 중에서 최강이었고 기병의 운용이 원천적으로 불가능한 협곡에서 위력을 발휘했다. 페르시아군이 스파르타의 팔랑크스를 뚫지 못하자 화살 공격을 시도했지만 스파르타군의 두꺼운 갑옷과 방패 때문에 큰 위협이 되지는 못했다. 스파르타군은 3일을 그 협곡에서 버티어냈다.

레오니다스가 테르모필레를 방어하는 것이 최선이라고 생각한 이유는 또 있다. 대군이었던 페르시아군은 보급에 곤란을 겪고 있었다. 특히, 장거리 원정을 온 이들은 전진하면서 현지 조달을

---

26 투구와 갑옷 등 보호장비를 착용하고 창과 방패를 지닌 많은 수의 병사들이 밀집 대형으로 배치하여 근접전을 벌이는 군대를 말한다.

해야 한다. 테르모필레를 방어해 낼 수 있다면 물량의 현지 조달이 어려워질 뿐 아니라, 동맹을 망설이던 다른 그리스국가들의 참전을 기대할 수 있었기 때문이다.

반면, 페르시아군에게 있어 이 협곡은 장점을 살리기 힘든 지역이었다. 군대의 좌우가 각각 벼랑, 성벽으로 막혀있었고 페르시아군의 포진 지역에서는 다수의 궁병을 집중시켜 사격을 퍼붓기 힘들었을 뿐만 아니라 기병도 쓰기 힘들었다. 따라서 페르시아군은 자신의 장점인 대규모 병력, 다수의 궁병, 기병 등이 모두 봉쇄된 상태로 좁은 지형과 성벽이라는 엄폐물까지 지닌 그리스군을 정면으로 대결해야 하는데 자신의 군사력만 믿고 가볍게 무장했던 페르시아군은 속절없이 무너질 수밖에 없었다.

그리스군은 싸우면서 계속 전방의 병사와 후방의 병사들을 교대했는데, 계속된 전투에 병사들이 지치는 것을 막기 위해서였다. 완벽한 지형의 이점과 높은 무장 수준, 그리고 철저한 규율을 지닌 그리스군에게 페르시아군은 생각보다 훨씬 무기력했다. 한편, 첫날 전투에서 최정예군인 스파르타군의 희생은 두 명에 그칠 정도의 일방적인 싸움이었다고 한다.

그러나 페르시아의 왕 크세르크세스도 단념하지 않았다. 협곡에서는 스파르타군을 이길 수 없다고 판단하여 새로운 방법을 선택한다. 한 그리스 병사의 밀고로 우회로를 알게 된 페르시아군은 그 길을 통해 부대를 침투시켜서 스파르타군의 후방을 공격한다.

후방이 뚫린 절체절명의 상황에서 고민하던 레오니다스는 일부 결사대만 남기고 나머지 병력은 철수하기로 결심한다. 이미 페르시아군의 접근이 상당히 진행되어 누군가는 이 협곡에 남아 페르시아군의 진출을 막아야 남은 그리스인들이 안전하게 후퇴할 시간을 벌 수 있다고 판단한 것이다. 또한, 페르시아인들에겐 상당수의 기병이 있어 레오니다스가 전군과 함께 후퇴한다면, 이 기병에게 곧바로 따라잡혀 모두 죽임을 당하는 신세가 될 수밖에 없었다. 레오니다스는 1,500명을 남겨 후방을 지킴으로써 나머지 6천여 명의 병력을 보존하여 훗날의 싸움을 대비하는 선택을 했다.

전방과 후방 동시에 공격을 받은 스파르타군은 결국 무너진다. 레오니다스가 이끌던 300 용사들은 이 협곡에서 레오니다스와 함께 최후를 맞는다. 크세르크세스는 레오니다스의 머리를 베어 장대에 높이 꽂아놓았다고 한다. 적장이 죽으면 예를 갖추어주는 것이 정상인데 크세르크세스가 얼마나 화가 났는지 알 수 있는 대목이다.

우회할 수 없는 길목을 막아서는 이유는 상대방의 강점을 제대로 발휘할 수 없게 하고, 아군의 강점은 최대한 활용하기 위해서다. 강점 자체가 중요한 것이 아니라 강점을 발휘할 수 있는 상황을 만드는 것이 중요하다. 페르시아군의 압도적 규모, 활과 기병 중심의 전술이라는 장점을 피하면서 아테네 육군의 중장보병, 스파르타군 정예부대의 백병전을 활용하기 위해서 협곡을 선택한 것이다. 레오니다스와 300 용사들은 비참한 최후를 맞았으나, 그 희생은 헛되지 않았다. 그들이 벌어준 3일이라는 시간 때문에 그리스인들은 무사히 피신할 수 있었고, 그리스 연합군도 재정비할 수 있었다. 그 효과는 살라미스 해전에서 나타난다. 살라미스 해전에 대해서는 4장에서 상세히 설명한다.

5
핀란드의 모티 전술,
소련군을 곤경에 빠뜨리다

• • •

스키와 사격을 결합한 스포츠로서 총을 등에 메고 눈 덮인 지형을 스키와 폴을 이용해 이동한 뒤, 지정된 장소에서 사격 시합을 하는 경기가 있다. 출발선부터 결승지점까지 걸린 시간과 사격의 정확성 등을 가려 최종 순위를 결정하게 된다. 이 스포츠의 이름은 무엇일까? 평창 동계올림픽에서 정식 종목으로 중계된 이 경기는 '바이애슬론'이다. 바이애슬론은 과거 북유럽 군인들이 '군사정찰(Military patrol)'을 위해 실시하던 운동경기 중 하나였다. 겨울이 길고 혹독하며 눈이 많이 내리는 북유럽 지역에서는 스키를 타면서 사격을 하는 것이 매우 중요한 전투 능력이었다. 이 같은 바이애슬론의 모습을 볼 수 있었던 게 바로 핀란드와 소련의 '겨울전쟁'[27]

---

27 1939년 11월 30일부터 1940년 3월 13일까지 소련과 핀란드는 105일간의 전쟁

이다.

1939년 겨울전쟁 당시, 핀란드군은 절대 열세에 있었다. 핀란드 성인 남성의 절반에 해당하는 55만 명을 동원한 소련군은 전차 2,500여 대, 항공기 1,500여 기의 지원을 받았다. 반면, 핀란드는 총동원령을 내렸음에도 병력이 15만 명에 불과했다. 보유한 중화기는 구식 전차 32대, 항공기 114기뿐이었다. 그러나 전투의 결과는 핀란드의 승리였다. 소련은 35만 명의 인명피해를 입었고 전쟁에 투입된 대부분의 전차와 항공기를 상실한다. 반면에, 핀란드의 손실은 전 사상자 7만 명, 전차 30대, 항공기 62기에 불과했다.

어떻게 이런 결과가 나올 수 있었을까? 기상과 지형의 특성을 잘 활용한 핀란드의 모티 전술[28]이 중요한 승리요인이었다.

핀란드의 탁월한 전략, 모티 전술

소련군은 지형의 특성상 몇 안 되는 통로로 몰릴 수밖에 없었다. 그 결과 이동은 정체되고, 길이 막히자 보급에 문제가 발생했다. 겨울철 추위가 맹위를 떨치며 기온은 영하 40도까지 곤두박질쳤고 추위를 물리치기 위해 소련군은 보드카를 마셨다. 핀란드군

을 치렀다.

28 일명 '토막내기 전법'이라고도 한다. 좁은 숲길을 따라 일렬로 진격하는 대규모의 병력을 소수의 병력으로 기습하여 절단시킨 뒤 절단된 단위부대를 기동성이 뛰어난 다수의 병력으로 포위 섬멸하는 전술이다.

은 소련군의 이러한 약점을 비집고 들어가 기상과 지형지물을 이용한 유격전으로 뛰어난 전과를 올렸다. 좁은 통로를 따라 길게 늘어선 소련군을 핀란드군은 파아보 탈벨라가 창안한 토막내기 전법으로 타격하며 방어했다. 비록 소련군의 전투력이 압도적으로 우세했으나, 모티 전술을 구사하는 특정한 시간과 장소에서는 핀란드군이 상대적 우세를 달성할 수 있었다. 이를 위해 눈에서 빠르게 이동할 수 있는 스키부대의 맹활약은 눈부셨다.

비록 객관적인 전투력에서는 열세였지만, 핀란드에는 72세 노장(老將) 카를 구스타프 만네르헤임[29]이 있었다. 그는 핀란드 내전 이후 은퇴했지만 전쟁이 터지자 군으로 복귀한다. 소련군의 전신인 제정 러시아군 출신이라 소련의 전술을 누구보다 잘 알고 있던 만네르헤임은 소련군과 맞서 싸우고 있는 전선이 1,000km로 매우 길고, 대부분 지형이 눈으로 덮인 산과 숲이라는 점을 이용해 영리한 작전을 세웠다. 그는 소련군이 한정된 길을 따라 이동할 수밖에 없으리라 확신한다. 예상 접근로에 병력을 집중시키고, 하얀 눈 위에서 잘 드러나지 않도록 핀란드군에게 모두 흰색 군복을 입혔다. 그리고 보병들에게는 스키를 타고 빠르게 움직이며 싸우도

---

29 만네르헤임은 핀란드 인구의 6~10%를 차지하는 소수민족인 스웨덴어 사용자다. 귀족가문 출신으로 제정 러시아군 장교로 임관해 1887년부터 1917년까지 30년간 복무하며 중장까지 지냈다. 핀란드 내전 이후 전역했다가, 겨울전쟁이 일어나자 다시 군에 복귀하여 핀란드군 총사령관으로 전쟁을 지휘한다. 1944년 8월 대통령에 당선되며, 핀란드의 국부로 추앙받는다.

록 하는 게릴라전을 펼치게 했다.

한편, 소련은 핀란드와의 전쟁에서 쉽게 승리할 수 있다고 생각했다. 병력이나 전쟁물자가 압도적으로 많았고, 핀란드 내 공산주의자들도 자기들 편에 설 것으로 생각했기 때문이다. 하지만 전쟁이 시작되자 핀란드 공산주의자들은 오히려 소련에 맞서 싸우기 시작했다. 소련은 핀란드와의 전쟁을 너무 쉽게 생각했다. 동계 전투에 대한 대비책이 너무나 부족했다. 한 달 안에 전쟁을 끝낼 수 있을 것으로 생각한 소련군은 눈밭 위에서 위장할 수 있는 흰색 전투복도 준비하지 않았고, 북유럽의 혹한과 폭설에 대비한 전쟁물자도 전혀 준비돼 있지 않았다. 게다가 핀란드의 지형과 폭설로 인하여 대규모 부대를 전선에 길게 배치할 수밖에 없었고 결과적으로 화력이 분산될 수밖에 없었다. 자신의 강함만을 믿고 상대방과 전장 환경을 치밀하게 분석하지 않는 교만이 얼마나 심각한 실패를 불러오는지 확인할 수 있다.

핀란드군의 승리 요인
핀란드군이 모티 전술을 성공적으로 수행할 수 있었던 요인은 험준한 산악지형, 호수, 폭설이 내린 혹한의 추위 덕이 컸다. 핀란드 사람들이 일상적으로 겪는 지형과 기상의 열악함이 위기의 상황에서는 오히려 강자인 소련군을 맞아 승리할 수 있는 축복의 요인이 된 것이다.

그러나 무엇보다 중요한 것은 사람이다. 이러한 지형과 기상의 특징을 잘 이해하고 게릴라전의 일환인 모티 전술을 계획하고 수행할 리더십이 중요했다. 임무를 명확히 이해한 후 적의 위협과 강약점을 분석하고 지형과 기상의 특성을 효과적으로 활용하기 위해 고민했다. 그 후 핀란드군이 보유하고 있는 무기와 지형과 기상의 이점을 최대한 활용하였다. 모티 전술을 효과적으로 수행하는 데 기여한 무기와 전술은 다음과 같다.

첫째, 핀란드군의 '수오미[30] 기관단총'이다. 이 총은 9mm 파라벨럼탄(권총탄)을 사용하는 기관단총으로서 짧은 시간에 최대한의 화력을 집중할 수 있어 모티 전술에 최적화되어 있다. 하얀 설상복을 입어 눈에 잘 띄지 않은 핀란드군은 눈밭을 스키로 종횡무진 질주하며 소련군을 기습했다. 얼어붙은 빙판길에 미끄러지며 행군하던 소련군은 갑자기 나타나 기관단총을 난사하고 사라지는 핀란드군의 스키부대 앞에서는 속수무책이었다.

둘째, '저격수'의 활약이다. 병력이 부족했던 핀란드군은 저격수를 적극적으로 활용했다. 저격수들은 지형지물을 활용해 위장하고 숨어 있다가 적이 나타나면 먼 곳에서 필살의 총탄을 날렸다. 핀란드는 전 세계에서 최초로 저격수를 전문적으로 훈련시켜 전

---

30 수오미(Suomi)는 핀란드어로 '호수의 나라'를 뜻하며 핀란드를 지칭하는 표현이다.

술적으로 활용했다.

특히, 전설의 저격병 '시모 해위해'[31]의 저격 실력은 소련군에게는 공포의 대상이었다. 그는 눈보라가 휘몰아치는 전쟁에서 무려 100여 일 동안 542명을 사살하는 놀라운 성과를 냈다. 눈 위에서 흰 전투복을 입고 위장한 그에게 소련군은 '하얀 사신'이라는 별명을 붙여주었다.

셋째, '몰로토프 칵테일'이라는 화염병이다. 핀란드군은 개전 초 소련 외무장관 몰로토프가 한 말을 비꼬아서 화염병에 이런 이름이 붙였다. 소련은 핀란드 주요 도시에 무차별 폭격을 퍼부으면서 국제사회에 '우리는 핀란드의 좋은 친구다. 우리는 지금 원조용 빵을 투하했을 뿐이다'라고 거짓으로 변명한 사실을 비꼬기 위해서였다. 핀란드군은 몰로토프의 말에 화답하듯 소련군에게 "이 술이나 받아 마셔라"라고 외치며 화염병을 던졌다고 한다.

핀란드군은 소련 전차가 접근하면 뒤에서 몰래 다가가 전차 보병을 기관단총으로 사살하고 몰로토프 칵테일을 취약한 전차 후면 엔진에 던져 불태웠다. 지금도 게릴라전에서 활용되는 전술이다. 그 뒤 독·소 전쟁에서도 다량으로 이를 사용했고 6·25전쟁 때 국군 6사단이 춘천전투 등에서 화염병과 수류탄으로 적 전

---

31 겨울전쟁에 참전한 핀란드 저격병으로 인류 전쟁사 최고의 저격수를 논할 때 늘 1순위로 언급된다. 핀란드의 하얀 사신(White Death)이라는 별명을 가지고 있다.

차와 자주포를 파괴하기도 했다.

핀란드군이 소련군의 공격에 맞서 국경선 지역에서 전면전을 했다면 패할 수밖에 없었을 것이다. 핀란드의 지형과 기상의 특성을 활용하여 소련군을 후방 깊숙이까지 유인하여 길게 늘어선 소련군에 대하여 핀란드군의 강점인 게릴라 전술로 공격함으로써 소련군을 괴롭혔다. 상대방의 강점을 최대한 약화시키고, 나의 강점을 제대로 활용할 수 있는 상황을 만드는 것이 중요하다.

6

이순신의 명량해전,
전쟁의 국면을 전환하다

● ● ●

"병법에 이르기를 반드시 죽고자 하면 살고, 반드시 살고자 하면 죽을 것이다. … 한 사람이 길목을 지키면 천 명도 두렵게 할 수 있다고 했는데 이는 오늘의 우리를 두고 이른 말이다. 두려움에 맞서는 자, 역사를 바꿀 것이다."

영화 〈명량〉에서 이순신 장군이 전투에 임하기 전 병사들을 모아놓고 소리높여 한 대사이다. 실제 전장에 임하는 장수의 절박함을 그대로 느낄 수 있었다. 이순신은 국가의 운명이 걸린 절체절명의 위기에서 '두려움을 용기로 바꿀 수 있을까' 고민한다.

왜냐하면, 명량해전은 이 전에 이겼던 해전과는 전혀 다른 상황이었다. 지금까지는 대부분 다수의 함선으로 소수의 함선을 공격하여 이겨왔다. 란체스터 법칙을 적용하여 결정적인 시간과 장소에서 항상 전투력의 우세를 달성했고, 그 결과 연속적인 승리를 거두었다. 이순신이 싸웠던 전투에서의 상대적 전투력을 비교한 도표를 보자.

【상대적 전투력 비교】[32]

해전	함정		해전	함정	
	조선	일본		조선	일본
옥포해전	91	30	합포해전	91	5
적진포해전	91	13	사천해전	26	13
당포해전	26	13	당항포해전	51	30
율포해전	51	7	한산도해전	54	73
안골포해전	54	42	부산포해전	166	470

한산도해전과 부산포해전을 제외하고는 모두 이순신의 전력이 우세한 가운데 이룬 승리였다. 상대적 열세를 보였던 두 해전도 전력 차이가 그리 크지 않았다. 명량해전에서의 12척 대 133척은 상상할 수 없는 전력의 격차가 난다.

백의종군 이후 삼도수군통제사로 조선 수군을 재건하려 동분서주하던 이순신은 선조로부터 수군을 해산할 테니 육군에 합류

---

32 국사편찬위원회,「한민족문화백과」

하라는 명령을 받는다. 이순신이 파직당한 사이에 원균이 칠천량 해전에서 대패하여 조선 수군이 괴멸했기 때문이다. 배가 12척밖에 없는 현실을 감안하여 선조는 수군을 해산할 것을 결심한다. 이에 이순신은 선조를 설득하기 위해 장계를 올린다.

> "신에게 아직 배 12척이 있습니다. (今臣戰船尚有十二)
> 죽을 힘을 다해 싸운다면 오히려 해볼 만합니다. (出死力拒戰則猶可爲也)"

많은 사람이 이순신 장군을 기억할 때 이 구절을 떠올린다. 필사즉생의 결연함이 묻어난다. 과연 무엇을 믿고 아직 12척이 있으니 바다에서 싸우겠다고 임금에게 장계를 올렸을까? 당시 이순신은 승리에 자신이 있었던 것이 아니다. 일본군의 거침없는 진격을 막을 방법은 이 길밖에 없다는 것을 알았기 때문이다. 일본 육군의 상대적 우세를 고려할 때, 수군마저 서해를 내어주어 일본 해군이 자유로이 인천항을 통해 한양에 도달할 수 있게 되면 더이상 일본군을 막을 수 없음을 잘 알고 있었다. 힘들더라도 울돌목에서 죽기를 불사하고 막아서야 했다.

그러면 명량을 선택한 이유는 무엇일까? 첫째, 명량 해협은 물길이 좁아 아무리 많은 적이 몰려와도 실제 전투에 참여할 수 있는 함선은 제한된다. 명량은 해남과 진도 사이의 좁은 물길을 말한다. 좁은 곳은 폭이 500여 m가 채 되지 않는다. 그런 물길이 1.5km 계속되는 곳이다. 12척의 판옥선으로 길목만 지키고 있으면 싸워 볼 만하다고 생각했을 것이다. 일본 해군에 비해 전력이 부족했던 조선 수군으로서는 최적의 장소가 아닐 수 없다.

이순신은 결전의 장소를 주도적으로 선정하여 상대적 전투력의 우세를 달성할 수 있는 장소에서 싸웠다. 주로 남해의 다도해 특성을 고려하여 좁은 수로에서 전투했다. 상대적으로 작은 규모의 함대로 대규모의 함대와 상대하기 위해서는 다수의 함정이 동시에 전투에 참여할 수 없는 좁은 지형에서의 전투가 유리했기 때문이다. 이것은 동서고금을 통해 육지와 바다에서 명장들이 활용했던 방법이기도 하다. 이순신은 명량해전뿐만 아니라 당항포, 노량해전에서도 좁은 수로를 이용하여 싸워 이겼다.

둘째, 빠른 조류를 활용하고자 했다. 명량의 또 다른 이름은 울돌목이다. 조류가 흐르는 소리와 소용돌이치는 물 울음소리가 십리 밖에서도 들린다고 하여 붙인 이름이다. 그만큼 조류의 흐름은 거셌고 실제 개전 초기에 북서쪽으로 흐르던 조류 때문에 고전하던 조선 수군이 조류가 남동쪽으로 바뀌면서 전세가 역전되었다. 일본 해군은 조류로 인해 조선 수군에 의해 침몰한 전함들과 섞여서 아수라장이 되고 만다.

셋째, 주변에 암초가 많은 지형이 물길을 잘 아는 조선 수군에게 유리하다고 판단했을 것이다. 명량대첩이 일어나기 전 울돌목

주변의 암초를 정찰해 조류의 흐름과 암초의 위치를 확인했을 것이다. 그것을 기념하기 위하여 울돌목에는 동상[33]이 하나 세워졌다. 갑옷도 입지 않고, 칼 대신 지도를 들고 있는 이순신 장군의 동상이다. 울돌목의 흐르는 물살을 하염없이 바라보며 고뇌하는 모습이다. 밀물 때는 동상 발목까지 물이 차오르고 썰물 때는 주춧돌 최하단까지 보인다. 여느 이순신 장군 동상과는 사뭇 결이 다른 모습이다. 장군의 결전 현장에 대한 철저한 확인과 분석이 명량대첩이라는 기적을 가능하게 했다.

오천 년의 한민족 전쟁사, 그리고 전 세계 해전사에서도 유례를 찾기 힘든 신화적인 이 승리는 뛰어난 지휘관의 결단력과 용기, 엄격한 군율과 기술적 우위가 병력의 수적 열세를 얼마나 멋지게 극복했는가를 증명한 사례이다. 누란지세의 위기에 처한 나라를 구하고 적의 칼날에 내던져진 백성들을 다시금 절망에서 구해낸 기적. 이 기적이 없었다면, 지금의 대한민국은 없었을지도 모른다. 일본군은 이 전투에서 패배하여 정유재란 내내 삼남지방에서 발이 묶인 채 한양까지 올라오지 못하는 결정타를 맞게 되었다.

명량해전은 방어하는 군대가 극도로 열세였다는 점에서 테르모필레 전투와 비슷하지만, 테르모필레 전투는 결과적으로 방어

---

33 이 동상은 2008년 10월 명량대첩 축제를 기념하기 위해 울돌목(문내면 학동리 산 36)에 제작되었다. 높이 2m, 넓이 65cm로 실제 사람의 크기로 이순신의 다른 동상에서는 찾아볼 수 없는 인간적인 모습을 발견할 수 있다.

에 실패하고 전사들이 전멸했다. 하지만 명량해전은 배를 한 척도 희생시키지 않고 적군을 막아냈으며 결과적으로 전쟁의 흐름 자체를 뒤집었다는 점에서 이 전투와는 비교조차 할 수 없다.

차별화로 승부하라

"홈런율과 안타율이 높은 값비싼 스타 플레이어 대신,

출루율이 높은 선수들을 영입하자는 것이에요.

중요한 건 선수가 아닌 승리를 사는 거예요."

– 영화 〈머니볼(Moneyball)〉 중 피터의 대사

브래드 피트 주연의 영화 〈머니볼〉의 한 장면이다. 머니볼은
오클랜드 애슬레틱스(Oakland Athletics)의 단장인 빌리 빈의 실화
를 다룬 영화다. 주인공 빌리는 고교 시절 유망주였지만 프로무대
에서는 실패한 야구선수다. 그는 은퇴 후 스카우터로 활동하다가
1998년 메이저리그에서 가장 가난한 구단 중 하나인 오클랜드 애
슬레틱스 단장으로 임명된다. 가난한 구단이기에 스타 플레이어
를 영입한다는 것은 상상하기 어려웠다. 이러한 악조건 속에서 과

연 어떻게 감독으로 성공할 수 있었을까?

감독이 된 빌리는 애슬레틱스를 거의 매년 포스트시즌에 진출하는 강팀으로 변모시킨다. 애슬레틱스 선수들의 총연봉을 합쳐도 뉴욕 양키스의 3분의 1 수준인데, 어떻게 이런 성과를 만들 수 있었을까?

위에서 언급한 빌리와 피터의 대화에 그 비결이 숨어 있다. 빌리는 우연히 알게 된 예일대 경제학과 출신의 뚱보 청년 피터를 영입한다. 그는 빌리에게 야구팀을 쇄신할 계획을 제시한다. 피터는 선수의 성적을 예측하는 데는 노련한 코치나 매니저의 직감보다 알고리즘을 이용한 데이터가 더 유용하다는 사실을 알고 있었다. 데이터를 분석한 결과, 공격 성공률이 타율과 타점보다 출루율에 영향을 받는다는 사실을 알게 된 것이다. 이것이 머니볼 이론이다. 홈런율과 안타율이 높은 값비싼 스타 플레이어 대신, 출루율이 높은 선수들을 저가에 영입하여 팀을 구성하자고 제안한다. 피터가 말한 '중요한 건 선수가 아닌 승리를 사는 거예요'라는 표현은 전략적 사고를 매우 잘 대변해 준다.

머니볼 이론을 적용한 팀은 시즌 초반에는 연전연패하지만, 실망하지 않고 지속적으로 데이터를 활용하여 선수 라인 업을 조정한다. 곧 연패의 고리를 끊고 승리하게 되고, 이어서 연승을 하고 마침내 역사상 최초로 20연승의 신화를 일궈낸다. 그러자 보스턴 레드삭스의 구단주는 빌리에게 약 125억 원을 제시하면서 영입을 제안한다. "자넨 4,100만 달러로 팀을 플레이오프에 진출시켰어. 이긴 경기 수는 양키스와 똑같지만, 양키스는 한 경기 이길 때마다 140만 달러를 썼고, 자넨 겨우 26만 달러를 썼어"라며 이유를 밝혔다.

'사업'이라는 관점에서 본다면, 빌리와 피터는 탁월한 비즈니스 전략가라고 말할 수 있다. 게임의 룰을 바꾸고 전략적 개념을 잘 활용해 승리한 것이다. 머니볼에서 피터는 '중요한 건 선수가 아닌 승리를 사는 것'이라는 본질을 파악했다. 당시 대부분의 야구 전문가들이 프로야구를 지배해온 통념이 창출한 전통과 습관에 의존하고 있을 때, 빌리는 잘못된 직관을 넘어서 연관된 데이터를 긴밀하게 분석한 것이다. 이를 통해 적은 비용으로 유망한 선수들을 스카웃하여 승리할 수 있었다.

당신은 어떠한가? 게임의 룰을 바꾸는 게임메이커인가? 문제의 본질을 파악해 자원을 제대로 활용하고 있는가? 그렇다면 승리의 여신이 당신의 손을 들어줄 것이다. 창업이나 사업도 마찬가지다. 자원이 부족한 작은 기업이라고 항상 큰 기업을 이기지 못하는 것은 아니다. 게임의 룰을 바꾸고 전략적 개념을 잘 활용하면 충분히 승산이 있다. 당신이 속한 업계에서 빌리처럼 되고 싶다면 의문을 제기할 만한 통념이 무엇인지 자문해 보자. 그리고 통념과 다르게 생각하고 행동하자.

7
스티브 잡스, 다르게 생각하라

● ● ●

"여기 미쳤다는 말을 들었던 사람들이 있습니다.

그들은 부적응자였고, 반항아였으며, 문제아였습니다.

그들은 네모난 구멍에 맞지 않는 둥근 못이었습니다.

그들은 세상을 다르게 바라보았습니다."

언제 들어도 가슴 설레는 광고 카피이다. 스티브 잡스가 1997년 애플의 CEO로 복귀한 후 마케팅 전략을 바꾸고 첫 번째로 만든 애플의 '다르게 생각하라(Think different)'란 헤드라인 카피로 9월 28일 첫 방송된 이래 금세 명작의 반열에 올랐다. 아인슈타인, 마틴 루터 킹, 존 레논, 무하마드 알리, 밥 딜런 등 관습에 도전했던 사람들을 흑백 화면으로 보여주며 영화배우 리처드 드레이퍼스의 내레이션으로 들려준다. 이 광고는 수많은 상을 받았을 뿐만 아니라 5년이란 긴 시간 동안 많은 사람의 열광적인 지지를 받는다.

무엇 때문에 많은 사람들이 이 광고에 열광할까? 약자라고 생각하는 고객 자신이 주인공으로 등장하기 때문이다. 자신들에게 숨겨진 천재성을 알아주기 때문이다. 대부분의 사람이 부적응자, 반항아, 문제아로 여기는 자신들에게서 희망을 발견하고 있기 때문이다.

이 광고의 완성본을 처음 보았을 때 잡스는 눈물을 흘렸다고 한다. 잡스가 깊이 감동한 건 어쩌면 당연한 일이다. 광고 속에서 자기 모습을 발견했기 때문일 것이다. 특히, 마지막 부분의 "어떤 사람들은 그들에게서 미치광이를 보지만, 우리는 그들에게서 천재를 봅니다. 세상을 바꿀 수 있다고 생각할 만큼 미친 사람만이 그 일을 할 수 있기 때문입니다"라는 구절은 잡스가 꼭 하고 싶었던 이야기였을 것이다.[34]

기업 CEO로서 약자의 관점에서 게릴라 전법을 가장 잘 구사한 인물이 스티브 잡스다. 그의 출생과 성장배경은 물론 삶을 대하는 태도나 비즈니스 면에서도 그는 철저한 게릴라였다. 특히, 그는 비즈니스를 하면서 의도적으로 애플을 약자로 자리매김하는 전략을 취했다.

그가 직원들에게 수시로 말한 '해군이 되기보다는 해적이 돼

---

34 'Think Different', http://en.wikipedia.org/wiki/think_different 위키백과

라'는 표현에서 알 수 있듯이, 기존 질서에 저항하는 게릴라 정신이야말로 애플 기업문화의 원천이다. 도발과 기습, 변칙 공격 같은 게릴라 전법은 곧 약자가 살아가는 방식이다. 병력과 무기 모두 수적 열세인 약자가 정공법으로 강자와 정면으로 맞서봤자 승산이 없기 때문이다.

1980년대 초, 매킨토시 컴퓨터를 처음 만들었을 때 잡스는 약자 마케팅으로 당시 업계 1위인 IBM과 싸운다. 광고에서 조지 오웰의 「1984」를 패러디한다. IBM을 모든 것을 통제하는 빅 브라더로, 애플을 IBM의 시장 독재에서 소비자를 구해주는 전사로 묘사한다. 그는 일부 엘리트 사용자가 독점하고 있는 컴퓨터의 세상을 누구나 쉽게 누릴 수 있도록 해방하겠다고 공언한다. 그래서 일반 개인이 사용할 수 있는 작고, 싸고, 쓰기 쉬운 컴퓨터를 개발한다.

그는 직원들에게 기존 질서에 맞서 싸우는 반항아가 되라고 끊임없이 주문한다. 위에서 언급한 '다르게 생각하라(Think different)'라는 광고 카피는 이러한 그의 철학을 바탕으로 탄생했다.

잡스는 실제 삶 속에서도 아웃사이더였다. 그는 엘리트 부모에게 버림받고 가난한 양부모 밑에서 자랐다. 고교 시절 마약에 빠진 적도 있고, 대학도 중퇴했다. 또 친구들의 기숙사를 전전하며 비즈니스에 도움이 된다고 보기 힘든 캘리그라피 강의를 열성적으로 청강했고, 동양의 선(禪)불교에도 심취했다. 그의 젊은 시절은 우리가 그토록 집착하는 경력 쌓기와는 거리가 멀다. 그의 이런 약자의 삶이 다르게 보고, 생각하는 힘을 길러주었다. 크게 잃을 것 없는 환경이 실패를 두려워하지 않고 도전하는 용기도 길러주었다.

1979년 12월 어느 날 스티브 잡스는 제록스 연구단지를 둘러볼 기회가 있었다. 제록스에서는 잡스에게 야심 차게 개발한 '알토'[35]라는 새로운 PC를 보여주었다. 일일이 명령어를 입력하던 기존의 컴퓨터 작동법 대신 마우스[36]로 아이콘을 클릭만 하면 컴퓨터가 작동하는 혁신적인 컴퓨터였다. 자판으로 입력하는 한계를 근본적으로 바꿀 수 있는 혁명적 발명품을 보고 잡스는 깜짝 놀랐다. 그러나 제록스 연구원들은 마우스 하나가 300달러나 된다는 이유로 실용화를 고민하지 않았다.

수년 후 잡스는 마우스 특허권을 가지고 있던 스탠퍼드 연구센터로부터 고작 4만 달러에 특허권을 넘겨받는다. 그리고 곧 저가의 마우스를 만들기 시작했다. 그것도 단돈 15달러짜리로. 애플의 엔지니어들이 스크린 작업을 하고, 저가의 마우스를 기반으로 그래픽 유저 인터페이스를 탑재한 컴퓨터가 바로 '매킨토시'이다. 이 컴퓨터는 사람들에게 컴퓨터에 대한 기존의 인식을 완전히 바

---

35 제록스 알토는 48년 전인 1973년 3월 1일 처음 공개됐다. 놀랍게도 마우스와 그래픽 유저 인터페이스(GUI), 이메일과 네트워크 기능이 포함된 컴퓨터이다.

36 마우스는 1968년 스탠퍼드 연구센터의 연구원이던 더글러스 엥겔바트(Douglas Engelbart)가 발명하였다.

꾸어놓았다. 아날로그와 디지털의 인터페이스 혁명이 일어났다. 마우스는 지식혁명을 선도하게 되었고 드디어 하이퍼텍스트[37] 시대가 도래한 것이다.

당시 제록스는 엄청나게 큰 기업이고 필요하다면 거의 무한대의 자원을 투자할 수 있었다. 천재들도 많이 보유하고 있었는데, 왜 이 좋은 아이디어를 상용화하지 못했을까? 혁신으로 거대해진 제록스의 조직환경이 오히려 관료화되고 경직되어 마우스를 상용화하는 데는 오히려 장애물로 작용했던 것이다.

반면에, 잡스는 새로운 아이디어를 보유하지 못한 약자였으나, 강자들의 아이디어를 참고하여 그것을 조금 더 낫게 만들었다. 맥킨토시뿐만 아니라 아이팟도 최초의 MP3가 아니었고, 스마트폰도 최초는 아니었다. 그러나 잡스는 스마트폰과 MP3를 따로 휴대해야 하는 것에 불편함을 느꼈고 그 문제를 해결하려고 시도하였다. 문제를 발견하고 고객에게 불편함을 해결하여 자유롭게 하는데 집중했다. 기존의 제품들을 연결하여 합이 아닌 승수효과를 보임으로 다른 경쟁자들과 차별화하여 성공한 것이다.

그는 대부분 소비자는 최고사양의 제품이 필요하지 않다는 사실을 알고 있었다. 사람들이 원하는 것은 최고로 편리하게 사용할 수 있는 제품일 뿐이다. 잡스는 사람들이 컴퓨터 사용에 어려움을

---

37 웹사이트에서 글을 클릭하면 해당 페이지로 이동하는 것을 말한다.

느낀다는 점에 주목했다. 그래서 누구나 조작이 쉬운 인터페이스를 만들었다. 애플은 최고의 컴퓨터나 핸드폰을 만들 수는 없어도 다른 기업과는 다른 방식으로 고객들을 감동시켰다. 단순히 제품만 파는 것이 아니라 고객의 삶을 바꾸어놓았다. 열정적인 애플 브랜드 매니아들이 생긴 이유이기도 하다.

무엇이 잡스로 하여금 남들과 다르게 생각하게 했을까? 그 비밀은 2005년 6월 10일 스탠퍼드 대학교 졸업 연설에서 자신이 만든 회사에서 쫓겨났던 이야기를 하며 밝혔다.

"그때는 몰랐습니다. 그러나 시간이 지나자 제가 애플에서 해고당한 것이 최고의 일로 밝혀졌습니다. 저에게 일어날 수 있는 성공의 부담감은 다시 초심자의 가벼운 마음으로 대체되었고, 모든 것은 아직 알 수 없다는 마음으로 바뀌었습니다. 그것은 제 인생에서 가장 창의적인 시기 중 하나로 접어들게 해줬습니다."

잡스는 애플에서 해고되지 않았더라면, 당시의 애플도 잡스도 존재하지 않았을 거라고 말했다. 자신이 만든 회사에서 해고당하지만, 여전히 일을 사랑했고 그래서 다시 시작하기로 마음먹었다. 그래서 절망을 소망으로 승화시켰다. 잡스는 해고라는 아픔의 시간을 통해 성공에 대한 부담을 떨쳐버릴 수 있었다. 부하 직원들의 건의에 귀 기울이고 소명하며 올바른 결정을 할 수 있었다. 그가 원래 가졌던 천재성에 성숙된 리더십을 더한 셈이다.

한샘 사례

한국에서도 다르게 생각하여 위기를 극복한 사례가 있다. 2014년 전 세계 27개국 315개의 매장을 운영하고 있는 거대 글로벌기업 이케아(IKEA)의 한국진출 소식에 국내 가구업계는 바짝 긴장했다. 이케아 쇼핑몰이 국내에 문을 열자 가구업계 주가는 급락했고 크고 작은 가구상들이 도산했다. 이케아와 싸운다는 것은 다윗이 골리앗과 싸우는 것과 마찬가지 형국이었다.

많은 사람이 이케아의 국내 진출로 한샘이 가장 큰 피해를 볼 것으로 예상했지만, 이는 보기 좋게 빗나갔다. 한샘은 살아남았고 오히려 2014년도에 전례 없는 600% 성장을 달성했을 뿐만 아니라, 사상 최대의 실적을 기록했다.

어떻게 이런 결과를 만들어냈을까? 한샘이 이케아의 장단점을 철저히 분석하고 다르게 대응하는 전략을 짜서 철저하게 대비했기 때문이다. 한샘은 이케아와 차별되는 강점과 약점을 분석하여 강점은 살리고 약점은 벤치마킹을 통해 보완했다. 예를 들면, 고객이 직접 조립하는 가구를 판매하는 이케아와 차별화하여, 직원이 가구를 직접 배달해 주고 조립까지 해주는 서비스를 시행했다. 매장에서만 물건을 파는 이케아와 달리 한샘은 직영매장, 대리점, 홈쇼핑 등 다양한 유통채널을 통하여 판매하였다. 강자와 차별화하는 노력은 신의 한 수였다. 강자에게 무조건 두려워하지 말고 강자의 약점을 분석하고 나의 강점을 차별화하면 예상 밖의 승리를 거둘 수 있다.

8

흑인 해리스,
미국 첫 여성 부통령이 되다

● ● ●

"캘리포니아에서 버스로 통학한 작은 소녀가

인종차별로 상처를 입었다.

그 소녀가 바로 나다!

당신은 버싱(Busing) 반대에 협력했다."

2019년 6월 27일, 미국 민주당 대통령 후보 경선 첫 TV 토론회 모습이다. 해리스 후보는 버싱 정책[38]에 반대했던 바이든 후보를 강하게 공격했다. 이 여성이 바로 2020년 미국 대통령선거에서 부통령으로 당선된 카멀라 해리스이다.

그녀는 1964년 인도계 어머니와 자메이카계 아버지 사이에서

---

38 학교 버스에 흑인 학생이 섞여 앉도록 하는 정책을 말한다.

태어났다. 흑인 인권 운동을 했던 부모님의 영향으로 어려서부터 인권 운동을 접하며 자랐다. 하워드대학에서 정치·경제학을 전공하고 UC 헤이스팅스 로스쿨을 졸업, 39세에 샌프란시스코 검사장, 46세에 캘리포니아주 법무부 장관을 거치며 계속해서 유리천장을 깨왔다. 2017년부터 연방 상원의원을 지냈으며, 2019년에 민주당 대선 후보 경선에 나서 '조 바이든의 저격수'로 주목을 받게 된다.

이렇게 바이든 후보를 강력하게 비판하던 해리스가 어떻게 그의 러닝메이트가 될 수 있었을까? 2020년 미국은 조지 플로이드 사건[39]으로 진통을 겪었다. 이 사건으로 인해 흔들리는 흑인 유권자들의 표심을 잡기 위해서 부통령 후보를 흑인으로 선택해야 한다는 여론이 자연스럽게 형성되었고 흑인으로서의 정체성을 당당하게 주장해온 해리스가 주변의 주목을 받게 된다.

그녀는 워싱턴 D.C.에 있는 대표적인 흑인 대학인 하워드 대학에 진학해 정치과학과 경제학을 전공했다. 민주당 대선 경선 후보자 시절에는 주택구매 자금을 지원하는 1,000억 달러 규모의 기금 조성을 공약으로 제시하고, 학교에서 인종차별을 없애기 위해 공립학교 운영방식 변경을 제안하기도 했다. 많은 사람은 해리스의

---

39 2020년 5월, 미국 미네소타주 미니애폴리스 한 거리에서 경찰관들이 비무장상태의 흑인 남성 조지 플로이드를 체포하는 과정에서 목을 무릎으로 짓눌러 사망하게 한 사건. 인종차별에 항의하는 시위가 미국 전역으로 확산되었다.

이러한 차별성에 주목했고, 8월 '바이든에게 필요한 자격요건을 모두 갖췄다'라는 평가를 받으며 부통령 후보로 바이든 캠프에 합류했다.

해리스는 피부색과 성별의 차이뿐만 아니라 바이든이 지니지 못한 장점을 많이 가지고 있다. 그래서 바이든의 보완재로서 적격이라는 평가를 받게 된다. 78세의 고령인 바이든에 비해 56세로 비교적 젊어 바이든의 노쇠한 이미지를 보완할 수 있기 때문이다. 무엇보다 차별화되는 장점은 헤리스의 '강력한 전투력'이었다. 민주당 대선 후보 경선에서 버싱 정책에 반대한 바이든의 이력을 공격하던 모습에 트럼프 전 대통령도 해리스의 전투력을 경계하며 '무례한 사람'이라고 비판하기도 했다.

유색인종 여성으로서 그녀는 미국 사회에서 비주류라는 굴레를 안고 살아왔다. 그러나 이런 배경은 오히려 정치인으로 성장한 그녀를 차별화하는 요인으로 작용했다. 흑인 여성으로는 최초로 샌프란시스코 검사장과 캘리포니아 검찰총장이 되자 대중은 그녀를 주목했다. 현재 해리스는 미 상원에서 유일한 흑인 여성 의원이기도 하다. 일반적으로 약점으로 인식되는 것들이 특정 시기와 장소에서는 차별화의 강력한 무기로 영향을 미친다는 사실을 다시 한번 보여준다. 그런데 이런 차별성이 누구에게나 그냥 주어지는 것은 아니다. 수많은 어려움에도 불구하고 자신의 정체성을 지키며 오랜 시간 준비하는 사람에게만 주어지는 축복이다.

카멜라 해리스 미국 부통령의 첫 연설은 차별성을 갖기 위해서 약자가 어떤 자세로 살아야 하는지를 잘 보여주고 있다.

"우리는 그저 꿈을 꾸는 데 그치지 않고 해냅니다. 해온 것들만 보는 게 아니라 할 수 있는 것들을 봅니다. 우리는 대담하고, 겁 없으며, 야망이 있습니다. 극복하고 이겨낼 것이란 흔들리지 않는 신념이 있습니다."

유색인종이라는 약함이 지금까지 해리스의 삶에 때론 상처가 되고 유리천장이 되기도 했지만, 조금도 부끄러워하지 않고 자기 정체성을 살려온 것이 이제 해리스에게는 오히려 큰 강점이 되었다. 다른 사람의 강점을 보고 부러워할 것이 아니라 자신을 돌아보며 강점을 발견하고 꾸준히 차별화시켜 나가는 것이 중요함을 알 수 있다.

9

아라비아의 로렌스,
예상 밖의 방향으로 공격하라

● ● ●

1917년 6월, 아카바를 방어하던 터키군 지휘관은 시리아 사막에서 수상한 움직임이 있다는 보고를 받는다. 터키군은 정찰대를 파견해 정보를 수집한다. 영국군 장교 한 명이 인적없는 사막을 횡단하면서 호웨이타트족 병사를 모집하고 있다는 내용이었다. 그는 아랍인 복장을 하고 다니며 아랍어를 능숙하게 하여 지역주민과도 잘 어울리고 있었다.

터키군은 로렌스의 행동을 예의 주시하며 그에 대한 첩보를 수집하기 위해 아랍 족장을 매수한다. 로렌스는 그 사실을 알고 터키군에 매수된 한 아랍 족장에게 '나는 아랍의 반란을 확산시키기 위해 다마스쿠스로 간다'는 정보를 흘린다. 이 소식을 전해 들은 터키군은 매우 긴장하게 된다. 터키군으로서는 피하고 싶은 최악의 시나리오이기 때문이다. 인구가 밀집된 북부 지역에서 반란이 일어날 경우 대처가 불가능하다고 생각해 터키군 지휘관은 다마스쿠스의 동료에게 정보를 전달하고 로렌스를 추격하기 위해 부대를 파견했다.

한편, 로렌스는 500여 명의 호웨이타트족을 모집했는데, 이들은 낙타 위의 위대한 전사들로서 용맹하고 기동성이 뛰어났다. 그리고 그는 자신이 흘렸던 정보에 나온 북쪽의 다마스쿠스가 아닌 남쪽에 위치한 마안으로 갔다. 그곳은 아카바에 공급할 터키군 보급물자 집적소가 있는 곳이다. 그 사실을 안 터키군이 뒤늦게 마안으로 병력을 출동시켰으나 로렌스는 종적을 감춘 후였고 다시 마안에서 모습을 드러낸 로렌스는 다마스쿠스 방향으로 160km 지점에 나타나서 철도를 파괴한다. 터키군은 깜짝 놀라 기병대를 출동시키지만 로렌스는 또 종적을 감춘다.

한편, 마안 남쪽에 위치한 아부 엘 리잘(Abu el Lissal)에서 두마니에라는 부족이 폭동을 일으켜 터키군은 대대 규모의 병력을 현장에 급파한다. 마을에 도착한 터키군은 마을을 방어하던 토치카가 파괴되고 적은 흔적도 없이 사라진 현장을 확인한다. 이때 아부 엘 리잘에 매복해 터키군을 기다리고 있던 로렌스는 지친 터키군을 측면과 배후에서 공격했다. 엄청난 속도로 달려오는 낙타부대를 당해낼 재간이 없었던 300여 명의 터키군은 사망하고 나머지는 포로가 되었다.

그때야 비로소 터키군은 로렌스의 전략을 알게 된다. 로렌스는 다마스쿠스에서 반란을 계획하고 있다는 사실을 흘려 터키군의 관심을 다마스쿠스에 집중하게 하고는 실제로는 아카바를 공격하려는 계획이었다. 그래서 먼저 철도를 습격하여 아카바를 보급으로부터 분리시켰고 호웨이타트족의 성공을 본 다른 아랍 종족들을 합류시켜 아카바로 향했다.

터키군은 대혼란에 빠졌다. 영국군이 바다 쪽에서 공격해오리라 확신했기에 모든 요새가 바다를 보고 방어진지를 구축하고 있었다. 아랍인들에게 가장 많은 피해를 입혔던 대포는 전부 바다를 향해 설치되어 있어서 무용지물이 되고 만다. 아랍인들이 저항하는 적에게는 무자비하기로 악명이 높았던 터라 아카바 후방에 위치한 요새의 터키군들은 공포에 질려 차례로 항복했다. 아카바에 주둔 중이던 300여 명의 병력으로 로렌스군을 막아보려 했으나 역부족이었다. 1917년 7월 6일 터키군은 항복했다.[40]

로렌스가 등장하기 전까지만 하더라도 아라비아 전선은 터키군에게 절대적으로 유리한 상황이었다. 영국군은 아랍 반란군을 이용하여 철로를 따라 늘어선 요충지를 점령하려 하였다. 이런 전략은 터키군이 바라는 바였다. 일단 영국군의 공격을 받으면 터키군은 상대적으로 우세한 병력을 신속히 출동하여 그 지역을 회복할 수 있었기 때문이다.

---

40   로버트 그린, 안진환 · 이수경 역, 「전쟁의 기술」 (2006), pp.375~379

하지만, 로렌스는 전혀 다른 방법으로 접근했다. 터키군이 점령하지 못한 광활한 사막에 주목했고 사막에서 강점을 지닌 아랍의 낙타부대를 모집했다. 그리고 시선은 터키군의 아킬레스건인 다마스쿠스로 전환하고 실제로는 반대편에 있는 아카바를 향했다. 아카바를 공격하는 방법도 간접접근을 시도했다. 먼저, 아카바에 이르는 철도를 파괴하여 보급을 차단하고 작은 승리를 통해 주변의 아랍군 세력들과 합류하여 적이 전혀 상상도 하지 못하던 방향으로 공격함으로써 피해 없이 완벽한 승리를 달성할 수 있었다.

로버트 그린은 그의 저서 「전쟁의 기술」에서 로렌스는 상대에게 나의 형태를 감추는 무형의 중요성을 잘 알고 있었다고 이야기하며 다음 문장을 인용했다.

"전쟁이란 대개 두 개의 세력이 서로 만나기 위해 분투하는 접촉의 전쟁이다. … 아랍전은 분리의 전쟁이다. 광활하고 끝없는 사막의 침묵으로 위협하고 공격의 순간이 될 때까지 모습을 드러내지 마라. … 이 이론은 적과 교전하지 않는 무의식적인 습관으로 발전한다. 이는 또한 적에게 결코 목표를 제공하지 말라는 많은 이들의 충고와도 일치한다." [41]

---

41 로버트 그린, 앞의 책, p.488. 이 글은 T. E. 로렌스의 「지혜의 일곱 기둥」의 내용을 로버트 그린이 인용한 내용을 재인용했다.

기업의 차별화 전략

로렌스의 게릴라전략을 기업에 적용한 사례가 있다. 일본의 생활용품 할인점인 '돈키호테'는 다른 경쟁업체에 비해 늦게 시장에 진출하였다. 선점하고 있는 경쟁기업과 정면으로 맞서는 것은 어려울 것으로 판단하여 경쟁사들과는 달리 밤늦은 시간대에 방문하는 고객들에게 주목했다. 상호에서도 예상할 수 있듯이 과연 돈키호테식 발상이다. 심야에 고객들의 발길을 잡을 수 있는 분위기를 만들고 지역 특성에 따라 폐점시간을 차별화하였다. 결과는 놀라웠다. 미리 진출했던 쟁쟁한 경쟁사들을 따돌리고 관련업계 1위에 오른 것이다.[42]

상품의 판매 경로를 변경하여 차별화하는 기업도 있다. 비타민 음료 '비타 500'은 새로운 경로 구축으로 성공한 대표적인 사례이다. 비타민 음료는 기존에는 의약품 시장에서 유통되었다. 경쟁에 한계를 느낀 회사는 일반 유통시장을 개척하여 경쟁업체를 따돌리고 성공하였다. 그 외에도 미국의 아마존의 경우 도서 구매 채널을 오프라인에서 온라인으로 변경하여 대박을 터트렸다.

---

42 강성호, 「승자의 전략」 (2016), p.115

계산된 모험을 하라

"한국이 공격하지 않고 수비만 하고 있어서 참 경기하기가 쉬웠다.
그들은 아르헨티나가 실수하기만을 바랐다."

아르헨티나의 전 축구대표팀 감독 마라도나가 월드컵에서 한
국과의 경기 후 남긴 인상적인 발언이다. 이 말에서 축구영웅 마라
도나의 예리한 분석을 확인할 수 있다. 자신의 강점을 충분히 발휘
하지 않고 단지 상대방이 실수하기만을 바라는 팀은 절대로 경기
에서 승리할 수 없다. 비록 상대적 전력이 열세에 있다고 하더라도
활용할 수 있는 강점을 찾으면 있다. 그 강점으로 상대방의 약점을
집중적으로 공략하면 상대방의 실수를 유도해 낼 수 있다. 실패를
두려워하는 소극적인 자세로는 결코 강자인 상대의 실수를 유도
해 낼 수 없다. 이런 상식을 무시하고 한국팀은 왜 수비에만 전념

했을까? 모든 면에서 열세라고 생각하여 감히 도전할 용기를 내지 못하고 요행만을 바란 것은 아닐까?

'용기'의 사전적 의미는 '고통, 위험, 불확실성, 협박을 직면하는 선택이자 의지'로 크게 물리적 용기와 도덕적 용기로 나눌 수 있다. 물리적 용기는 신체적 고통, 고난, 죽음 위기, 위협과 같은 상황에서 두려움에 떨지 않는 능력이다. 도덕적 용기는 대립, 부끄러움, 스캔들, 사람을 잃을 상황에 직면했을 때 바르게 행동하는 능력이다. 즉, 두려움이 없는 것이 아니고, 그 두려움을 이기는 것이 용기이다.

걸프전의 영웅 노먼 슈워츠코프 장군은 "사람은 누구나 옳은 일이 무엇인지를 알고 있다. 진정 어려운 것은 그 옳은 일을 실천하는 것이다. 용기란 두려운 와중에서도 먼저 나서서 의무를 다하는 것이다"라고 강조했다.

사람들은 흔히 용기를 신중함 혹은 냉정함의 반대어라고 생각하는데 이는 잘못된 것이다. 오히려 용기는 위험과 위험부담에 대비하기 위하여 신중함과 냉정함을 전제로 할 때가 많다. 신중함이 결여된 용기는 경솔함과 무분별로 이어질 수 있다. 사리를 분별하지 않고 함부로 날뛰는 용기를 우리는 '만용'이라 부른다. 대체로 만용은 결과를 책임지지 못하는 경우가 많아서 위험하다.

현명한 사람은 위기를 자신을 단련시키는 기회로 삼는다. 시련 덕분에 차별화에 성공할 수 있고, 보통 사람이 함부로 범접할 수 없는 경지까지 도달하게 된다. 평범함에서 벗어나게 하는 기회에 주목하고 성공으로 가는 길을 찾자. 당신이 극복한 시련들이 당신의 브랜드가 된다. 문제해결 능력이 개인, 조직, 그리고 국가의 가치를 결정한다. 그래서 문제점과 시련은 잘 극복하는 사람에게는 위장된 축복인 것이다. 여기에 위기상황에서도 흔들리지 않고 계산된 모험을 선택한 개인, 조직, 그리고 국가의 이야기가 있다.

10
한신의 배수진,
20만 대군을 무찌르다

• • •

등 배(背) 물 수(水) 진칠 진(陣)!

등 뒤에 물이 있어 더 이상 물러나지 못할 곳에 진을 친다는 뜻이다. 등 뒤에 물이 있으면 군사는 물러날 곳이 없으므로 사력을 다해 싸울 수밖에 없다. 목숨을 건 결사 항전을 배수진을 친다고 한다.

- 「사기」 회음후열전(淮陰候列傳)

한나라와 초나라가 패권을 다툴 때의 이야기이다. 한나라가 팽성(彭城)에서 초나라에 패하자 다른 제후국들이 초나라를 가까이 하려 했다. 그러자 한 고조 유방은 한신을 시켜 이 제후국들을 징벌하게 한다. 한신은 위(魏)나라를 정벌한 후 조(趙)나라 정벌에 나섰다. 조나라군은 이미 방어 병력을 배치하고 진영을 튼튼하게 구축한 상태에서 기다리고 있었다.

더욱이 조나라는 지형적으로 수비하기는 쉽지만 공격하기에는 매우 어려운 곳이었다. 높고 험준한 태항산맥(太行山脈)이 천연의 장벽처럼 가로막고 있다. 조나라로 진입하는 유일한 길은 태항산 8대 애구(隘口, 좁은 입구)의 하나인 정형구(井陘口)이다. 이곳은 큰 협곡으로 길 양쪽에 험준한 산을 끼고 있어 길이 매우 협소하다. 수레 두 대가 나란히 지나가거나 기병이 대열을 지어 갈 수도 없다. 이 협곡을 통과하려면 일렬로 길게 늘어서서 앞과 뒤가 서로 도와줄 수 없었다.

만약 조나라에서 좁은 출구에 약간의 병력만 배치해 수비한다면 외부세력이 조나라를 침입하기란 매우 어려웠다. 한신은 조나라 왕 헐과 성안군 진여가 정형의 좁은 길에 매복하면 치명적인 피해를 보게 될 것을 우려하며 묘책을 찾기 위해 고민한다. 그래서 한신은 조나라 군대가 어떻게 나오는지 확인하기 위해 첩자를 보낸다.

한편, 한신이 정벌에 나섰다는 소식을 들은 조나라는 대신들이 모여 대책을 논의한다. 조왕 헐의 면전에서 성안군 진여와 광무군 이좌거가 격렬한 논쟁을 벌이고 있었다. 이좌거가 먼저 주장했다.

"한신의 군대는 식량을 천 리 밖에 있는 본국에서 실어 옵니다. 그런데 정형의 길은 너무 좁아서 일렬로 지나갈 수밖에 없으니 식량을 운반하는 부대는 자연히 뒤쪽으로 처지게 됩니다. 나는 기습부대를 이끌고 이 부대를 차단할 것이니, 당신은 진지를 지키면서 적과 싸움은 하지 마십시오. 그러면 적은 식량 보급이 끊겨 자멸할 것입니다."

하지만, 성안군 진여는 '정의로운 군대는 속임수나 기이한 계책을 쓰지 않는다'는 말로 이좌거의 건의를 묵살한다. 진여의 본심은 자신이 주도적으로 싸워 전공을 세우고 싶었다. 만약 이좌거의 요구대로 했다가는 자신이 전공을 세울 기회를 놓치게 될 것을 걱정한 것이다. 첩자를 통해 이 이야기를 들은 한신은 아주 기뻐하면서 곧장 행동에 나섰다.

한신은 야음을 이용하여 2천 명의 경무장한 한나라 기병들에게 붉은 깃발을 들고 우회로를 이용하여 조나라 진영 근처에 매복하게 한다. 그리고 직접 1만의 병력을 지휘해 정형 입구로 나가 물을 등지고 진을 친다. 대장군의 이 명령을 들은 병사들은 망연자실한다. 당시 한나라군은 겨우 3만에 불과한데 어떻게 20만이 넘는 조나라 대군과 정면으로 싸워 이길 수 있다는 말인가?

날이 밝아오자 조나라 군대는 이 광경을 보고 한신을 병법을 모르는 자라고 비웃었다. 진여는 한나라의 병력이 적은데다 자신들은 산을 등지고 물을 바라보는 우세한 입지에 있는 것을 보고 정예부대를 이끌고 나와 공격해 왔다. 한신이 바라던 대로 조나라 군대가 움직인 것이다. 정형구의 협곡 출구지역을 막고 방어하면 공격이 어려울 것을 알고 고민하던 한신은 적 앞에서 일부러 약점을 보임으로써 조나라 군사가 정형구라는 애로 지형을 지키는 대신 앞으로 나와 공격하게 한 것이다.

이 장면을 앞에서 살펴본 테르모필레 전투와 비교하여 살펴보면 전략적인 통찰을 깨달을 수 있다. 스파르타의 레오니다스 왕은 페르시아의 대군을 맞아 테르모필레의 협곡을 막아서서 300명의 용사로 페르시아의 대군을 저지했다. 한신은 어떠한 희생을 치르더라도 이런 상황에서의 무모한 전투는 하지 않겠다는 생각을 한 것이다. 그래서 고민했고 누가 봐도 말이 안 되는 배수진을 쳐서 조나라 장수들이 오판하게 만들어 지형의 이점을 포기하고 서둘러 공격하게 만들었던 것이다. 한신의 배수진이 성공할 수 있었던 비결은 바로 여기에 있다.

뒤로 물러날 곳이 없는 한나라 군사들은 모두 죽기를 각오하고 맹렬히 싸웠다. 쌍방이 반나절을 격렬히 싸워도 승부가 나지 않았다. 이때, 한신이 패배를 가장하고 북과 깃발마저 버리면서 강기슭의 진지로 달아났다. 이를 본 진여는 승기를 잡았다고 판단하여 곧장 전군에 출격 명령을 내린다. 그러자 미리 조나라 진영 근처에 매복하여 때를 기다리던 2천 명의 한나라 병사들이 조나라 성벽 안으로 들어가 조나라 기를 뽑고 한나라군의 붉은 깃발로 바꿔 꽂았다.

조나라 군사들은 한나라군이 이미 자기 군영을 차지했다고 생각하자 순식간에 공포에 빠져 사방으로 도주하기 시작한다. 이때 강가로 물러났던 한나라의 주력부대가 승기를 타고 반격에 나서면서 2천의 병력과 협공하자 조나라군이 대패한다. 이 싸움에서 진여는 전사했고 조왕 헐과 이좌거는 포로로 잡혔다. 조나라 땅은 한나라군의 차지가 되었다.

전투가 끝난 후 장수들이 한신에게 물었다.

"병서에 따르면 '산과 언덕은 오른쪽으로 등지고 물과 못은 앞으로 하여 왼쪽에 두라'고 했습니다. 그 뜻은 당연히 산이나 언덕을 뒤에 두고 물을 앞에 두라는 것인데 장군께선 반대로 물을 등지고 진을 치게 하셨으니, 이것은 대체 무슨 까닭입니까?"

한신이 웃으며 대답했다.

"병서에 사지에 빠뜨린 뒤에야 살 수 있고 망할 곳에 둔 후에야 생존할 수 있다는 말이 있다. 우리 병사들은 급조한 신병들이라 반드시 먼저 사지에 빠뜨리게 한 후에야 자신이 살아남기 위해 싸우게 할 수 있었다. 그렇게 하지 않았더라면 전투가 시작되자마자 다 달아나서 부대를 이루지도 못하고 궤멸했을 것이다."[43]

이것이 바로 '배수일전(背水一戰)'이란 고사성어가 나온 유래다.

사마천이 「사기」 회음열전에서 이렇게 기술하고 있어 후대에 많은 장수가 오해하도록 만들었다. 대부분은 배수진 하면 죽기를 각오하고 끝까지 항전하면 이길 수 있는 것으로 이해하고 현실에 잘못 적용하는 경우가 많다. 장수는 부대를 사지에 빠뜨릴 때는 사

---

43 사마천, 「사기」, 회음열전

지를 벗어날 계책을 가지고 있어야 한다. 그래서 배수진은 전장 상황을 면밀하게 검토하여 신중하게 적용하지 않으면 큰 위험에 빠질 수 있음을 명심해야 한다.

우리나라 역사에서도 배수진을 친 전례가 있다. 임진왜란 시 탄금대에서다. 두 전례에서 무슨 차이가 있었는지를 살펴보자.

신립의 배수진

임진년 4월 26일, 조선의 삼도 도순변사[44]에 임명된 신립은 종사관 김여물과 80여 명의 군관과 함께 충주에 도착한다. 이때 충주목사 이종장과 충청도 군현의 군사 8천여 명이 집결하여 신립을 기다리고 있었다. 이들은 전쟁이 터진 이후 가장 규모가 큰 조선의 정규병들이었다. 신립은 충주의 단월역에 부대를 주둔시켰고 충주목사 이종장과 부장 몇 명을 거느리고 조령(鳥嶺) 지형정찰을 나갔다. 이때 종사관 김여물은 자신의 작전구상을 보고했다.

"적군은 대병력이고 아군은 병력이 적으니 정면으로 맞서서 싸우면 전세가 불리하옵니다. 마땅히 부근의 험한 지형을 지키고 협곡 중에 복병을 배치하였다가 적이 협곡 안으로 들어오기를 기다려서 허점을 노려 좌우에서 일제히 공격하여 격퇴하는 게 옳을 것입니다."

44　조선시대 군무를 총괄하기 위해 중앙에서 파견하던 국왕의 특사를 말한다.

이때 충주목사 이종장도 의견을 제시한다.

"이제 적은 승승장구하고 있으니 우리가 넓은 평지에 있는 것은 옳지 못하고 험한 곳을 지키는 것이 제일 좋은 상책일까 하옵니다. 넓은 들에서 싸우는 것은 불리하니 조령의 험한 곳을 의탁하여 깃발을 많이 세우고 연기와 불로 적의 마음을 흔들어 놓은 다음 기습하는 방책이면 승리가 가능하옵니다."

신립도 처음에는 조령을 확보하려는 뜻이 있었으나 이일이 먼저 패하여 도망쳤다는 소식을 듣고 크게 낙심한다. 그의 대답에서 이러한 적극적인 작전 구상은 이미 포기하고 있음을 볼 수 있다.

"그건 그렇지 않소. 적은 보병이고 우리는 기병이니 넓은 뜰로 맞아들여 용맹한 철기로써 물리치면 능히 이기게 될 것이요. 또한, 적은 이미 조령 밑에 와 있다고 하니, 우리가 영(嶺) 위에까지 나가서 진지를 확보하기에 앞서 적과 서로 부딪치게 된다면 전세가 위태롭지 않겠소."

또한, "우리 군사들은 모두 새로 뽑아 훈련이 부족하오. 이들은 평소에 의사가 소통되지 못하였으며 상하가 단합도 충분하지 못하오. 이제 사지(死地)에 넣지 않으면 그 투지를 드높일 수 없을 것이오."라며 배수진으로 싸울 것이라고 했다.

이들의 대화를 분석해 보자. 누가 보더라도 종사관 김여물과 충주목사 이종장의 의견이 타당하다고 느낄 것이다. 그런데 조선 최고의 명장이라고 알려진 신립은 왜 방어하기에 좋은 험준한 지형인 조령 대신 허허벌판인 탄금대를 결전의 장소로 판단하게 된 것일까? 그 해답은 신립의 이야기에서 쉽게 찾아볼 수 있다.

첫째, 적은 보병이고 조선은 기병이기에 이길 수 있다고 생각했다. 그런데 기병은 험준한 산악에서는 장점인 속도를 낼 수 없어서 사용하기 어렵다. 신립은 북방의 여진족 니탕개와 싸울 때 허허벌판에서 기병을 활용하여 적을 물리쳤다. 기마전으로 명성을 떨친 신립이 기마대를 거느리고 방어전을 택하기 위해서는 조령보다는 탄금대 지역의 평지가 더 적합한 지형으로 보였을 것이다. 신립은 바다를 건너와 북상하는 왜적이 피로한 틈을 타서, 이들을 평지로 끌어내어 갑자기 몰아치는 전법을 택했다.

둘째, 잘못된 정보가 영향을 미쳤다. 신립은 적은 이미 조령 밑에 왔으니 조령 위에까지 나가서 진지를 확보하기 전에 적이 공격하면 위태롭다고 생각한 것이다. 논리적으로 틀린 말은 아니다. 다만 첩보 수집 활동을 통해 적의 위치를 정확히 판단하는 신중함이 아쉽다. 신립의 이런 행동은 확증편향의 좋은 사례가 될 것이다. 자신을 영웅으로 만들었던 과거의 승리가 이제 탄금대에서 재현될 수 있다고 확신하고 있었을지도 모른다.

셋째, 조선 병사들 대부분은 제대로 훈련도 받지 못한 백성들이었다. 대부분 일본군의 조총과 무력 앞에서 전의를 상실하고 도주하는 병사들이 많았다. 이런 병사들을 험준한 산악지역에 배치하면 싸워보지도 않고 도망할 가능성은 충분히 예상할 수 있었다.

이 상황을 우려하여 병사들을 사지로 넣어 전투력을 높이려는 배수진 시도는 나름의 설득력이 있다.

그러나 이 지점에서 한신의 배수진과의 차이점이 보인다. 한신은 공자의 입장에서 방자인 조나라가 길목을 지키면 어려움을 겪을 것을 우려하여 의도적으로 배수진을 침으로써 조나라가 유리한 방어 지형을 포기하고 나와 공격하게 만든 것이다. 반면에, 신립은 방자의 입자에서 길목에 해당하는 조령을 포기하고 단월에서 배수진을 쳤다. 또한, 한신은 첩자를 통해 적의 의도를 알고 있었을 뿐만 아니라 매복하는 2천 명이라는 히든카드를 가지고 있었다. 그러나 신립은 아무런 카드가 없었다. 적이 나의 의도대로 움직여주기를 기대했을 뿐이다. 오로지 죽기 살기로 싸우는 병사들의 의지만을 믿었던 것이다. 계산되지 않은 모험은 무모하다.

모든 것은 변한다. 전장의 상황은 더욱 급변한다. 전쟁에서 우수한 장수가 실패한 전례는 과거의 방식을 고집하여 변화를 읽어내지 못하는 경우가 많다. 과거의 찬란한 승리를 가져왔던 전략이라도 그대로 사용해서는 안 된다. 현 상황을 고려하여 맥락에 맞게 적용해야 한다. 물론 말처럼 쉬운 일은 아니다. 당대 최고의 명장이었던 신립의 실수를 보면 알 수 있다.

사람들은 어떤 어려움에 빠졌을 때 자신이 과거에 어떻게 했는지, 과거의 명장들이 이러한 상황에서 어떻게 싸워 이겼는지를 생각해 본다. 신립도 그랬을 것이다. 자신이 북방 여진족과 싸움에서 기병을 활용하여 승리했고 명성을 날렸던 장면과 한신 장군이 배수진을 쳐서 조나라 20만 대군을 격멸한 전례를 떠올렸을 것이다. 그래서 그 방식 그대로 적용하려 했을 것이다. 전략가나 장수가 가장 경계해야 할 실수를 저지른 것이다. '전승불복'이라는 말이 있지 않은가? 같은 방법으로 전쟁에서 반복적으로 승리할 수는 없다는 이야기다. 지식과 경험, 이론에는 한계가 있다. 모든 환경이 변하기 때문이다. 그래서 과거의 승리에서도 맥락적 측면에서 참고할 뿐이지 그대로 따라 한다면 십중팔구 실패한다.

무릇 글을 읽을 때는 행간의 뜻을 파악해야 하고, 대화할 때는 언외(言外)의 뜻을 파악해야 한다. 상대방의 행위에서는 그 이면에 내포된 참뜻을 알아보는 지혜를 배워야 한다. 그러지 않으면 눈앞의 작은 이익에 현혹되거나, 작은 손실에 연연해 더 큰 것을 잃을 수 있다. 눈앞에서 벌어지고 있는 상황에 집중하자. 상황이 각기 어떻게 다른지 이해하려고 노력하자. 변화하는 상황에 생각을 집중하면 할수록 그 상황에 대한 반응도 현실적으로 할 수 있다. 전쟁뿐만 아니라 조직의 경영, 개인의 삶에도 그대로 적용해야 하는 원칙이다.

11

트라팔가르 해전,
적의 단열진 중앙을 돌파하라

● ● ●

"전 함대의 배 현측 포구 주변을 검은색과 노란색으로 칠하라! 함대를 2열 종열진으로 배치하고, 쾌속함 8척을 전위대로 내세워라. 우선 내가 이끄는 제1전대 12척의 함선이 연합함대의 중앙을 격파하고 들어가 전열을 끊어놓을 것이다. 그러면 부사령관 콜링우드는 제2전대 15척의 함선을 이끌고 연합함대의 후미를 공격하라."

넬슨 제독은 트라팔가르 해전을 시작하기 전에 이렇게 명령한다. 도대체 무엇을 하자는 것일까? 해전의 전술을 잘 알고 있다는 사람들도 고개를 갸우뚱하게 될 것이다. 그는 지금까지 해전에서 선보이지 않았던 특이한 방법을 들고나왔다. 무엇 때문에 넬슨은 이런 결정을 하였을까?

이 수수께끼를 풀려면 먼저 양 진영의 전력을 비교해볼 필요가 있다. 1805년 10월 21일, 스페인 남서쪽 카디즈와 지브롤터 해협 사이의 트라팔가르곶에 대치한 양측 전력은 다음과 같다. 넬슨이 지휘하는 영국 함대는 27척의 전열함이 주축이었고, 사기나 숙련도도 높고, 함재포의 발사속도도 1발/1.5분으로 우수했다. 프랑스의 제독 피에르 빌뇌브가 이끄는 프랑스-스페인 연합함대는 33척의 전열함을 보유하고 있었다. 연합함대는 수적으로 우위였으나 스페인 해군과 섞여 지휘계통이 복잡했다. 사기나 숙련도가 낮고, 함재포의 발사속도도 영국 해군에 비해 느렸다.

넬슨은 빌뇌브가 단열진으로 나올 것으로 예상했다. 단열진은 배를 일렬로 쭉 세운 뒤 전투하는 방식으로 당시 유럽의 해전에서 일반적으로 사용하던 전술이다. 배를 일직선으로 세우는 것은 화력의 중심이 되는 화포가 배의 좌우에 집중적으로 모여 있기 때문이다. 그는 동일한 방법인 단열진으로 정면 대결하면 수적 열세인 영국 함대의 승리를 기대하기 어렵다고 판단했다. 어떻게 하면 단열진을 격파할 수 있을지에 대해 고민했다.

넬슨이 직면한 문제는 수적 열세였다. 그래서 한 번도 사용하지 않았던 위험한 방법인 종열진으로 싸우기로 결심한다. 넬슨은 2줄로 함대를 배치한 후 적 함대를 향해 신속하게 돌진한다. 그의 전략은 정면 돌파를 통해 적 함대의 전열을 무너뜨리는 것이었다. 초기의 불리함을 극복할 수 있는 대책이 강구되지 않으면 사용할 수 없는 무모한 전략이다. 그래서 당시까지 아무도 시도할 엄두를 내지 못했다. 그렇다면 무엇이 넬슨으로 하여금 이러한 위험을 감수하게 했을까?

그는 연합함대에서 두 가지 약점을 발견했다. 첫째는 함대의 규모가 영국 해군에 비해 크다는 사실에 안심한 연합함대 함장들은 정면으로 부딪치면 이길 수 있다는 안일한 생각을 갖고 있었다. 둘째, 연합부대가 갖는 공통적인 약점이다. 일사분란한 지휘통제가 제한되어 지휘권이 빌뇌브 제독에게 집중되어 사령관이 탄 기함의 지시가 없으면 자유로운 판단을 할 수 없었다. 상황변화에 취약할 수밖에 없다는 얘기다. 반면에, 그는 영국 해군의 견고한 전열함의 우수성과 경험 많은 장병들의 사기와 숙련도, 포 발사속도에서의 상대적 우위를 믿었다. 그래서 종열진으로 돌파하여 개별함대의 근접전이 전개된다면 승산이 있다고 판단했다. 그리고 풍향을 고려할 때 신속히 연합함대의 진영을 양분할 수 있으리라 생각했다. 초기에 연합함대의 단열진을 돌파해 들어갈 때는 횡으로 늘어선 상대의 함포에 노출되어 위험하지만, 일단 돌파하고 나면 상대방이 영국 해군의 포에 노출되기 때문에 오히려 영국 해군에게 유리해진다. 넬슨은 계산된 모험을 선택한 것이다.

이 전략의 성공적 수행을 위해 각 함대의 함장과 수차례에 걸친 전술토의도 하고 예행연습도 하였다. 넬슨은 "전 함대의 배 현측 포구 주변을 검은색과 노란색으로 칠하라!"라고 명령한다. 이

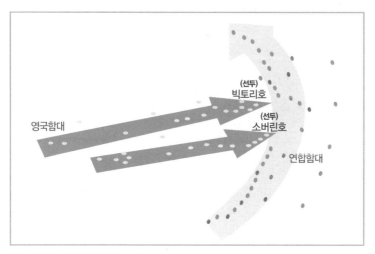

【요도(要圖) : 넬슨의 종열진 모습】

는 나일 해전[45]에서의 근접전 경험을 기억해낸 것으로 적함과 뒤섞였을 때 아군의 배를 금방 알아볼 수 있게 하기 위해서였다. 의도적으로 근접전을 계획한 것이다.

1805년 10월 21일 12시가 되자 넬슨이 타고 있던 빅토리호의 포문이 활짝 열렸다. 빅토리호는 프랑스의 뷔상토르호를 향해 힘차게 돌진했다. 그리고 빠른 속도로 적의 진열을 중앙 돌파하여 적의 함대를 둘로 갈라놓았다. 영국 함대의 예상 밖의 공격에 프랑스

---

45 1798년 8월 1일, 넬슨 제독이 이끄는 영국 함대가 나일강 입구 아부키르만에 정박한 프랑스 함대를 격파한 전투로서, 나폴레옹이 처음 패배한 전투이다. 나일 해전의 결과는 근대사의 흐름을 갈랐다. 프랑스에 눌려 지내던 유럽 각국은 2차 동맹을 맺었다. 나폴레옹은 애써 확보했던 이탈리아와 지중해의 패권을 잃었다.

의 빌뇌브는 당황했다. 연합함대는 우왕좌왕하며 제대로 대응하지 못했다. 넬슨의 작전계획대로 맹공을 펼친 끝에 제1전대는 연합함대의 전열을 분리하는 데 성공했다. 그러자 콜링우드가 이끄는 제2전대의 로열 소버린호가 연합함대의 후위를 공격했다. 선두에 서 있던 산타아나호는 로열 소버린호의 공격에 맞섰고, 두 전함은 무려 두 시간 동안이나 팽팽한 접전을 벌였다.

결과는 콜링우드의 승리였다. 빌뇌브는 영국군의 포로로 잡혔고, 수장을 잃은 뷔상토르호는 항복을 선언할 수밖에 없었다. 연합함대는 22척의 배를 잃었다. 5척이 격침되고, 17척이 영국 해군에 나포되었다. 총 6천여 명의 사상자가 발생했고, 7천여 명이 포로로 잡혔다. 하지만 영국 함대는 단 1척의 배도 전파되지 않았다. 물론 심한 손상을 입기는 했지만 연합함대에 비하면 피해 정도는 경미했다.

전투 중 치명상을 입은 넬슨은 사후에 국가적 영웅이 되었고, 트라팔가르해전의 승리 덕분에 영국은 프랑스의 침공을 막아내며 1세기 반 동안 해상권을 유지할 수 있었다.[46] 이 해전으로 나폴레옹은 몰락의 길을 걷게 된 반면, 영국은 승승장구하며 '해가 지지 않는 나라' 대영제국으로 성장할 수 있었다.

우수한 무기가 당연히 좋은 성과를 낸다. 하지만 전제조건이

---

46 심현정, 「터닝포인트 10」 (2009), pp.281~289

필요하다. 장비의 특성을 파악하고 효율적으로 운용해야 한다. 사용자의 숙련도는 결코 무시할 수 없다. 넬슨은 이 사실을 너무나 잘 알고 있었고 실전에서 적용했다.

넬슨이 싸우는 모습은 오기(鳴起)[47]와 알렉산드로스[48]의 생각과 닮아 있다. 오기는 강한 정예부대와 상비군을 거느리고 싸웠다. 훈련과 실전 경험, 전투력과 용감성 등 질적으로 우수한 정예부대로 인해 일대일 전투 능력에서 압도하므로 정면승부가 자신 있을 수밖에 없었다.

오기와 같이 넬슨은 전장의 불확실성 속에서도 영국 해군의 일대일 전투 능력을 믿었다. 영국 해군이 초기의 전략적 불리함을 잘 극복하리라 확신했다. 그래서 한 번도 시도해 보지않은 도전을 하면서도 놀라울 정도로 침착했다. 중압감 속에서도 흥분을 가라앉히고 평상심을 유지하는 것은 결코 쉬운 일이 아니다. 반복적인 훈련과 실전 경험, 수많은 고통을 겪으면서 터득하는 것이다.

실전에 돌입하면 예상치 못한 변수들이 시시각각 발생한다. 적의 허실에 대해 아무리 사전에 치밀하게 꿰어 있어도 실전에서는 예상치 못한 부분에서 적의 허점과 균열이 드러날 수 있다. 바로 이때를 노려서 상대의 균열을 얼마나 신속하게 공격할 수 있느냐

---

47 중국 전국시대의 병법가이며 장군이자 정치가이다. 「오자」라는 병서를 지었다.

48 마케도니아의 왕으로 그리스, 페르시아, 인도에 이르는 대제국을 건설하였으며, 그리스 문화와 오리엔트 문화를 융합한 헬레니즘 문화를 이룩하였다.

가 승패의 관건이 된다. 그래서 넬슨은 장점을 믿고 근접전을 결심한 것이다.

알렉산드로스 대왕은 전쟁을 '격동'이라고 표현했다.

"실전에 돌입했을 때 드러나는 적의 균열이 있다. 그것을 최대한 빠르고 집요하게 공략하라. 그러면 누구든 이길 수 있다."

상대에 비해 덩치가 작고 객관적인 전력이 약해도 상관없다. 구멍이 있고 균열이 있다면 아무리 큰 댐도 무너뜨릴 수 있다. 적의 약점을 향해 나의 강점을 가지고 집중할 때는 계산된 모험이 필요하다. 용기가 없으면 결코 모험을 시도할 수 없다.

12

무사시,
매번 다른 방법으로 싸운다

• • •

그러므로 싸움에서 승리의 방법은 반복 사용하지 않고,

적과 나의 형세에 따라 무궁하게 응용하는 것이다.

고기전승불복(故其戰勝不復), 이응형우무궁(而應形于無窮)

-「손자병법」허실 편

우리가 매일 대하는 모든 사물은 같은 자리에 머물러 있는 것
처럼 보이지만 실상은 그렇지 않다. 모든 것은 수시로 변한다. 이
러한 변화에 효과적으로 대응하기 위해서는 유연해져야 한다. 위
대한 전략가는 선입관에 따라 행동하지 않는다. 그때그때 상대방
움직임에 따라 다른 방법으로 싸운다.

과거의 전쟁을 반복하는 것은 위험한 일이다. 전략에 불변의
법칙이나 시대를 초월한 규칙이 있다고 믿는 것은 경직된 사고이

다. 그것이 패배의 원인이 될 수 있다. 역사나 전략을 공부하면서 시야를 넓힐 수 있지만, 그것이 도그마로 굳어져서는 안 된다. 미국 남북전쟁 시 그랜트 장군은 "나는 군사 지식의 가치를 폄훼하지는 않지만, 부하들이 전쟁에서 멍청하게 규율이나 지키려 한다면 반드시 패배하게 될 것이다"라고 이야기했다.

미야모토 무사시는 자타가 공인하는 일본 최강의 검객이다. 쌍검을 동시에 사용하는 이도류(二刀流)의 창시자이자 손자의 「손자병법」, 클라우제비츠의 「전쟁론」과 함께 세계 3대 병법서로 불리는 「오륜서」의 저자이기도 하다. 무사시는 「오륜서」에서 '나는 어려서부터 병법에 심취하여 13세 때 처음으로 승부를 겨루었다. 21세 때 교토에 와서 천하의 병법가를 만나 몇 번 승부를 겨루었으나 승리를 잃은 적이 없었다. 그 후 각국 곳곳에서 각 류의 병법가와 만나 60여 차례 겨루었지만 한 번도 지지 않았다. 이것이 13세부터 29세 때의 일이다'라고 기록하고 있다. 무사시는 30세가 되자 자신의 검법에 대한 반성을 시작하였고, 50세 경에 이르러 진정한 검법의 도를 체득한다. 1643년 자신의 병법을 종합한 「오륜서」를 저술했다.

진검승부는 정말 치열한 싸움이다. 죽이지 않으면 죽임을 당한다. 이보다 치열한 싸움이 어디에 있겠는가? 무사시는 60여 차례의 진검승부에서 전부 승리했다. 어린 나이에 어떻게 고수들을 맞아 승리할 수 있었을까?

무사시의 지속적인 승리 비결은 적과 상황에 따라 적절하게 전략을 바꾸는 것이다. 같은 검술을 절대로 두 번 다시 쓰지 않았다. 하지만 무사시의 상대들은 과거의 방식에 의지했다. 예전에 싸워서 이겼던 방법에 집착했고 과거와 똑같은 방법으로 싸우려 했다. 무사시는 상대방의 이러한 경직성을 역이용하여 싸움에서 이겼다. 쇠공이 매달린 사슬과 낫을 동시에 든 상대에게는 장검과 단검을 사용하는 이도류 검법을 사용했다. 상대가 수적으로 우세한 경우에는 미리 현장에 급습하여 그들이 준비하기 전에 기습공격을 한다. 도도한 고수에게는 일부러 늦게 나타나서 화를 부추기고 마음의 평정을 잃게 하는 심리전도 구사했다.[49]

경쟁에서는 '마찰'이 생기기 마련이다. 전략에서 마찰이란 용어는 클라우제비츠가 「전쟁론」에서 처음으로 사용하였다. 쉽게 표현하면 마찰은 자신이 기대하는 생각과 현실의 차이를 말한다. 현실에서 마찰은 불가피하므로 어떻게 예측하지 못한 현실에 적응하느냐가 매우 중요하다. 이러한 상황에서 무사시처럼 선입견을 버리고 상대와 상황의 변화에 따라 유연하게 변화하는 것은 매우 중요하다. 한 번도 시도해 보지 않는 방법을 진검승부에서 활용하는 것은 대단한 용기가 요구된다. 자기 자신에 대한 확고한 믿음 없이는 계산된 모험을 결행하는 용기를 낼 수 없기 때문이다.

---

49 로버트 그린, 앞의 책, pp.48~51

이것은 비단 전장에서만 필요한 것이 아니다. 경영의 현장에서도 매우 중요하다. 많은 기업의 리더들은 과거의 경험에 집착하는 경향을 보인다. 특히, 실패의 경험 없이 승승장구하는 리더의 경우 과거에 자신이 거둔 성공에 중독되어 집착하는 경우가 많다. 그래서 세상의 변화에 신경 쓰지 않는다. 과거의 성공에 안주하지 말고 계속 변화하고 도전하는 모험을 계속해야 한다. 무모한 도전이 아니라 무사시와 같이 철저하게 계산된 모험 말이다.

코닥의 실패사례

코닥의 실패사례를 살펴보자. 1888년 창립한 코닥은 한때 사진의 대명사로 불렸다. 1969년 인류가 달에 최초로 착륙하는 장면을 찍은 것이 코닥 카메라였다. 1980년대까지 코닥의 미국 시장점유율은 80%에 이르렀다. 그런 코닥이 2012년 1월 19일 파산보호 신청을 했다. 도대체 무슨 일이 일어난 것일까?

코닥은 디지털 고객 시장에서 패배했다. 1991년 190억 달러에 이르던 매출은 2010년 72억 달러로 추락했다. 그 결과 1990년대 후반부터 약 10년 동안 코닥의 주가 가치는 75%나 떨어졌다. 많은 사람들이 코닥이 파산하게 된 가장 큰 원인은 디지털 시대를 대비하지 못했기 때문이라고 분석한다. 그러나 몰락의 원인은 그렇게 단순하지 않다. 당시 사진술과 관련된 주요 자산 중 상당 부분, 예컨대 고객 접근성, 브랜드, 렌즈 및 광학기술, 유통채널 등은 기술

전환의 위협에 노출되어 있지 않았다. 이러한 자산들은 디지털 사업을 주도할 수 있는 강력한 플랫폼을 제공하고 있었다. 심지어 코닥은 일부 핵심 디지털 기술도 보유하고 있었다.

그러므로 실패의 근본적인 원인은 자산이나 자원의 부족이 아니었다. 심지어 디지털 전환을 내다보지 못해서도 아니었다. 코닥은 전통적인 필름을 가능한 한 오래 고수하고 싶었다. 코닥과 같이 인지도 있는 브랜드를 가진 기업이 디지털 기술을 채택하게 된다면, 전통적인 필름 시장에서 고객 이동이 가속화될 것을 우려했다. 그러다 보니 변화에 발맞춰 비즈니스 모델을 빠르게 적응시키지 못한 것이다.[50] 스티브 잡스가 아이팟 터치가 불티나게 팔리던 상황에서도 주저 없이 아이폰을 출시한 의사결정과 대비되는 모습이다.[51]

코닥의 사례에서 보듯 어떤 조직이 변화보다 기존의 생각이나 행동을 반복하는 이유는 그것이 더 안전하다고 생각하기 때문이다. 그러나 안정을 추구하기 위하여 도전을 포기할 때 더 큰 위기가 찾아온다는 사실도 명심해야 한다. 똑같이 안정을 추구하는 조직들과 치열하게 경쟁하게 되고 결국은 서서히 경쟁에서 밀려나게 된다.

---

50 심현정, 앞의 책, pp.188~189
51 스티브 잡스의 이 사례는 4장을 참고하기 바란다.

'전승불복'이라는 말을 기억하자. 이것이 어찌 전쟁에서만 적용되는 금언이겠는가? 대부분 인지하고 있지만 현실에서는 놓치는 경우가 많다. 반복되는 성공이 편견을 갖게 하고, 이론이나 원칙의 도그마에 빠져 현실의 변화를 보지 못하는 경우가 허다하다. 정말 위험한 일이다. 성공의 경험, 이론과 원칙은 맥락적 차원에서 단지 참고할 사항일 뿐이다. 지금의 상황에 발을 딛고 상대를 분석하여 계산된 모험을 해야 한다.

BEYOND WEAKNESS

제3장

———

목표(Ends) :
명확하고 결정적이며 달성가능해야 한다

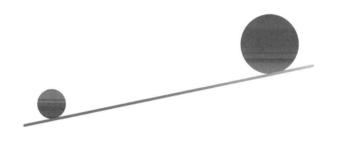

초등학교 시절, 유리창가에 모여서 책상 위에 종이를 놓고 돋보기로 초점을 맞추면 오래 지나지 않아 종이에서 연기가 피어오르는 신기한 경험을 했다. 볼록렌즈가 빛을 한 점으로 모아 불을 붙인 것이다. 세월이 지나 어른이 된 지금, 어린 시절의 그 경험이 큰 깨달음으로 와 닿는다. 그리 뜨겁지 않은 봄날의 햇빛도 볼록렌즈의 도움으로 한 점에 집중할 수 있다면 열을 만들고 불을 붙일 수 있다는 것이다. 사람의 인생에도 같은 원리가 적용될 수 있다. 비록 약한 존재일지라도 모든 정신과 노력을 하나에 집중하면 거기에는 큰 변화가 일어난다. 중요한 것은 명확한 하나의 목표에 온전히 집중하는 노력이다.

영화 시사회에서 감독은 '내 영화는 이러이러한 영화입니다'라고 설명한다. 이를 '할리우드 법칙'이라고도 하는데, 영화 한 편을 25글자 이내로 압축해서 명쾌하고 매력적인 단어만을 골라 영화에 대하여 누구나 알아듣기 쉽게 설명해야 한다. 감독의 말을 들을 때마다 늘 울림이 있다. 왜일까? 영화를 기획하는 단계에서부터 편집을 마치는 순간까지 어려움 속에서도 지켜낸 자기만의 핵심 본질을 이야기하고 있기 때문일 것이다.

이것이 비단 영화에만 적용되는 것일까? 우리가 인생을 살아가는 데도 꼭 필요한 부분이다. 목표는 우리 삶에 질서와 논리를 부여하며 현실에 대한 구심점을 제공한다. 우리가 보고 느끼는 것은 우리가 무엇을 얻으려 하는지에 달려 있다. 그래서 무슨 일이든지 시작하기 전에 명확한 목표를 정하는 것은 매우 중요하다. 일을 진행하다 보면 예기치 않았던 장애물을 만나게 되고, 처음에 의도했던 방향과 달라질 수 있다. 이때, 명확하게 정의한 목표는 현실이라는 혼란과 소음 속에서도 중심을 잡아주는 기둥의 역할을 한다.

인생은 첩첩산중에서 길을 찾는 것과 같다.
어느 날 폭풍우가 몰아치기도 하고
뛰어넘을 수 없는 장애물이 나타난다.

명확한 목표가 없다면 쉽게 길을 잃게 된다.

명확한 목표, 위기를 극복하는 힘

"성공한 이들의 공통점은 목표를 가지고 있다는 것이다.

자신이 가야 할 길을 모르거나,

자신이 무엇이 되고 싶은지 모른다면,

혹은 자신이 하고 싶은 일이 무엇인지 모른다면

성공할 수 없다."

- 미국 작가 노먼 빈센트 필

명확한 목표의 중요성을 강조하는 말이다. 같은 맥락에서 프랑스의 사상가 몽테뉴는 '바람은 목적지가 없는 배를 밀어주지 않는다'라고 했다. 명확한 목표는 성공의 필수요소이다. 노력을 집중해야 할 목표를 제시해 주기 때문이다.

전쟁은 정치의 연속이다. 그러므로 군사적 목표는 반드시 정치적 목적 또는 정책상 목표달성에 기여할 수 있어야 한다. 전쟁에서 궁극적인 목적은 적의 군사력과 전쟁 지속 의지를 분쇄하는 데 있다. 목표는 군사행동의 이유와 방법을 제공할 수 있어야 한다. 그래서 모든 목표는 명확하고 결정적이며 달성 가능해야 한다. 목표는 임무, 적, 작전환경 및 가용수단을 고려하여 선정하게 된다. 리더들은 목표를 숙지하고 이에 근거하여 예상되는 행동들을 고려해야 한다.

개인이나 조직도 마찬가지이다. 명확하고 결정적이며 달성 가능한 목표를 잡아야 한다. 이를 위해 꼭 해야 할 일과 방해 요소, 주위 환경 그리고 나의 가용수단을 비교하여 결정해야 한다. 모두가 공감하는 대의명분이 있는 목표라면 최선이다. 많은 사람이 공감하고 참여할 수 있는 명분이 있다면 어떤 난관에도 함께 꿈꾸게 하고 결국은 성공한다.

그래서 명확한 목표는 위기를 극복하는 데 큰 힘이 된다. 약자가 겪게 되는 시련은 하루아침에 끝나지 않는다. 그래서 끝이 보이지 않는 고난 속에서 인내하며 추구할 명확한 목표가 매우 중요하다.

인생에서 '중요한 성장'을 이룬 시기가 있는가? 여기서 중요한 성장이란 새로운 목표를 정립하게 되거나 긍정적인 행동의 변화가 일어난 것을 의미한다. 있다면 그 시기에 실패와 좌절을 경험했는가? 많은 사람이 중요한 성장이 이루어진 시기에 실패와 좌절이 있었다고 이야기한다.

어찌보면 실패와 좌절은 아이들의 성장통과 같다. 우리는 인생에서 실패와 좌절을 가능하면 적게 경험하려고 노력한다. 그만큼 아프기 때문이다. 성장을 한답시고 일부러 실패하고 좌절에 빠질 수는 없겠지만, 그러한 상황에 처했을 때 기회라는 새로운 시각으로 바라볼 수는 있을 것이다.

그래서 삶의 여정에서 역경을 만났을 때 이에 대처하는 모습을 보면 그 사람의 수준을 알 수 있다. 승리하는 사람은 실패와 좌절의 상황에서도 현실을 직시하며 마음을 추스르고 의미있는 목표를 정한다. 사마천, 정약용 그리고 베토벤은 모두 삶의 여정에서 만난 뜻하지 않았던 시련을 명확한 목표를 가지고 이겨낸 사람들이다. 그들에게 명확한 목표는 나침반이었고 시련 가운데서도 꺼지지 않는 동력이었다.

1
사마천,
궁형의 치욕을 통쾌하게 복수하다

● ● ●

"소자가 비록 기민하고 총명하지는 못하지만, 반드시 아버님께서 정리하시던 사료를 완벽하게 마무리하여 조금의 빠뜨림도 없도록 하겠습니다."

이 말은 사마천이 아버지 사마담의 유언을 듣고 약속한 말이다. 사마담은 아들 사마천을 불러놓고 다음과 같이 유언한다.

"내가 죽으면 너는 반드시 태사가 될 것이다. 태사가 되거든 내가 저술하려 했던 것을 잊지 말라. 대저 효도란 어버이를 섬김으로 시작하여 임금을 섬기고 몸을 세워 그 이름을 후세에 남기고 부모를 나타나게 함으로써 끝나는 것이다."[52]

---

52 사마천, 「사기」 자서 서문에 기록된 사마담의 유언의 일부 내용이다.

사마천은 아버지의 뒤를 이어 태사령[53]의 직을 맡아 아버지가 마치지 못한 숙원사업을 완성하겠다는 약속한다. 그래서 사마담이 세상을 떠난 지 3년 되는 해인 한 무제 3년(기원전 108년)에 태사령이 되어 부친이 못다 이룬 꿈을 실현하기 위한 노력을 시작한다. 당시 그는 38세로 일에 열정을 쏟아붓기에 적당한 인생의 황금기였다. 40대에 접어든 사마천은 조정의 일과 「사기」 저술이라는 두 가지 일을 열정적으로 해내며 정신없는 날을 보냈다. 그는 친구 임안(任安)에게 보낸 편지[54]에서 당시 자신의 생활 모습을 이렇게 묘사하고 있다.

"대야를 머리에 인 채 하늘을 볼 수 없기에 빈객과의 사귐도 끊고 집안일도 돌보지 않고 밤낮없이 미미한 재능이나마 오로지 한마음으로 직무에 최선을 다해 주상의 눈에 들고자 했습니다."

그는 역대의 문헌자료에 만족하지 않고 여러 차례 실제 현장을 방문하여 숨겨져 있던 사료를 수집하고 민간에서 전해 내려오

---

53 태사령이란 천자(왕)를 따라 천자의 행동을 기록하는 직책이다.

54 사마천은 친구인 익주자사 임안이 태자와 관련된 사건으로 옥에 갇혔다는 소식을 접하고 '보임소경서'라는 편지를 써서 보내는데, 그 안에는 지난날 자신이 '이릉의 화'에 연루되어 궁형을 당하는 경위와 이에 발분하여 「사기」를 저술하는 데 혼신의 힘을 쏟은 심경이 잘 나타나 있다.

는 이야기들을 직접 확인했다. 이를 통해 문헌 속 잘못된 오류를 수정하기도 했고, 역사서에서 찾아보기 힘든 생동감 넘치는 민간 사료를 집중적으로 수집해 산과 강의 지형, 민속 풍습, 각지의 특산물, 사람과 동물의 특성 등을 깊이 있게 이해한 뒤 생동감 넘치는 필치로 표현하였다.

사마천은 20세 때부터 전국을 유람하며 숨겨진 사화(史話)를 수집하였다. 이를 통해 그는 고대와 근대 역사 유적을 둘러보고 자료를 직접 수집, 분석할 수 있었다. 길고 긴 여정을 통해 사마천은 천하를 이해하고 많은 백성을 접할 수 있었으며 역사 유적지를 고찰하고 역사 속 인물들이 남긴 세상에 알려지지 않은 미화를 수집할 수 있었다. 「사기」 속 인물들이 모두 우리 곁에 살아 있는 듯 생동감이 넘치고 사실적으로 묘사된 것도 바로 이러한 연유이다.

태사령이 된 사마천은 황제의 곁에서 황제를 보필하며 순시를 수행하여 전국 각지를 둘러보게 된다. 이후 무제의 명을 받아 파촉[55] 이남 지역으로 파견되어 멀리는 쿤밍[56]까지 가보았다고 한다. 이렇게 전국 각지를 두루 살펴본 행보는 수만 리에 이르게 되었다.

---

55 중국 쓰촨(西川) 지방의 옛 이름으로 '서촉(西蜀)'이라고도 하는데 파촉의 서북부는 '곤륜산맥'에 의해 가로막히고 동북부는 '대파산맥'이 솟아 있고 서쪽으로는 대설산이 남쪽으로는 봉산 산맥이 경계를 이루고 있다.

56 중국 윈난성에 위치하는 인구 440만 명의 도시이다. 주요한 두 교역로, 즉 서쪽의 미얀마로 가는 길과 남쪽의 인도차이나로 가는 길이 합류하는 지점에 있어서 교통의 요지로서 항상 중요한 역할을 해왔다.

이러한 노력을 통해 사마천은 기존과는 다르게 역사를 기술한다. 역사 속 인물들을 다룰 때 그들의 성공과 실패로 영웅 여부를 규정짓지 않고 그 인물이 역사에 미친 영향력을 근거로 한다. 항우에 관한 본기인 「항우본기」가 그 대표적인 사례이다. 결과만 놓고 볼 때 항우는 실패한 인물이다. 진나라의 몰락에 결정적인 역할을 한 인물로 한때는 제후로 천하를 호령하기도 했다. 그래서 사마천은 항우를 제왕과 동등하게 평가하여 '본기'에 수록하였다. 기록된 내용을 보면 항우의 단점에 대해서도 균형잡힌 시각으로 평가하고 있다. 이는 다른 역사서에서는 찾아볼 수 없는 독창적인 사고이다.

사마천이 역사 기술에서 보여주는 독창성은 여기서 그치지 않는다. 사마천은 유협열전(遊俠列傳), 자객열전(刺客列傳), 활계열전(滑稽列傳), 화식열전(貨殖列傳) 등을 편찬하였다. 강호의 의로운 협객, 거상, 대부호, 평범한 사람들의 이야기를 다룬 이러한 시도는 역사 연구의 새로운 영역을 개척한 것이다.[57]

무엇이 사마천으로 하여금 다른 생각을 하게 하였을까? 다음의 이야기가 의문을 풀 수 있는 단서가 될 것이다.

사마천은 「사기」 편찬에 착수하여 초안이 채 완성되지도 않은 상황에서 일생일대의 역경을 만나게 된다. 기원전 99년 한 무제는

---

57 위신옌, 유수경 역, 「사마천의 경영지모」 (2007), p.18

자신이 총애하는 이사 장군 이광리에게 3만 군대를 인솔하여 흉노를 치라고 지시하고, 이릉에게는 후방을 지원하도록 명령한다. 이릉은 5천 명의 보병으로 흉노족의 주력군을 물리쳤고 이광리의 승리에 결정적인 공헌을 하였다. 그러나 파죽지세로 쳐들어가던 이릉은 8만에 이르는 흉노족 기병대를 만나 포위당하고 만다. 이릉은 용감하게 저항하며 수천의 적을 살해했으나 중과부적으로 끝내 투항하고 말았다. 이광리가 이끄는 3만의 기병은 주력군을 만나기도 전에 흉노족에게 참패했다. 이릉의 승리에 환호하던 조정 대신들은 하루아침에 안면을 바꿔 일제히 이릉을 성토하고 나섰다. 이릉의 경솔함이 패배의 원인이 되었다고 질책했다. 패배를 책임질 희생양이 필요했기 때문이다.

답답했던 무제는 사마천에게 의견을 물었다. 사마천은 황제의 심기를 풀어주기 위해 자기의 생각을 솔직하게 밝히면서 이릉을 변호하고 나섰다. 그러나 사마천의 진심과 솔직한 변호가 오히려 무제의 불편한 심기를 건드리고 말았다. 사마천이 이릉을 변호하기 위해 대장군 이광리의 잘못을 지목한 것이 아니냐는 오해를 사게 된 것이다. 대장군 이광리는 황제의 처남이었다. 화가 난 무제는 사마천을 옥에 가둔다.

상황이 더 꼬이기 시작한다. 이릉이 흉노에서 벼슬까지 받고 흉노 군대에 병법을 가르친다는 근거 없는 소문이 들려온다. 이에 이성을 잃은 무제는 이릉의 가족을 몰살시킨 다음 역적을 옹호했다는 죄목으로 사마천에게 사형을 선고한다. 당시 사형을 선고받은 죄인이 사면을 받을 수 있는 길은 두 가지뿐이었다. 보석금 50만 냥을 지불하거나 궁형을 받는 것이었다. 사마천은 관직이 낮고 집안이 가난하여 50만 냥이라는 거금을 구할 길이 없었다. 친지와 친구들마저 왕의 노여움을 살까 우려하여 돕기를 거절한다. 보석금을 마련할 수 없게 된 그는 법에 따라 사형을 받거나 궁형을 받고 목숨을 부지하는 양자 간의 선택을 강요받는다.

사마천은 생사의 선택 앞에서 고심하였다. 당시 그의 고통스러운 마음은 친구 임안에게 보낸 「보임안서」에 잘 나타난다.

"이익을 탐하는 것보다 더 참혹한 화는 없고 마음이 상하는 것보다 더 고통스러운 슬픔이 없으며 선영을 욕되게 하는 것보다 더 추한 행동이 없고 궁형을 받는 것보다 더 큰 치욕은 없다."

그런데 사마천은 왜 궁형을 받는 치욕을 선택했을까? 처음에는 사형을 받아들일까 생각했다. 그러나 아버지의 유언이자 자신의 야심작인 「사기」를 생각하니 이런 죽음은 받아들일 수가 없었다. 그는 죽음을 두려워한 것이 아니라 가치 없는 죽음을 원하지 않았다.

"사람은 누구나 본디 한번 죽기 마련이다. 어떤 이의 죽음은 태산보다 중하고 어떤 이의 죽음은 깃털보다 가볍다."

그는 위대한 업적을 이룬 역사적인 인물 중에 고난과 역경 속에서 깨달음과 격려를 얻지 않은 자가 없다는 사실을 깨닫게 된다. 고통과 치욕을 견뎌내고 큰일을 이루어낸 선인들처럼 자신도 어떠한 어려움이 있더라도 아버지와의 약속을 지키기로 결심한다. 다음은 「한서」 사마천전에 나오는 내용이다.

"예로부터 부귀했지만 이름을 남기지 못한 자들은 이루 다 기록할 수가 없다. 오로지 탁월하고 어디에도 얽매이지 않는 비상한 인물만이 그 이름을 남길 따름이다. 무릇 서백은 갇힌 몸이 되어 「주역」을 연역하였고, 중니(공자)는 곤란한 처지를 당하여 「춘추」를 지었으며, 굴원은 쫓겨나서 「이소」를 썼다. … 이들은 모두 가슴속에 울분이 있었고 자신의 뜻을 펼칠 수 없었기에 이러한 저서를 지어 후세에게 자신의 생각을 알리고자 했다."[58]

사마천은 궁형이라는 치욕을 참으며 「사기」 편찬에 몰두한다. 그의 비분한 심정을 역사책에 고스란히 승화시키려 했다. 개인의 치욕을 마음에 두지 않고 부친의 유언이자 자신의 웅대한 꿈을 실현하는 데 최선을 다한 것이다. 그는 철저하게 사실에 근거하여 기술했다. 사실을 숨기거나 왜곡하지도 않았고 권력자를 비호하지

---

58 「한서」 사마천전

도 않았다. 자신을 궁형에 처한 한 무제의 공(功)을 사실에 근거하여 기록하는 동시에, 실책들도 비평한 점은 그의 균형감각과 강직성을 잘 보여준다.

그의 나이 55세가 되던 기원전 91년에 이르러 사마천은 14년간 심혈을 기울인 저서 「사기」를 완성한다. 중국 역사학 연구의 신기원을 연 책이다. 이 책은 삼황오제 시대부터 한 무제 때까지 3천여 년을 기록하고 있다. 중국 최초의 기전체 통사로서 인물을 기본으로 하고 이에 사건과 연표를 보충하였다. 본기(本記), 표(表), 서(書), 세가(勢家), 열전(列傳)의 다섯 가지 체계로 구성되어 있어 이 체계들이 서로 조화를 이루어 내용을 보충하여 완벽한 한 권의 역사서를 이루었다. 십이본기, 십표, 팔서, 삼십세가, 칠십열전 등 전체 130편, 52만 6,500자로 이루어져 있다.[59]

「사기」는 14년에 걸쳐 저술되었는데 크게 2단계로 구분할 수 있다. 1단계는 사마천이 42세 때부터 궁형을 받게 되는 49세까지의 7년이고, 2단계는 궁형을 받고 풀려 난 후부터 친구 임안에게 편지를 쓴 그의 나이 55세까지 7년의 기간이다. '이릉의 화'로 사마천이 궁형을 당한 후부터 「사기」의 내용이 근본적으로 바뀌게 된다. 예상치 못했던 시련을 경험하면서 세상을 보는 시각에 변화가 온 것이다.

---

59 위신옌, 앞의 책, pp. 23~24

약자로서 겪은 아픔은 역사를 바라보는 시각을 넓혔고 균형 감각을 가지게 했다. 「사기」 구석구석에서 그의 역사평가의 균형됨을 확인할 수 있다. 사마천은 「사기」 곳곳에서 '세상의 부조리'를 개탄하고, 자신의 억울한 심경을 솔직하게 표출했다. 부당한 억압을 딛고 통쾌하게 복수한 인물들을 대거 포함하였고, 기존과는 다르게 역사의 흐름에 영향을 끼치거나 대세를 바꾼 사람이면 누구든 기록에 포함하였다. 부당한 권력을 비판하고 약자를 옹호했다.[60] 이렇게 「사기」는 역사가 강자의 전유물이 아니라는 것을 보여주었다. 그래서 지금까지 후세의 사랑을 받고 있는 것이다.

사마천의 삶을 보노라면, 빅터 프랭클이 「죽음의 수용소」에서 강조한 글이 생각난다. 악명높은 아우슈비츠 수용소에서 살아남은 그는 당시의 경험을 이렇게 말하고 있다.

"자극과 반응 사이에는 공간이 있다. 그 공간에는 반응을 선택할 수 있는 자유와 힘이 있다. 우리의 성장과 행복은 그 반응에 달려 있다."

사마천과 빅터 프랭클이 경험한 부조리와 분노 사이에는 공간이 존재했고 그 공간에서 그들은 꿈을 꾸며 인내하는 위대한 선택

---

60 김영수, 「사마천, 인간의 길을 묻다」 (2016)

을 한다. 어떤 강자도 약자로부터 선택의 자유를 빼앗을 수는 없는 법이다. 반응에 대한 선택은 고스란히 약자의 몫이다. 위대한 선택이 약자였던 사마천에게 의미있는 승리를 안겨주었고 후세를 사는 우리에게는 좀 더 균형 잡히고 풍성한 역사를 경험할 수 있게 했다.

2

정약용,
유배 중 쓴 책으로 재평가되다

• • •

"노자의 말에 '여(與)여! 겨울의 냇물을 건너는 듯하고, 유(猶)여! 사방을 두려워하는 듯하거라.'

안타깝도다. 이 두 마디의 말이 내 성격의 약점을 치유해줄 치료제가 아니겠는가? 무릇 겨울에 내를 건너는 사람은 차가움이 파고들어 와 뼈를 깎는 듯할 터이니 몹시 부득이한 경우가 아니면 하지 않을 것이며 온 사방이 두려운 사람은 자기를 감시하는 눈길이 몸에 닿을 것이니 참으로 부득이한 경우가 아니면 하지 않을 것이다."

'여유당', 다산 정약용 생가의 당호이다. 다산이 여유당이라는 당호를 짓게 된 경위를 위와 같이 설명하고 있다. 정조의 총애를 받던 위치에서 천주교 문제로 하루아침에 야인이 되어버린 다산은 이곳에서 당호를 여유당이라고 짓고 숨죽이며 생활한다. 자신에게 장차 불어 닥칠 정치적 고난을 예상하고 몸을 사렸던 게 분명하다.

2020년 겨울 어느 토요일 오후 다산의 생가를 방문했다. 여유당을 돌아보는 나의 가슴속에 다산의 아픔이 진하게 전해졌다. 휴일이어서 그런지 코로나 상황에서도 사람들이 많아 주차 공간을 찾느라 한참을 보냈다. 어린 자녀들을 데리고 온 부모들, 연인들이 많아서인지 다른 역사적 인물의 사적지에서는 찾아보기 어려운 열기가 느껴졌다. 무엇이 오늘날 정약용을 주목하게 만드는 것일까? 박물관에 들러 정약용의 생애에 관련된 자료와 동영상들을 감상하고 묘지를 거쳐 여유당으로 갔다. 입구에 세워진 소개 글이 발길을 잡았다.

금수저로 태어나다

당시는 성씨와 가문을 따지는 등 신분사회의 질서가 지배하고 있었다. 다산은 기본적으로 그런 조건에서는 전형적인 금수저였다. 친가, 외가, 처가가 모두 명문집안이었으니 말이다. 15세인 1776년 2월 15일 관례를 치르고, 16일 상경하여 복사꽃이 활짝 핀 봄날에 혼례를 올리고 한양 생활을 시작했다.[61] 22세, 과거시험에

---

61 박석무, 「다산 정약용 평전」 (2014), p.92

서 소과에 합격하여 대학(성균관)에 입학한다. 여기서 정조와 첫 대면을 하며 운명적인 만남이 이루어지고 28세에 대과에 급제하여 벼슬길에 나가게 되었다.

그는 정조의 극진한 총애를 받으며 측근에서 활동한다. 정조가 있었기에 남인 계열의 정약용이 입신할 수 있었고, 중앙정계에 진출하여 자유로이 활동하며 개혁정치의 소신을 펼 수 있었다. 개혁정책을 이끈 대표적인 재상인 채제공은 젊은 정약용의 재능을 알아주었고, 반대세력의 공격에 보호벽이 되었다.

18세기 조선 역사에서 세종 때에 이어 두 번째 르네상스 시대가 열리게 된다. 그 주역은 혁신을 주도한 정조와 그를 보좌한 정승 채제공. 그리고 박제가나 박지원, 정약용 등 신시대를 염원한 실학자들이다. 특히, 실학자 중에서도 정약용의 역할이 가장 돋보인다. 따라서 정조, 채제공, 정약용을 18세기 르네상스의 트로이카라 부르기도 한다.[62] 호사다마(好事多魔)라고 했던가? 정약용의 활약은 오래가지 못했다.

천주교, 시련의 빌미가 되다

우수한 두뇌와 개혁 성향 그리고 임금의 총애 때문에 정약용은 정적들의 표적이 된다. 공격의 빌미를 찾던 세력에게 먹잇감

62　박영규, 「정조와 채제공 그리고 정약용」 (2019), p.5

이 포착되었다. 바로 천주교다. 다산의 주변에는 신자들이 많았다. 1791년, 전라도 진산에 사는 선비 윤지충과 권상연이 부모 제사를 거부하고 위패를 불태우는 사건이 일어난다. 이른바 '진산사건'이다. 이때부터 천주교 박해가 시작된다.

두 사람은 공주 감영으로 압송되고 정조는 이들에게 사형을 명한다. 이들은 전주 풍남문 밖에서 참형을 당한다. 이 파장은 서울 정계로 옮겨져 서인이 남인을 공격하는 빌미가 되었다. 윤지충은 정약용과 외사촌 간이었는데, 서인에게 다산을 제거할 빌미를 제공하게 된다. 몇 차례 상소와 투서가 있었지만, 그때마다 정조의 배려로 지방관으로 내려가거나 한직에 배치하는 방식으로 칼날을 피할 수 있었다. 정조는 천주교를 공인하지는 않았지만 그렇다고 진산사건과 같은 특별한 경우가 아니면 묵인했다. 그래서 채제공을 비롯한 이가환·이승훈·정약용 등이 건재할 수 있었다.

정약용은 이벽에게 천주교 서책을 받아 읽은 후 여러 모임에 참여하는 등 초기에는 틀림없이 신자였다. 그러나 관직에 나가면서 음해를 받게 되고, 감시의 눈이 많아지면서 특별히 언행을 조심하게 된다. 승지로 있다가 금정찰방으로 좌천되었을 때는 천주교에 빠져 있는 역졸들을 깨우쳐 제사를 지내게 하는 등 배교(背敎)의 모습을 충실히 보였다. 그래서 살아남을 수 있었다.

이처럼 다산이 천주교와의 관계를 정리하고 확실히 행동으로 실천했지만, 서인들은 다산 죽이기를 포기하지 않는다. 1801년 2

월, 다산의 형인 정약종이 천주교 탄압을 피하기 위해서 하인을 시켜 천주교 서적, 일기, 서한 등을 옮기던 중 발각되는 사건이 발생한다. '신유박해'의 시작이다. 이 사건으로 정약종은 극형을 받아 순교한다. 다산과 정약전은 극형을 용케 면하고 유배형[63]을 받게된다.

그해 10월, 황사영 백서 사건[64]이 터지자 정약용은 유배지에서 끌려와 다시 국문장에 선다. 이때 '악인 홍희운, 이기경 등이 갖은 계책으로 죽이려고 모의했다'고 다산은 증언한다. 여기서도 다산과 정약전은 살아나온다. 대신 다산은 강진으로, 정약전은 흑산도로 각각 더 멀리 유배길에 오른다. 11월 22일, 강진에 도착한다. 추운 겨울날 천주쟁이 역적 죄인을 보자 사람들은 못 볼 것을 본 듯이 도망하였다. 이에 동문 밖으로 나가 주막 주모의 도움으로 골방에서 유배생활[65]을 시작한다.

다산의 저술 활동과 마음의 치유

갑자기 닥친 시련에 다산은 적극적으로 대응한다. 유배지에 도

---

63 다산은 경상도 장기, 형 정약전은 신지도로 유배를 간다.
64 다산의 큰형인 정약현의 사위인 황사영이 1801년 신유사옥에서 천주교인들이 받았던 박해의 전말과 향후 조선에서 천주교 재건을 위한 방책을 비단에 적어 북경의 주교에게 보내려 한 편지가 발각되면서 일어난 사건이다.
65 다산은 군현 유배를 받아 강진지역에서는 자유롭게 활동할 수 있었다.

착하여 그 암담한 현실 앞에서도 바쁜 공직생활 때문에 책을 읽고 쓸 기회를 얻지 못했는데 '이제야 겨를을 얻었다'며 자신에게 닥친 시련을 긍정적으로 받아들인다. 시련의 트라우마를 치유하면서 자아실현과 세상 구원이라는 명확한 목표를 세운다.

그는 자아실현을 위해 사서(四書)[66]와 육경(六經)[67]을 치열하게 탐구했다. 사서와 육경의 재해석을 통하여 주자의 해석을 넘어 유가 고전의 본래 의미인 실천적 의미를 찾았다. 그리고 이에 만족하지 않고 '일표이서(一表二書)'를 완성하여 부패한 세상을 구원하는 데 기여할 것을 다짐했다.

다산은 유배로 인하여 살기 좋은 세상을 만들겠다는 경세(經世)의 꿈을 이루기 어렵게 되자, 저술을 통해 경세의 꿈을 실현해 나갔다. 일표이서가 바로 그 산물이다. 「경세유표」에서 유표(遺表)의 의미는 신하가 죽음을 앞두고 임금에게 바치는 글이라는 뜻이다. 비록 당대는 아니라도 훗날에 자신의 경세에 대한 비전이 실현되기를 바라는 다산의 간절한 꿈이 잘 표현되어 있다. 다산은 자신의 사회 개혁서가 조선의 미래를 위해서 사용되는 날이 오기를 간절히 소망했다.

「목민심서」는 지방 관료들이 서민을 위해서 어떤 자세를 가져

---

66 유교 경전인 논어, 맹자, 중용, 대학의 총칭이다.
67 유교의 여섯 가지 경서로 역경, 서경, 시경, 춘추, 예기, 악기를 말한다.

야 할 것인가를 부임에서부터 이임 때까지의 공무에 관한 사례와 함께 기록하고 있다. 황해도 곡산 부사, 암행어사 시절 경험했던 목민관의 행태를 기억하며 마음속으로 애태우며 간절히 목민관들에게 바랐던 올바른 목민관의 상을 기록하고 있다. '자신을 다스리고, 공무에 봉사하고, 백성을 사랑하라'라고 요구한다.

「흠흠신서」는 생사가 걸린 재판을 공정하게 처리할 수 있는 지침과 판례를 제시하여 백성의 생명과 인권을 지키고자 하는 애민 정신을 담고 있다.[68] 다산은 조정, 곡산 부사, 암행어사 때의 경험을 바탕으로 지방의 목민관들이 어떻게 백성들의 죄를 다루어야 할 것인가를 실제적이고 현실에 맞게 형벌을 처리하도록 저술하였다.

다산의 학문은 사서 육경을 연구하는 경학(經學)에서부터 세상을 경륜(經綸)하는 경세학에 이르기까지 역사, 지리, 문학, 철학, 행정, 공학, 의학, 군사, 법, 음악 등 미치지 않은 분야가 없을 정도로 광범위했다. 귀양살이하며 벽지 산간 방 안에 앉아서도 중국이나 일본의 최신 학문까지 섭렵할 정도로 그의 학문 경지는 높았다. 이러한 그의 연구가 집성된 것이 바로 실학이자 다산학이다. 전통적 철학에 대한 깊이 있는 이해와 더불어 다양한 사상을 두루 수용하며 백성과 나라에 실질적으로 혜택을 줄 수 있는 실천적 학문으로

---

68 장승구, 「다산, 행복의 기술」 (2017), pp.20~21

거대한 개혁안을 이룩해낸 것이다.

다산은 18년이라는 그 엄청난 유배기간 동안 500여 권에 이르는 저작을 저술한다. 1년에 평균 28권을 쓴 것이다. 왜 이토록 많이 썼을까. 유배기간 중 특별히 할 일이 없어서? 결코 그렇지 않다. 다산의 속내는 두 아들에게 보낸 편지에 담겨 있다. '폐족'이 됐다고 공부에 손 놓고 있는 아들들을 꾸짖으면서 이렇게 말한다.

"너희들이 마침내 배우지 않고 스스로 포기해 버린다면 내가 쓴 저술과 편찬한 책들은 장차 누가 거두어 모아서 책으로 엮고 다듬고 교정하며 정리하겠느냐. 이 일을 이루지 못하면 내 책들은 끝내 세상에 전해지지 않을 것이고, 내 책이 후세에 전해지지 않으면 후세 사람들은 단지 사헌부의 계문(啓文)과 옥안(獄案)에 기대어 나를 평가할 것이다. 그렇다면 나는 장차 어떤 사람이 되겠느냐?"

결국, 다산에게 글쓰기는 역사에서 자신의 흔적을 분명히 남기는 일이었다. 그 길만이 억울한 누명을 벗고 무죄를 증명하여 역사적으로 복권될 수 있는 유일한 방법이라고 생각했을 것이다.

물론 다산은 이 같은 자신의 학문적 성취가 당대에 인정받기 힘들다는 것도 알고 있었다. 그의 또 다른 호인 사암(俟菴)에는 당대에 대한 비판과 후대에의 절절한 기대가 깔려 있다. '기다릴 사(俟) 자' '암자 암(庵)', 즉 기다리겠다는 의미는 역사에 맡기겠다는

뜻이다. 역사를 통해서라도 재평가받기를 바라는 다산의 간절한
마음이 전해진다.

역사적 복권

다산은 자신의 자찬묘지명을 포함해 29명의 생애를 기록한 묘
지명 29편을 지었다. 이 가운데 자신과 그의 형 정약전, 이기양, 이
가환, 권철신, 오석충 등 6명의 묘지명 7편만 따로 수사본(手寫本)[69]
이라고 써놓았다. 그의 사후 50여 년 뒤인 1885년, 고종이 다산의
명성을 듣고 친히 어람본 여유당전서를 만들도록 지시했을 때, 그
의 후손들은 비본으로 남겨진 묘지명 7편만은 제외하였다. 도대
체 무엇 때문일까? 7편의 묘지명에 어떤 내용을 담았길래 그 자신
도, 후손들도 이토록 몸을 사린 것일까?

비본 7편 묘지명 주인공들의 공통점을 살펴보면 의문은 쉽게
풀린다. 다산과 그의 형 정약전을 비롯해 이가환, 이기양 등 6명은
모두 1801년 신유박해(辛酉迫害) 때 감옥 또는 유배지에서 죽거나
유배를 산 사람들이다. 이들은 모두 정조 재위기간에 총애를 받은
남인계 관료들로 천주교와 서학의 수용에 개방적이던 신서파(信西
派)이다.

---

69 수사본은 손으로 베껴 쓴 책을 의미하며, 문집 표지에 세상에 공개하지 말라는 의
    미로 '비본(秘本)'이라고 썼다.

그가 남긴 7편의 비본 묘지명은 서거 100년을 1년 앞둔 1935년 여유당전서가 현대식 출판물로 간행될 때 비로소 세상에 공개된다. 노론의 세상도 아니고, 공서파[70]의 영향도 없던 일제 강점기였다. 다산은 해방 후 재조명되면서 민족의 지성으로 우뚝 솟았다. 다산이 변론했던 정약전, 이가환, 이기양, 권철신, 오석충, 다섯 사람의 삶도 재조명받으며 역사의 양지에서 그 억울함이 풀렸다.

> "그러나 알아주는 사람은 적고, 꾸짖는 사람만 많다면 천명이 허락해 주지 않는 것으로 여겨 한 무더기 불 속에 처넣어 태워버려도 괜찮다."

다산은 자찬묘지명 집중본에서 자신이 쓴 묘지명과 저작물에 대해 이렇게 말했다. 역사에서의 정당성과 하늘의 도리에 운명을 맡긴 자신의 기록들을 어떻게 불태워버리라고 말할 수 있을까. 이에 대해 고미숙 작가는 '이 말은 지독한 반어다. 반드시 자신을 알아주는 세상이 오리라는 믿음을 거꾸로 표현한 것!'이라고 평했다. 그만큼 자신의 행동과 신념에 대한 자긍심이 확고했던 다산. '잘 거두어 간직하면(斂而藏之) 장차 멀리까지 날래고 사납게 떨치

---

70 조선 후기에 서교와 서학을 배척하던 세력으로 정약용 등 신서파에 대해 비판적이었다.

리라(將用矯矯然退擧)'던 자신의 말 대로 다산은 이제 역사의 승자로 부활했다.

다산은 역경에 휘말려 겨우 목숨을 부지한 채 장기간 유배를 당하지만, 더 이상 움츠리지 않았다. 현실에선 일단 졌지만, 역사에선 지지 않겠다는 의지를 확고히 한 것이다. 그래서 엄청난 저서를 남기며 역사에 뚜렷한 족적을 남겼다. 특히 그와 정치적 동지들에게 가해졌던 가혹한 정치적 멍에에 대해 자신뿐 아니라 동지들의 묘지명을 통해 역사적 복권을 시도한다.

다산은 18년이라는 긴 유배 생활 속에서도 희망의 끈을 놓지 않았다. 순간순간 찾아오는 절망, 공포, 우울을 거룩한 분노, 가족에 대한 그리움, 백성을 향한 사랑으로 승화시켰다. 그것이 18년의 긴 고난의 터널을 지나는 동력이 되었다.

'희망은 강한 용기이며 새로운 의지이다.' 마틴 루터의 이 말처럼 그 기한을 알 수 없었던 유배자에게 어떤 희망이라도 없었더라면 생존의 의미를 찾기 어려웠을 것이다. 그에게 '희망'은 저술을 통해 다음 세상에서 자신을 알아봐줄 사람을 기다리는 일이었다. 그 실낱같은 희망이 그를 버티게 했고 분발하게 했다. 정약용은 시련을 통해 역사상 그 누구도 누릴 수 없는 위대한 사람이 되었다.

오늘날 남녀노소를 막론하고 많은 사람이 정약용을 기억한다. 이러한 시련이 없었다면, 그 누구도 기억하지 못하는 그저 그런 재상으로 남았을 것이다. 그래서 시련은 잘 이겨내는 사람에게는 최고의 역량을 발휘하게 하는 조련사이다. 이런 과정을 통해 약자에게 시련은 축복이 된다. 다산은 오늘날 우리들에게 약함의 순간을 어떻게 받아들이고 대처해 나가야 하는지를 잘 보여주고 있다.

3

베토벤, 운명에 도전하다

● ● ●

빠빠빠 밤~

그 유명한 베토벤의 교향곡 5번 〈운명〉의 도입부. 그의 비서 안톤 쉰들러는 베토벤이 이 곡을 쓸 때 '운명은 이렇게 문을 두드린다'라고 말했다고 회고한다. 이 곡을 듣고 있으면 베토벤이 자신에게 다가온 운명을 어떻게 받아들이고 대처했는지 느껴진다. 처음 도입부의 선율은 심장을 흔드는 멋진 리듬으로 곡이 흐르면 흐를수록 강렬하게 번뜩이는 감각보다는 부드럽게 감싸주고 이끌어주는 감성을 느낄 수 있다. 이런 작품이 어떻게 탄생할 수 있었을까?

아무리 노력해도 벗어날 수 없는 현실을 만날 때 사람들은 이를 운명으로 받아들인다. 체념하며 처한 현실이 자신의 능력이나 잘못된 선택이 아닌 인간의 힘으로는 어찌할 수 없다고 생각하면 마음이 편해지기 때문이다. 패배의식이나 책임감에서 벗어나기 위해 운명에게 문을 열어주는 것이다. 그러나 베토벤은 결코 그렇게 하지 않았다. 청력을 잃어가던 베토벤이 운명에 맞서 싸우는 과정에서 위대한 작품이 탄생했다.

그는 1770년 독일 본 출생이다. 할아버지와 할머니, 아버지가 음악가인 가정에서 태어나 어려서부터 음악적 재능을 보인다. 하지만, 그의 인생은 행복하지만은 않았다. 아들의 천재성을 과신한 아버지의 욕심으로 인해 네 살 무렵부터 과중한 피아노 수업을 받게 되지만, 가난으로 학교도 일찍 그만둔다. 존경하던 모차르트의 제자가 되기 위해 빈까지 가지만, 어머니가 위독해서 다시 돌아와야 했다. 알코올 중독이 된 아버지를 대신해서 열여덟 살에 가장의 책임을 떠맡게 된다. 순탄치 않은 인생이었다.

20대 후반 베토벤에게 예상치 못한 큰 시련이 다가온다. 귓병을 앓게 된 것이다. 음악가로서 청각장애란 사형선고와도 같다. 그때부터 베토벤은 말이 적어지며 사람 만나기를 피했다. 그는 당시 상황을 편지에 이렇게 기록하고 있다.

"조금만 멀리 떨어져 있어도 악기나 목소리의 높은음이 들리지 않네!"

베토벤은 철저한 고독 속에서 이 병의 진행을 견뎌내야만 했다. 만일 사람들이 자신의 청각장애를 알게 된다면, 작곡가로서 신뢰를 잃게 될 것을 우려했다. 끝없는 절망 속에서 베토벤은 자살을 결심한다. 1802년 31살의 베토벤은 시골마을 하일리겐슈타트에서 유서를 작성했다.

"진정한 기쁨의 깊은 소리를 들어본 지 오래입니다. 오 신이시여, 제가 기쁨을 다시 느껴볼 수 있을까요? 영영 없을까요? 아닙니다. 그것은 너무나 잔혹합니다."

다행히도 동생들에게 쓴 유서[71]는 보내지 않았고 죽음을 택하지도 않았다. 훗날 베토벤이 죽은 후에 그의 책상 서랍에서 발견되었다. 베토벤은 자신이 죽음을 선택하지 않은 이유를 아래와 같이 기록하였다.

"그것을 제지해준 것은 오직 예술뿐이었다. 나에게 부여되었다고 느껴지는 이 사명을 완수하기 전에는 이 세상을 버리지 못할 것이라 생각했다. 그리하여 나는 이 비참한 생명을 부지하기로 했다."

베토벤은 아직 자신이 해야 할 일이 있다고 믿었다. 소명의식, 목표의식이 그의 삶을 이끌었던 것이다. 그의 예술적 재능과 음악

---

71 자살 시도의 동기를 줄리에타 귀챠르디이 백작 딸의 배신으로 보는 사람도 많지만 단 한 가지로 한정할 수는 없을 것이다.

에 대한 열정은 귓병마저도 극복할 정도로 대단했다. 사람들은 자신이 쓸모없는 존재라고 여길 때 희망의 끈을 놓는다. 절망에 굴복하는 것이다. 그러나 자신의 존재 이유를 인식한다면, 해야 할 일이 있다고 믿는다면, 어떤 어려움이 있더라도 앞으로 나아갈 수 있다. 베토벤은 일기와 편지에서 '나는 운명에 복수할 것이다. 그것은 나를 결코 쓰러뜨리지 못한다'고 쓰고 있다.

청력을 잃어버린 음악가! 과연 성공할 수 있을까? 그는 연주회가 열려도 음악을 들을 수 없게 되지만 작곡을 계속했다. 이런 고통과 어려움을 모두 정신력으로 극복하고 최고의 작품을 남기게 된다. 놀랍게도 청력을 완전히 잃은 후에 작곡된 베토벤의 중·후기 음악은 다른 어느 음악가의 작품보다 감동적이라고 평가 받는다. 그의 삶 깊숙한 곳에 예술로 승화된 아픔이 있기 때문일 것이다. 그것은 좌절이었다. 가족, 사랑 그리고 귓병. 알코올중독자로 열등감과 피해의식이 있는 아버지에게 당한 학대, 사랑하는 연인을 신분이 다르다는 이유로 잃게 되는 상실, 음악가로서 상상할 수 없는 청각의 상실, 좌절할 수밖에 없는 이 모든 절망적인 상황들이 베토벤을 더 많이 고민하게 하고 더 분발하게 만들었다.

베토벤이 자신의 목표에 대하여 얼마나 명확하게 인식하고 있었는지를 알려주는 일화가 하나 있다. 1808년, 빈이 나폴레옹군에 점령당했을 때, 베토벤의 유력한 후원자 중 하나인 리히노프스키

공작⁷²은 자신의 궁에 나폴레옹군의 장교들을 초대했고 베토벤을 불러 이 자리에서 연주해 주기를 청했다. 반나폴레옹파였던 베토벤은 연주를 거절하고 억수 같은 비를 맞으며 공작의 궁을 뛰쳐나와 다음 날 공작에게 편지를 보낸다.

"명심하십시오, 공작님. 당신들 귀족들은 수백, 수천 명이 있지만 베토벤은 저 한 사람뿐입니다."

왜 자신을 후원하는 공작의 요구를 거절했을까? 이 일로 공작의 후원이 끊길 위험성도 충분히 예상할 수 있는 데도 말이다. 사실 베토벤은 프랑스혁명의 이념인 자유, 평등, 박애의 정신을 굳게 믿고 이를 실현하는 것으로 보였던 나폴레옹을 오랫동안 존경하였으나, 나폴레옹이 왕이 되려고 하자 그에 대한 숭배가 분노와 반감으로 바뀌게 되었다. 비록 공작의 후원으로 작품활동을 하고 있지만, 조국을 침략한 점령군 장교들에게 자신의 음악을 연주하고 싶지 않았을 것이다. 아니, 스스로 최고의 음악가라고 자부하는 베토벤 입장에서는 연주해서는 안 되는 일이라 생각했으리라. 예술에 대한 가치와 자부심, 목표가 분명했기에 눈앞에 손해가 예상되는 상황에서도 'NO'라고 말할 수 있었을 것이다.

---

72 음악 애호가였던 리히노프스키 공작(1758~1814)은 1796년부터 1808년 이 사건이 일어나기 전까지 12년 동안 베토벤을 후원하였다. 그는 베토벤의 친구이자 후원자로서 베토벤의 음악활동에 많은 영향을 미쳤다. 그의 후원으로 프라하, 드레스덴, 베를린으로 연주 여행을 하면서 유럽 각지에 이름을 알리기 시작했다.

베토벤의 작품 속 주인공은 주어진 운명에 굴복하지 않는, 운명의 파도에 온몸으로 저항하는 영웅의 모습을 보여준다. 그 영웅은 계몽주의자로서 베토벤이 세상에 선물한 메신저인 동시에 베토벤 자신의 자화상이기도 하다. 미켈란젤로가 만년의 대작 '최후의 심판'에서 그려냈듯이 베토벤의 '합창' 교향곡은 인간이 고통과 역경 속에서도 삶을 포기하지 않아야 하는 이유를 통렬하게 외치고 있다.

'고난을 뚫고 환희로'

운명에 복수하겠다던 자신과의 약속을 지킨 것이다.

대의명분, 함께 꿈꾸면 현실이 된다

"여성에게 사형대에 오를 권리가 있다면, 의정 연설 연단 위에 오를 권리도 당연히 있다."

프랑스의 여성 인권운동가 올랭프 드 구주가 콩코드 광장에서 단두대의 이슬로 사라지기 전에 한 말이다. 이 사건을 시작으로 여성 인권운동은 조금씩 모습을 보이기 시작하고, 서서히 세계 각국으로 전파되어 결국은 남녀평등이라는 숙원을 이루어낸다. 남녀평등은 거저 주어진 것이 아니라 수많은 여성의 피와 오랜 시간의 투쟁이 있었기에 가능했다.

당시 여성들의 지위는 오늘날의 남녀평등 사회와는 많이 달랐다. 여성은 절대적인 약자였다. 대부분의 여성이 차별을 현실로 받아들일 때 올랭프는 여성의 동등한 권리를 주장하며 오랜 시간 투쟁했다. 그녀의 주장이 대의명분이 있었기에 철옹성 같던 여성에 대한 편견과 차별은 조금씩 사라졌다. 대의명분이 있으면 많은 사람의 공감을 얻을 수 있고 어떤 장애물이 있더라도 결국은 그 꿈을 이룰 수 있다. 여성 참정권 운동이 이를 증명하고 있다.

이 장에서는 올랭프 드 구주의 사례와 같이 칭기즈칸, 유방, 루터 킹 목사가 대의명분을 어떻게 세우고 부하나 추종자들을 설득하고 교감했는지 살펴본다. 조직원들이 리더의 명분에 공감할 때 약한 조직일지라도 이를 극복할 수 있음을 확인하게 될 것이다.

4

칭기즈칸,
4맹견과 4준마로 대제국을 건설하다

● ● ●

"네 마리의 맹견은 무쇠 이마에 끌 주둥이와 송곳 혀를 지니고 있
다. 강철 심장에 칼 채찍을 갖고 이슬을 먹고 바람을 타고 다닌다.
전투의 날에는 사람의 고기를 먹는다. 교전하는 날에 사람의 고기
를 양식으로 하는 자들이다."

칭기즈칸의 최대 라이벌이던 자무카가 칭기즈칸의 4맹견을
평가한 말이다. 이 이야기는 어떤 맥락에서 나온 것일까? 칭기즈
칸은 마지막으로 남은 종족인 서쪽의 나이만족을 장악할 때 쿠빌
라이를 선봉대로 세워 나이만의 타양 칸을 추적하도록 했다. 타양
칸이 놀라 자신의 진영에 와 있던 자무카에게 "마치 이리가 양떼
를 몰아 울타리에 이르도록 쫓아오는 것처럼 맹렬히 추격해 오는
저들이 누구인가" 하고 묻는다. 이에 자무카는 "칭기즈칸이 사람

의 고기로 기른 네 마리의 개들로 그들은 쿠빌라이와 제베, 젤메와 수베타이다"라며 겁을 주었고 그 길로 타양 칸은 도망가 버린다.

상상만 해도 소름이 돋는다. 칭기즈칸이 약자에서 강자로 성장하는 과정을 이야기할 때 4준마와 4맹견의 역할을 빼고는 설명이 불가능하다. 그만큼 칭기즈칸과 이들은 운명공동체였다. 무엇이 이들을 그렇게 만들었을까?

4맹견[73]

4맹견이 어떠했길래 자무카가 이렇게 표현했을까? 네 명의 충견인 4맹견은 전쟁터에서 맹활약한 전사들이다.

첫째, 젤메 장군이다. 대장장이인 그의 아버지는 테무친이 태어날 때 담비 가죽으로 안감을 댄 배내옷을 테무친에게 가져다주면서 같은 달 태어난 아들 젤메를 테무친의 사람으로 써달라고 부탁했다. 당시 테무친의 아버지 예수게이는 나중에 테무친이 장성하면 받아들이겠다고 약속한다. 실제로 아버지 예수게이가 죽은 뒤 고난의 세월을 보낼 때 젤메는 가장 먼저 달려와 테무친을 도왔다.

평생을 칭기즈칸의 충성스러운 부하로 살아간 젤메는 전장에서 부상당한 칭기즈칸을 위해 적진에 뛰어들어 물을 구해오고 간

---

73 김종래, 「CEO 징기스칸」 (2002), pp.97~103

병했다. 독화살을 맞은 칭기즈칸의 상처에 입을 대고 피를 빨아내고, 야영지에서는 밤을 새워 그를 호위하기도 했다. 그러나 1206년 안타깝게도 칭기즈칸에게 반항하는 몽골 부족들의 잔당들을 토벌하기 위해 출정하였다가 전사했다.

둘째, 제베 장군이다. 테무친은 타이시우드와의 마지막 전투에서 제베를 만나게 된다. 이 전투에서 테무친이 탄 황색 말이 목등뼈에 화살을 맞아 쓰러진다. 전투가 승리로 끝난 뒤 테무친은 자신의 말을 쓰러뜨린 자가 누구냐고 물었다. 그때 지르고 아다이라는 이름의 타이시우드인이 자기가 쏘았다고 고백한다. "이 자리에서 칸에게 죽임을 당하면 손바닥만 한 땅을 더럽히겠지만, 용서해 주면 칸을 위해 모든 충성을 다 하겠다"라고 말했다. 이에 테무친은 그에게 '화살촉'이란 의미의 제베라는 이름을 내려주고 평생의 동지로 삼는다.[74]

이후 제베는 테무친의 심복 중 한 사람이 된다. 몽골 통합과 세계정복 전쟁 과정에서 적으로 하여금 전율을 느끼게 하는 무서운 장수로 이름을 떨치며 칭기즈칸으로부터 수시로 중요한 임무를 부여받는다. 나이만 칸을 뒤쫓아 처리하라는 지시를 받았고, 호라이즘의 샤왕 모하메드의 목을 베라는 명령을 받았다. 그럴 때마다 제베는 자신의 특수부대를 이끌고 상대가 어디로 도망가든지 끝

---

74 김종래, 앞의 책, pp.58~59

까지 쫓아가 임무를 완수했다. 그래서 그의 특수부대는 저승군단, 제베는 저승사자라는 별명을 얻었다.

셋째, 쿠빌라이 장군이다. 쿠빌라이는 칭기즈칸의 손자로 몽골제국의 5번째 대칸이 되는 쿠빌라이와는 다른 동명이인이다. 원래 테무친의 경쟁자였던 자무카의 휘하에 있던 그는 코르크낙 주부르에서 테무친과 자무카가 갈라설 때 테무친 진영에 합류했다. 몽골 초원 통일 과정에서 제베와 함께 전투의 선봉장 역할을 하면서 많은 공을 세운 쿠빌라이는 금나라 원정 중에 사망했다.

넷째, 수베타이 장군이다. 4맹견 가운데 세계 전쟁사에 가장 이름을 날린 장수이기도 하다. '오랑캐'의 어원인 '오리앙카이', 이는 몽골의 한 부족 이름으로 이들은 매우 용맹스러워서 전투 시에는 항상 선봉에 섰다. 수베타이가 바로 이 오리앙카이족 출신이다. 그는 오리앙카이족 출신답게 용맹했다. 유럽원정에서의 그의 활약은 대단했다. 제베와 함께 호라즘을 단 사흘 만에 무너뜨리기도 했다.

4맹견은 하나같이 약자로서 어려움 속에서 고난받던 사람들이다. 각자 다른 인연으로 칭기즈칸을 만나게 되지만, 칭기즈칸의 포용성과 진정한 리더의 모습에 감동하여 스스로 그의 충복이 된다. 칭기즈칸이 꾸는 꿈을 함께 꾸며 두려움 없이 사선을 넘나든다. 약자도 제대로 된 리더를 만나 사명을 깨달으면 세상이 두려움에 떠는 강자가 된다.

4준마[75]

4맹견이 용맹스러운 야전 지휘관들이었다면 4준마는 칭기즈칸의 곁에서 그를 보위하면서 내정을 원활하게 이끌도록 유도하고, 전략적인 측면의 자문 역할을 주로 했다. 4준마도 대부분 칭기즈칸이 어려운 시절을 겪으면서 서로를 이해하고 칭기즈칸의 대의명분에 공감하여 생사를 함께하기로 맹세한 사람들이다.

첫째, 보오르초 장군이다. 칭기즈칸의 아버지가 독살된 뒤 얼마 지나지 않아 말을 도둑맞는 일이 발생한다. 도둑을 추적하다 만나 함께 말을 되찾게 되자 칭기즈칸은 은혜에 감사해서 말 한 필을 선물한다. 이때 보오르초는 "고통을 함께 나누는 것이 벗의 의무다. 도움의 대가를 받는다면 그게 무슨 벗이겠는가"라며 선물을 거절한다. 이를 계기로 의기투합하게 되고 죽을 때까지 평생을 함께하는 친구가 된다.

둘째, 모칼리 장군이다. 그는 원래 주리킨 씨족의 세습 노예였다. 주리킨 씨족이 칭기즈칸에게 패배한 뒤 합류하게 된다. 재미있는 일화로 칭기즈칸이 "이제 너는 나의 너커르[76]다. 너는 칼을 차고 나의 천막을 드나들 수 있다"라고 말하자 참모들은 모칼리를 믿지 못하고 모두 반대한다. 그러나 칭기즈칸은 소신을 굽히지 않

---

75 김종래, 앞의 책, pp.91~97
76 평생동지를 말한다.

았고, 이에 모칼리는 감격하여 "만약 제가 앞으로 불충을 행하거든 제 발꿈치 힘줄을 빼소서. 제가 불의를 행하거든 제 간을 잘라 버리소서"라고 한다.

셋째, 보로콜 장군이다. 칭기즈칸과 경쟁하던 상대진영의 전쟁 고아였다. 칭기즈칸의 어머니가 데려다 기른 사람으로 칭기즈칸의 식사를 책임지고 경호실장 겸 비서실장 역할을 했던 최측근이다. 전투 중 적의 급습을 받아 전사한다.

넷째, 칠가온 장군이다. 칭기즈칸의 아버지가 독살된 후 친척인 타이치오트족의 타르코타이가 테무친 가문을 버려두고 떠난다. 그들은 나중에 테무친이 보복할 것을 두려워하여 그를 죽이려 하고 이때 타르코타이 진영에 있던 소년 칠가온이 테무친을 돕는다. 나중에 칭기즈칸이 칠가온을 만났을 때 "목에 있는 무거운 나무를 땅에 내려놓게 한, 옷깃에 있는 형틀을 벗게 한 너"라며 감격 스러워했다고 한다. 그는 금나라 원정 중에 사망했다.

4맹견과 4준마는 하나같이 칭기즈칸의 추종자들이었다. 위에서 소개한 내용만 보아도 왜 그들이 칭기즈칸을 추종하게 되었는지 알 수 있다. 복종자가 아닌 추종자를 만들었기 때문이다. 칭기즈칸은 힘을 내세워 복종자를 만들기보다 추종자가 몰려들게 함으로써 유목민들의 최고지도자가 되었다.

그는 라이벌 자무카 진영의 하층민들을 집중적으로 포섭하면서 다음과 같이 약속했다.

"그대 원한다면 우리의 손을 잡아라. 빛나는 보석이 되게 해주겠다."

포섭된 사람들은 칭기즈칸이 아니면 의탁할 지도자도 없고, 출세를 꿈꿀 수도 없는 자들이었다.

"나와 너희들이 힘을 합쳐 더는 배고픔과 차별이 없는 새로운 사회를 만들 것이다."

구성원의 자발적 참여는 복종이 아니라 추종으로 이루어진다. 추종은 절대적이며 무한신뢰 없이는 불가능하다. 칭기즈칸의 전쟁은 소수가 다수와 싸워 이긴 전쟁이다. 그것도 원정이었다는 점에서 놀라운 성과였다. 자발적인 추종자들의 집단이 아니었다면 이룰 수 없었을 위대한 성취이다. 칭기즈칸 이야기는 힘없고 가난한 수많은 약자에게 들려주는 희망의 메시지다.

리더의 정직성과 신뢰성을 구성원들이 믿지 않는다면, 리더가 어떤 말을 해도 냉담한 반응을 보일 것이다. 그래서 무력에 의존하여 복종하게 한다. 진정한 리더는 자발적으로 추종자가 몰려드는 사람이다. 이런 리더는 사람의 마음을 움직인다. 집단 구성원들이 간절히 바라는 근본적이고 공통된 욕구를 충족시키는 비전을 제시한다.

역사상 수많은 리더가 자신의 부하에 의해 무너졌다. 그러나 칭기즈칸은 단 한 번도 배신을 당한 적이 없다. 칭기즈칸이 주장하는 대의명분이 부하들을 감동시켰고 죽음을 무릅쓰고 움직이게 했다. 부하들이 열렬한 추종자들이었기에 그와 비전, 철학, 행동을 함께할 수 있었다. 사람의 영혼을 움직이는 리더가 진정한 리더다.

5

흙수저 유방, 금수저 항우를 이기다

● ● ●

힘과 무예를 갖춘 금수저 항우!

시골 한량 출신 흙수저 유방!

두 영웅과 함께하는 전략의 천재 한신!

2013년 개봉된 루 추안 감독의 〈초한지: 영웅의 부활〉에서 묘사되는 영웅 3인의 모습이다. 200억 원의 제작비를 들인 대작으로 감독은 이 작품을 위하여 3년간 역사적 고증을 했다고 한다. 그래서 「초한지」를 먼저 읽어보고 이 영화를 본다면 이해도 빠르고 금방 몰입할 수 있을 것이다.

진시황은 중국을 통일하지만 오래가지 않아 폭정으로 인해 백성들은 도탄에 빠진다. 참다못한 백성들이 전국 각지에서 반란을 일으키고, 이때 항우와 유방도 군사를 일으켰다. 초기 유방의 상황은 초라하기 그지없었다. 가족들을 구하기 위해 항우를 찾아가 군사를 빌려달라고 간청하고 갑옷과 병력을 하사받은 유방은 그 후 항우의 휘하로 들어가 함께 진나라를 공격한다. 이후 진 왕궁에 들어간 항우는 진나라의 왕을 죽이고 19개의 주로 나누어 각각의 제후들이 다스리도록 한다. 유방은 가장 외진 곳에 위치한 파촉과 한중 땅을 하사받는다.

그런데 모두가 알고 있듯이 이 두 사람 싸움의 최후 승자는 유방이다. 유방이 항우를 무찌르고 천하를 통일한 후 대신들에게 한 이야기이다.

"한신, 소하, 장량 이 세 사람은 실로 인중호걸(人中豪傑)들이라고 할 수 있다. 내가 천하를 차지할 수 있었던 것은 이 세 사람을 능히 부릴 줄 알았기 때문이다. 항우는 그나마 있었던 범증(范增) 한 사람도 제대로 쓰지 못했기 때문에 나에게 사로잡히게 된 것이다."

유방이 철옹성 같은 항우를 마침내 이긴 것이다. 그 누구도 예상하지 못했다. 이전에 한 번도 항우를 이겨보지 못했던 유방은 어떻게 승리했을까?

금수저 항우, 끝까지 소통하지 못하다
초기에는 항우가 압도적으로 강한 면모를 보인다. 항우는 초나라에서 대대로 장군직을 지낸 명문 귀족 출신으로 싸움에 능한 장수였다. 용맹스럽고 무예가 뛰어났을 뿐만 아니라 옆에 유명한 책사 범증이 있었다. 그의 조언으로 유방과의 전투마다 승리한다.

그러나 항우는 연속되는 승리에 교만하게 되고, 상대의 모함과 이간질에 속아 범증을 쫓아내고 혼자 모든 것을 처리하다가 자멸하게 된다. 항우의 행적은 통치자로서 볼 때 좋지 않은 점만 모아놓았다. 군주로서는 폭군 중의 폭군으로 결국 그것이 원인이 되어 비참한 최후를 맞이했지만 죽을 때까지 자기 잘못이 무엇인지 깨닫지 못하고 하늘 탓만 한다.

"내가 군사를 일으킨 이래 8년이 되었다. 몸소 70여 차례의 전투를 겪었고, 내 앞을 가로막은 자들은 모두 목을 베었다. 나의 공격을 받은 성들은 모두 항복을 해서 나는 지금까지 한 번도 싸움에서 진 적이 없어 이로써 천하를 제패했다. 그러나 오늘 내가 졸지에 이곳에서 곤궁한 처지에 놓이게 되었다. 이것은 하늘이 나를 망하게 하려고 하는 것이지 내가 싸움을 잘하지 못해서 지은 죄가 아니다."

그러나 사마천은 「사기」에서 항우를 다음과 같이 냉정하게 평가하고 있다.

"항우는 스스로 공로를 자랑하고 그의 사사로운 지혜만을 앞세워

옛것을 따르지 않았으며 패왕의 업을 이루었다고 하면서 무력으로 천하를 다스리려 했다. 이에 5년 만에 나라는 망하고 그 몸은 동성 (東城)에서 죽었으면서도 여전히 자기의 잘못을 깨닫지 못한 것은 참으로 그의 허물이라 하겠다. 하늘이 나를 망하게 한 것이지 내가 용병을 잘못해서 지은 죄가 아니라고 말했으니, 어찌 그가 황당무계한 사람이라고 말하지 않을 수 있겠는가?"

그리고 당대는 물론 후대 사람들도 항우가 진 건 항우 자신의 잘못 때문이라고 평가하고 있다. 왕릉은 '항우는 현능한 사람들은 시기하고 재능 있는 사람들은 미워하며, 능력 있는 사람들은 의심하여, 싸움에서 승리했음에도 그 공을 다른 사람에게 돌리지 않고, 땅을 얻어도 나누지 않아 그 이익을 같이 누리지 않음으로 인해 천하를 잃은 것'이라고 평가했다. 금수저인 항우는 자만하여 자기 중심적으로 처신하고 부하의 전략보다는 자신의 능력을 믿었다.

흙수저 유방, 소통을 통해 항우를 이기다

유방은 지방의 말단 관리를 전전하다가 시골에서 협객으로 세월을 보내고 있었다. 아무도 그에게 주목하지 않았으나 유방에게는 특이한 점이 있었다. 유방은 강적을 만나면 우회하고, 끝까지 싸우지 않고 상황이 불리하면 미련 없이 후퇴했다.

그런 유방에게 큰 장점이 있었다. 부하의 조언을 경청하고 수용했으며 포상과 명예를 전투에서 활약한 부하에게 늘 양보하고 치켜세웠다. 유방은 도량이 넓고 부하를 향한 신뢰가 커서 주변에 늘 인재들이 모였는데 주변의 도움이 결정적이었다. 적재적소에 인재들을 배치하여 역량을 최대로 발휘하게 했다. 장량, 소하와 같은 출중한 참모나 한신 같은 뛰어난 장수를 잘 활용하였다. 전투에서는 수없이 패배했지만 결정적인 패배는 피했다. 마침내, 단 한 번의 승리로 결국 초·한전의 마지막 승자가 될 수 있었다.

항우와 유방의 싸움을 보노라면 흙수저였던 유방이 훌륭한 리더십의 소유자인 것 같다. 그런데 천하통일 후 한신의 세력이 커지게 되자 유방은 위협을 느끼게 되고 리더십을 제대로 발휘하지 못한다. 결국 여태후의 요구대로 한신에게 모반혐의를 씌워 6년간 옥에 가두고 죽인다. '토사구팽'이라는 고사성어가 여기에서 유래되었다.

항우와 패권을 다툴 때의 유방의 모습과 천하통일 후의 유방의 모습이 극명하게 대비된다. 상황이 바뀌면 사람이 변한다는 말은 유방 같은 사람을 두고 하는 말이다. 강자가 되자 약자일 때 가지고 있던 강점을 잃는 것이 어디 유방 한 사람 일이겠는가? 개인뿐만 아니라 조직도 마찬가지이다. 약한 기업이 성장하여 규모가 커지면 거대한 공룡이 되어 결국 초심을 잃고 강자의 딜레마에 빠지게 된다.

최고의 전략가 한신, 명예욕에 무너지다

「초한지」에서 항우와 유방 못지않게 활약하는 사람, 한신. 그는 처음 항우의 부하가 되지만 자기 능력을 몰라준다며 유방에게로 간다. 유방은 한신의 능력을 알아보고 한나라 대장군으로 임명하고 한신은 이에 부응하여 항우를 무너뜨리고 유방이 천하 패권을 잡는 데 일등 공신 역할을 한다.

「사기」에는 한신의 천재성이 잘 묘사되어 있다. '회음 후열전'에는 위나라, 조나라, 제나라를 공략하는 모습이, '고조 본기'에는 해하에서 항우를 대파하는 내용이 흥미진진하다.

한편, 명나라 모곤은 한신을 다음과 같이 평가했다.

"내가 고대 전략가들을 훑어보니 한신이 최고였다. … 이런 전략은 모두 하늘에서 내려온 듯 기묘해 적과 혈전을 벌인 적이 없다. 그러므로 나는 이렇게 주장한다. … 한신은 전략의 신이다."

이런 최고의 전략가가 그렇게 충성스럽게 주군으로 모셨던 유방에게 왜 토사구팽을 당했을까? 한신은 전략의 천재였으나 약점을 지닌 한 명의 인간이었기 때문이다. 그는 전략적 식견은 뛰어났으나 인간관계와 정치적 감각은 부족했다. 그리고 명예욕은 지나치게 많았다. 이런 약점이 결국 한신 스스로 비극을 초래한 것이다.

사마천은 한신을 다음과 같이 평가하며 안타까워한다.

"만약 한신이 도를 배워 겸양을 지키며, 자기의 공적을 자랑하거나 재능을 내세우는 일이 없었던들, 한나라 왕조에 대한 그의 공훈은 저 주공과 소공, 태공망에 비교될 수 있는 것이며 국가의 원훈이어서 뒷세상에 길이 사당에 제사를 받을 수 있었을 것이다."

약자가 강자를 이기는 스토리를 만들 때 반드시 들어가야 할 요소들이 있다. 초라한 시작, 희망과 꿈 그리고 역경 극복이다. 이런 과정을 거쳐 마침내 성공에 도달하는 스토리는 독자의 마음을 움직인다. 강한 조직은 한 시대를 끌어가는 역할을 한다. 그래서 우리는 강한 조직의 일원이 되기 위해 부단한 노력을 하기도 하고, 자식들이 엘리트 조직의 일원이 되길 바란다.

하지만, 우리가 원하는 강한 조직도 얼마 전에는 약한 조직이었다. 현재 유명한 기업들은 약함을 극복하고 오늘의 위치로 성장한 것이다. 그들의 비약적인 성장에는 설명 가능한 비결이 있다. 조직은 단순한 개인의 합 그 이상이다. 그러기 위해서는 리더가 조직원들과 소통하고 함께 꿈꾸고 함께 땀흘려야 한다. 훌륭한 리더에 의해서 움직이는 조직은 상상 이상의 시너지 효과를 낼 수 있다.

6

마틴 루터 킹,
저에게는 꿈이 있습니다

• • •

"저에게는 꿈이 있습니다. 언젠가 이 나라가 모든 인간은 평등하게 태어났다는 것을 자명한 진실로 받아들이고, 그 진정한 의미를 신조로 살아가게 되는 날이 오리라는 꿈입니다. 언젠가는 조지아의 붉은 언덕 위에 예전에 노예였던 부모의 자식과 그의 주인이었던 부모의 자식들이 형제애의 식탁에 함께 둘러앉는 날이 오리라는 꿈입니다. … 나의 네 명의 자녀들이 피부색이 아니라 인격에 따라 평가받는 그런 나라에 살게 되는 날이 오리라는 꿈입니다."

미국의 흑인 인권운동가 마틴 루터 킹 목사의 연설내용 중 한 구절이다. 1963년 8월 28일 노예해방 100주년을 맞아 워싱턴에서 열린 평화행진에 참가했던 마틴 루터 킹은 이날 미국의 흑인 인권운동 역사에 길이 남을 연설을 했다.

이 유명한 연설은 미국인들에게 인종차별 문제의 심각성을 일깨우는 역할을 했고, 미국 인권운동의 발전을 앞당기는 데 크게 공헌했다. 마틴 루터 킹은 청중에 따라 연설의 내용을 조정하고, 청중들의 반응에 기민하게 부응할 줄 아는 능력을 타고난 연설가였다. 이날의 연설 역시, 그 특유의 호소력과 설득력이 가장 잘 나타난 훌륭한 연설이었다. 그의 경험에서 우러나오는 연설내용은 듣는 사람의 마음을 울리기에 충분했다.

그렇다면 어떤 경험이 마틴 루터 킹을 인권운동에 뛰어들게 하였을까? 어린 마틴이 백인 쌍둥이와 놀고 있던 어느 날이었다. 그런데 백인 쌍둥이 엄마가 나타나서 넌 검둥이니까 검둥이끼리 놀아야 한다며 마틴을 혼냈다. 마틴은 울면서 집으로 돌아왔고 그의 어머니는 잔인한 미국의 인권 현실에 대하여 차근차근 설명하였다. 어릴 적부터 이런 모습을 보면서 성장한 마틴 루터 킹은 인종차별을 없애야 한다는 신념을 자연스럽게 가지게 되었고 이를 위해서 변호사가 되기를 희망했다. 그러나 자신의 뒤를 이어 목사가 되길 원한 아버지의 뜻에 따라 크로저 신학대학에서 학사, 보스턴대학교 신학 박사학위를 받는다.

그는 대학생 시절에도 인종차별을 경험하게 된다. 흑인 친구들과 함께 식당을 갔는데 백인 주인이 흑인들에게는 음식을 제공하지 않는다며 당장 꺼지라고 했다. 마틴과 친구들은 '흑인이기에 서비스를 받을 수 없는 것은 정당한 권리를 침해받는 것'이라며 반박했지만 주인은 총을 쏘며 쫓아냈다. 경찰이 출동하지만 옆에 있던 백인들은 침묵했다. 일부 백인 학생들이 증언을 나서지만, KKK[77]의 협박을 받고 증언을 포기한다. 식당 주인은 무죄가 되었다. 킹은 본격적으로 흑인 인권운동에 참여할 결심을 하게 된다.

1954년, 마틴 루터 킹은 앨라배마주 몽고메리의 텍스터 애버뉴 침례교회의 담임목사직을 맡게 되고, 1955년 백인들이 '몽고메리시에서 운영하는 버스에 흑인은 탈 수 없다'라는 규정을 만들려 할 때 이를 반대한다.

그는 인권운동을 하면서 약자 전략을 구사했다. 피부색에 관계없이 동등하게 대우받아야 한다는 대의명분을 다양한 방법으로 호소하며 지지세력을 확보해 갔다. 1955년 12월 로자 파크스 사건[78]이 일어나자 킹은 몽고메리 버스 보이콧 운동을 지도하고, 다른 흑인 및 양심적인 백인들에게도 동참을 호소하여 5만의 시민이 동참했다. 맬컴 엑스의 폭력주의 노선에 반대하고 비폭력적인 저항운동을 주도하면서 일부 흑인들에게서 중도주의자라는 비판을 받기도 했다. 그래도 킹은 비폭력 저항운동을 포기하지 않는다. 절

---

77 정식 이름은 Ku Klux Klan으로 남북전쟁 직후에 설립되어 1870년대까지 계속된 조직과 1915년에 창단되어 현재까지 지속되고 있는 조직이다. 이들은 흑인들을 겨냥한 협박과 폭력으로 백인 우월주의를 확립하려 한다.

78 1955년 버스에서 백인 승객에게 자리를 양보하지 않은 흑인 여성 로자 파크스가 경찰에 체포되는 사건으로 미국 인권운동에서 중요한 의미를 갖는다.

대강자에게 폭력적인 방법으로 저항하기보다는 오랜 시간이 걸리겠지만 대의명분을 쌓기 위해서 비폭력 전략을 취하는 것이 약자가 강자를 이길 수 있는 확실한 방법이라고 생각했다.

1964년 10월 14일, 마틴 루터 킹은 미국의 인종차별을 끝내기 위한 비폭력 저항운동으로 노벨평화상을 받게 된다. 1968년 4월, 테네시주의 흑인 미화원 파업운동을 지원하러 내려갔다가 백인 우월주의자 제임스 얼 레이의 총에 맞아 사망한다. 그의 죽음은 미국의 인권운동사에 획기적인 사건이 되었다.

연약한 한 흑인의 비폭력 저항운동은 그 어떤 폭력의 힘보다 강했다. 미국에서는 지금도 그의 사망일을 휴일로 지정하여 기념하고 있다. 이러한 약자의 포기하지 않는 노력이 밑거름이 되어 흑인 대통령과 부통령이 탄생했고 흑인의 인권 문제도 많이 개선되었다.

전투에 지고 전쟁에 이기다

　예능 프로그램에서 여러 사람이 앉아 있다. 진행자가 게임 참가자에게 한 문장의 메시지를 보여준다. 그것을 본 사람이 옆에 앉은 사람에게 그 내용을 귓속말로 전달한다. 그렇게 계속 마지막 사람까지 귓속말로 전달하여 마지막 사람이 그 메시지를 말하게 하는 게임이다. 여러 사람의 입에서 입을 통해 전달된 메시지가 마지막에는 전혀 다른 내용으로 바뀌어 있는 경우가 많다. 의사소통이 얼마나 어려운지를 보여준다.

　약소국이 강대국에 맞서 전쟁을 하는 상황에서는 명확한 목표를 제시하고 그 목표에 대한 가치와 신념이 공유되어야만 하나가 되어 싸워 이길 수 있다. 이때 약한 조직이 지향하는 명확한 목표가 조직원들에게 신념화되어 있지 않으면 싸우는 가운데서 와해되고 만다. 그래서 모든 조직은 명확한 목표를 세우고 공통의 가치관과 관점을 가지도록 교육되어야 한다. 조직 커뮤니케이션의 왜곡현상을 줄이는 것이 매우 중요하다.

여기에 수없이 많은 전투에서 패하였으나 결국에는 전쟁에 이겼던 사례들이 있다. 도대체 어떻게 이런 일이 가능했을까? 이들은 명확한 목표가 있었기에 많은 패배에도 불구하고 목표를 잃지 않았고 결정적인 패배를 피했다. 외부세계를 겨냥해 전쟁의 참상과 강자의 인권유린을 선전하여 반전 여론을 형성하기도 한다.

이것을 경영 분야에도 적용할 수 있을 것이다. 예컨대, 투자에 적용한다면, 개별 종목에서 패배하더라도 투자 수익률에서 승리하라고 해석할 수도 있다. 세상에 이름을 떨친 뛰어난 투자자도 모든 종목에서 승리하지 못한다. 모든 종목에서 승리를 추구하는 것은 현실적으로 불가능하다. 전쟁에서 승리하려면 계속해서 유리한 국면에서 싸워야 한다. 그래야 일부 전장에서 패배하더라도 결국 승리를 이끌 수 있다.

7

구정 대공세,
베트콩은 잃었으나 전쟁에서 이기다

● ● ●

적이 원하는 시간에 싸우지 않는다.

적이 원하는 장소에서 싸우지 않는다.

적이 원하는 방법으로 싸우지 않는다.

보응우옌잡 장군의 3불 전략이다. 북베트남은 이 전략으로 프랑스군을 몰아냈고, 미국과의 전쟁에서도 이 전략을 포기하지 않았다.

그런데 1968년에 접어들면서 그때까지 북베트남이 구사하던 전략으로 봐서는 도저히 이해할 수 없는 일이 일어났다. 1월, 북베트남군은 남부 베트남 국경도시 케산에 2만 명의 병력을 투입해 미군의 관심을 돌린 뒤에, 최대 명절인 구정(舊正)에 맞춰 남베트남 주요 도시의 관공서를 기습 공격했다. 이른바 구정 대공세이다. 소규모의 병력으로 '히트 앤 런(Hit and Run)'식의 게릴라전을 고집하던 북베트남이 이런 공격을 하리라고는 아무도 예상하지 못했다.

구정 대공세, 북베트남의 전략

1968년 1월 31일, 남베트남은 전쟁 중 모처럼 구정 분위기를 만끽할 수 있었다. 북베트남이 구정을 계기로 1주일간의 휴전을 제의했기 때문이다. 그런데 이것이 바로 북베트남의 기만술이었다. 이른 새벽을 기하여 베트남 전역 주요 도시에 대한 베트콩의 대대적인 기습공격이 시작되었다. 베트콩은 주요 도시들을 습격하여, 짧은 시간 동안 미 대사관, 방송국, 대통령궁 등을 확보한다. 미군은 공황상태에 빠지게 되었으나 상대적 전력이 우세했던 미군은 사이공을 재탈환하고 안정을 회복한다. 결국, 구정 대공세는 북베트남과 베트콩의 완패로 끝난다. 베트콩은 참전병력의 절반에 가까운 3만 5천 명이 사망하고 5,800여 명이 생포되었다. 반면, 미군의 피해는 크지 않았다.

그렇다면 군사적으로는 너무나도 결과가 뻔한 구정 대공세에 나섰던 북베트남은 도대체 무엇을 노렸을까? 설날 명절 새벽을 이용해 기습공격으로 상대의 허를 찌른다고 해도 전투에서 이기기는 어렵다는 사실을 처음부터 호찌민 주석과 보응우옌잡 장군도 알고 있었다. 처음부터 그들의 목표는 주요시설을 점령하거나 파괴하는 것이 아니라, 미국 시민과 세계의 이목을 끄는 것이었다.

그래서 케산을 먼저 공격하여 관심을 전환한 후에 구정 연휴 기간을 통해 베트남 주요 도시의 핵심시설을 공격하여 미국 내의 반전 여론을 유도한 것이다. 지금도 많은 사람이 생생하게 기억하는 포로로 잡힌 베트콩을 남베트남 장성이 공개처형하는 모습을 담은 사진[79]이 언론에 유포되면서 여론에 불을 붙이며 세계적으로 베트남전쟁에 대한 회의와 비판 여론이 일었다.

보응우옌잡이 주목한 것은 미군 지휘관이나 미군이 아니었다. 그들을 지지하는 힘의 근원을 본 것이다. 그것은 미국 본토에 있는 시민들이었다. 사랑하는 아들과 남편을 전쟁터에 보낸 사람들의 심리였다.

구정 대공세의 교훈

구정 대공세의 교훈은 다음과 같다. 첫째, 전투에서의 승리가 아닌 협상 유도용이었다. 이 전투를 통해 남베트남군과 연합군, 그리고 남베트남 국민을 공포에 빠지게 할 수는 있었다. 호찌민 주석과 보응우옌잡 장군은 군사력으로는 전투에 이길 수 없었지만, 협상장으로 나오게 할 수는 있을 것으로 예상했다. 군사력이 우수한 남베트남과 미국에서 먼저 '전쟁 대신 평화'라는 비명이 터져 나

---

79 당시 베트남 국가 경찰국장이던 육군 소장 응우옌응옥루안(阮玉鸞)이 포로로 잡혀온 민간인 복장의 베트콩 대위 응우옌반렘(阮文歛)을 권총으로 즉결 처형하는 사진으로, AP통신의 사진기자 에디 애덤스가 촬영해 이듬해 퓰리처상을 받았다.

오면 군사력이 열세인 북베트남 측에 절대적으로 유리해지기 때문이다.

둘째, 심리전과 선전전으로 전쟁에 이기려는 시도였다. 북베트남이 구정 대공세에서 패배한 것은 역설적이게도 북베트남에 전쟁 승리를 안긴 전기가 됐다. 이 전투를 계기로 미국에서는 전쟁을 싫어하고 염증을 내는 염전(厭戰) 분위기가 고조되기 시작했다. 반전을 입에 달고 다니지 않으면 지성인이 아니라는 분위기가 팽배했다. 그렇게 많은 젊은이를 징집해 베트남에 파병하고 항공모함과 전폭기 폭격기 등 첨단 무기체계까지 동원해 북베트남을 폭격했는데도 그들의 군사력을 궤멸하지도, 전쟁 의지를 꺾지도 못했다는 비난이 줄을 이었다.

셋째, 미국과 서유럽에서의 반전운동의 대대적 확산이다. 구정 대공세 뒤 미국에선 베트남 전쟁에 대한 환멸감이 확산하고 반대 운동이 널리 퍼지며 대학가를 중심으로 시위와 병역기피가 만연했다. 미군의 사기도 떨어져 불복종과 탈영이 줄을 이었고, 1969~1970년 징집병 가운데 보병 근무 희망자 비율은 2.5%에 불과했다. ROTC 지원자는 1966년 19만 1,749명에서 1971년 7만 2,459명으로, 1974년 사상 최저인 3만 3,229명으로 떨어졌다.

넷째, 우세한 군사력을 활용하지 못하고 협상에 나서게 된다. 결국, 미국은 구정 대공세가 벌어진 1968년 평화협상에 나섰으며 1969년 베트남 주둔 미군 감축에 나섰다. 1973년 1월 27일 프랑스 파리에서 북베트남, 남베트남 임시정부, 남베트남, 미국 사이에 '파리 평화협정'이 조인됐다. 미국의 리처드 닉슨 대통령은 협정 이틀 뒤인 1월 29일 '베트남전 종전 선언'을 했으며 그해 3월 29일까지 모든 미군을 남베트남에서 철수했다.

보응우옌잡 장군은 미국인 전기작가와의 인터뷰에서 구정 대공세의 목적과 의미에 대해 다음과 같이 밝혔다.

"구정 대공세를 군사적인 목적에 국한하여 이야기하는 것은 잘못됐다고 봅니다. 우리는 더 넓게 생각했습니다. 군사적이면서, 정치적이고 동시에 외교적인 활동이었습니다. 당시에 우리는 전쟁을 단계적으로 축소시키기를 원했습니다. 이건 아주 포괄적인 행위라 할수 있습니다. 군사전략인 동시에 정치 전략이었습니다. 우리도 적을 섬멸할 수 없다는 걸 알고 있었습니다. 하지만 미군의 싸울 의지는 없앨 수 있다고 생각했습니다. 그게 구정 대공세의 이유입니다."

그러나 베트남에서 철수한 미군은 전투에서는 한 번도 패하지 않았음에도 결국은 패배의 멍에를 짊어지고 철수할 수밖에 없었던 이유를 이해하지 못했다.

"실제 전장에서 미 육군은 무적이었다. 전투에 전투를 거듭할 때마다 베트콩과 북베트남군은 막대한 손실을 입고 패주했다. 그러나 마지막 승자는 미국이 아닌 북베트남이었다. 우리는 모든 전투에서 승리했는데, 결과는 비참한 패배자가 된 이유는 무엇인가?"[80]

서머스 대령은 이런 괴로운 의문을 풀기 위해 「미국의 월남전 전략」을 저술한다. 베트남에서 치른 전투에서 한 번도 패하지 않았다. 베트남 전쟁은 전투력, 군사기술의 우위가 반드시 전쟁의 승리를 보장하는 것이 아님을 보여주었다. 전쟁의 승패가 단지 군사적 측면으로만 설명될 수 없다는 것이 자명해졌다. 군사기술은 만병통치약이 아니며 전쟁에서 승리하기 위한 필요조건이지 충분조건이 아니었다.

전략의 성공은 군사적인 것에만 의존하는 것이 아니라 정부와 국민에게도 달려 있으며, 군사적으로 승리하면서도 정치적으로 패배할 수 있음을 설명한다. 서머스 대령은 클라우제비츠의 「전쟁론」에서 문제해결의 실마리를 발견한다. 클라우제비츠는 '전쟁에 크게 영향을 미치는 핵심적인 요소는 국민, 군대 그리고 정부'라고 말한다. 이 세 가지 요소는 서로 깊이 연관되어 있어서 어느 한 요소를 무시하거나 인위적인 영향을 미치게 될 경우, 현실과 모순을 일으켜 전쟁에서 실패하게 된다는 것이다.

---

80 Harry G. Summers, 민병식 역, 「미국의 월남전 전략」 (1983), p.15

8

알리, 로프 어 도프 전략[81]으로
포먼을 잡다

● ● ●

"대체 어떻게 해야 '위대한 사람'을 상대할 수 있을까요? 위대한 사람은 잽이니 라이트니 하는 것으로는 상대할 수 없습니다. 스스로가 그에 걸맞은 위대한 사람이 될 수 있어야만 상대할 수 있습니다. 가장 훌륭한 복서, 훌륭한 펀처를 찾는다면 알리를 찾지 마십시오. 하지만 사상 최고의 압도적인 존재감을 발휘한 사람이 누구였는가 궁금하다면, 그가 바로 무하마드 알리입니다."

– 조지 포먼

전 헤비급 챔피언 조지 포먼이 알리를 추모하면서 한 이야기

---

81 스스로 코너로 찾아 들어가 로프의 탄력에 몸을 맡긴 채 상대 선수의 펀치를 피하거나 파워를 흡수시키는 전략이다.

이다. 25세라는 젊은 나이에 40전 40승 39KO 무패를 자랑하던 자신의 권투 인생을 완전히 바꾸어버린 경쟁자에 대한 평가가 이렇게 호의적이다. 이 두 사람 사이에 어떤 일이 일어났길래 이런 평가가 가능했을까?

1974년 10월 30일, 알리는 WBC · WBA 챔피언 조지 포먼과 자이레(현 콩고민주공화국) 킨샤사에서 맞붙게 된다. 일명 '정글의 혈전(The Rumble In The Jungle)'이라고 불린 이 경기에 걸린 개런티는 1,100만 달러였다. 이전까지 있었던 모든 복싱경기의 기록을 초월하는 세기의 대결이기에 전 세계의 관심이 집중되었다. 전문가들과 도박사들, 복싱 팬들은 대부분 챔피언 포먼의 승리를 예상했다.

알리는 1960년 로마올림픽에서 라이트 헤비급에 출전하여 금메달을 획득하고 프로로 전향한 후, 1964년 세계헤비급 챔피언인 소니 리스턴을 제압하고 세계 챔피언에 등극한 최강의 복서였다. 하지만 그의 영광은 그리 오래가지 못했다. 1967년, 알리는 베트남전 징집을 거부하여 챔피언 타이틀은 물론 선수 자격까지 박탈당하게 된다.

이후 미국 연방 대법원의 무죄 선고로 프로 선수로 재기하지만, 1971년 챔피언 조 프레이저[82]에게 도전했다가 패배하며 명예

---

82 조 프레이저는 미국의 프로 복싱 선수이자 1964년 하계 올림픽 금메달 수상자이다. '스모킹 조'라는 별명을 갖고 있으며, 1970~1973년까지 헤비급에서 독보적인 챔피언이었다. 그는 또한 무하마드 알리를 이긴 최초의 권투선수였다.

에 손상을 입었다. 그리고 다시 재기하여 32세의 적지 않은 나이에 챔피언인 조지 포먼에게 도전장을 내민 것이다. 나이는 속일 수 없었다. 날렵했던 몸매는 이미 살이 붙기 시작했고, 나비처럼 날아다니던 빠른 스텝은 무거웠다.

반면에, 조지 포먼은 최고의 전성기를 구가 중인 챔피언이었다. 1968년 멕시코 올림픽에서 헤비급 금메달을 획득한 후 프로로 전향하였고, 1971년 알리를 제압했던 당대 최고의 복서 조 프레이저를 일방적으로 KO 시키고 챔피언 벨트를 획득하였다.

조지 포먼은 40전 무패라는 살벌한 전적과 키 191cm의 거구와 우람한 몸통을 가진 괴물이었다. 그가 휘두르는 펀치는 공포 그 자체였다. 가공할 만한 전투력은 펀치뿐만이 아니었다. 상대가 펀치를 날릴 시점을 미리 알아채고 블로킹하여 사전에 차단하는 방어기술이 매우 뛰어났다.

드러난 전력으로 볼 때 늙은이 취급을 받는 알리가 포먼을 이긴다는 것은 거의 불가능한 일처럼 보였다. 하지만 알리의 스태프들은 포먼이 너무 강하다는 점에서 약점을 찾는다. 그들은 포먼이 당대 최고의 펀치를 가진 복서로서 단 1번을 제외하고는 모두 KO 승으로 상대를 제압했으며, 최근 3년 이내에 포먼과 붙어서 5라운드를 넘긴 상대가 없을 정도로 단시간에 승부를 냈다는 사실에 주목했다.

알리 측에서는 포먼은 강력한 펀치를 앞세워 초반에 경기를 끝내려고 들 것이기 때문에 힘 대 힘으로 맞서면 승산이 없다고 판단했다. 그래서 포먼이 원하는 정면대결을 피하고 약자의 전략을 쓰기로 결심한다. 알리의 빠른 스텝과 펀치를 이용해서, 치고 빠지는 방식으로 포먼의 체력을 소모시킨 후 후반에 가서 승부를 거는 전략을 선택한다. 초반 라운드에서 점수를 잃어 전투에서 지는 한이 있더라도, 포먼이 힘이 빠진 후반에 승부를 걸기로 한 것이다.

알리의 약자 전략은 결전 장소인 자이레 킨샤사에 도착하면서부터 시작된다. 알리는 킨샤사 시민들 앞에서 '400년 만에 고향으로 돌아와 형제들 앞에 서게 됐다'고 인터뷰한다. 킨샤사 시민들은 알리가 스스로 아프리카의 후예라는 정체성을 인정하자 열광하지 않을 수 없었다. 현지인 모두를 자기편으로 만들어버렸다.

반면, 포먼은 세상을 읽는 눈이 아직 부족했다. 알리에 열광하는 현장 분위기에 주눅이 들어 빨리 알리를 때려눕히고 미국으로 돌아가고 싶었다. 훗날 인터뷰에서 포먼은 '나는 어렸고 내가 당시 무엇을 하고 있는지 몰랐다. 단지 내 앞길을 막는 것은 무엇이든 부수어버리겠다는 생각밖에 없었다'고 회고했다.

1974년 10월 30일, 6만 명이 넘는 현장의 관중들과 10억 명이 넘을 것으로 추정되는 전 세계 TV 시청자들이 지켜보는 가운데 경기가 시작되었다. 1라운드는 포먼이 경기 시작과 동시에 일방적으로 알리를 몰아붙였다. 알리는 치고 빠지고 도망 다니기에 급급하여 간간이 공격을 견제하기 위한 펀치를 날렸다. 2라운드가 되자, 포먼은 더욱 페이스를 올리며 알리를 압박한다. 켄 노턴과 조 프레이저를 2라운드에 KO시켰던 기억을 되살리며 알리 역시 초반에 끝장내겠다고 생각하는 것 같았다. 그러나 알리는 달랐다. 그누구도 예상하지 못했던 전략을 가지고 나왔다.

그것은 '로프 어 도프' 전략이다. 당시 이 전략은 자살행위와도 같아 보였다. 당대 최고의 강펀치 소유자인 포먼을 상대로 스스로 코너로 들어간다는 것은 그냥 맞아 죽겠다는 것과 같았다. 알리는 로프에 몸을 기댄 채 포먼의 펀치를 피해내거나 로프의 반동으로 파워 펀치를 흡수했다. 포먼의 강력한 바디샷은 알리의 블로킹에 막혔고, 강력한 헤드샷은 로프에 기댄 채 멀어진 알리의 머리를 맞추지 못하고 허공을 갈랐다. 포먼은 복싱 인생에서 단 한 번도 경험하지 못한 알리의 로프 어 도프 전략에 말려들어 수렁에 빠져들게 된다. 포먼의 스피드는 눈에 띄게 떨어지고 펀치의 위력은 점점 약해졌다. 때리다가 오히려 지쳐버린 것이다.

운명의 8라운드가 되었다. 7라운드까지 열세에 몰려 도망만 다니던 알리는 지친 포먼을 상대로 드디어 반격을 시작하였다. 포먼의 펀치를 코너에서 받아내던 중 빠른 스피드로 포먼의 압박에서 빠져나오며 연타를 날린다. 원투 스트레이트가 포먼의 턱에 적중했고 포먼은 링 바닥에 쓰러지고 만다. 그리고 일어나지 못했다. 1967년, 챔피언 벨트를 박탈당한 후 7년 만에 당대 최강의 주먹을 가진 포먼으로부터 타이틀을 되찾는 순간이다.

이 경기는 지금까지도 복싱 역사상 가장 위대한 경기 중 하나로 평가받는다. 알리의 전략과 끈기가 빛을 발한, 복싱 경기 이상의 의미를 갖는 하나의 사건이었다. 시합 전 기자 회견부터 경기가 KO로 끝나는 순간까지 알리가 완벽하게 구상하고 연출한 전략적 승리였다. 자신의 강점을 잃은 노장이 최강의 젊은 챔피언을 맞이하여 어떻게 싸워야 하는지를 보여주었다. 승리를 위해 한 번도 시도하지 않았던 도전을 과감히 행한 용기와, 거센 공격을 견뎌내고 끝내 이겨낸 위대한 끈기의 승리였다.

그리고 팬들은 복싱 역사상 가장 강력한 주먹을 상대로 위험을 무릅쓰고 스스로를 로프에 고립시킨 알리의 용기에 열광했다. 자신의 신념을 위해 왕좌에서 내려왔던 알리가 스스로 힘으로 정상을 탈환한 것에 환호했다. 알리는 힘주어 이야기한다.

"용기란 두려움을 잊는 게 아니라 두려움에 맞설 줄 아는 것이다."

포먼의 재기

한편, 포먼은 알리에게 패배한 충격으로 실의에 빠져 은퇴를 선언한다. 전도사로 변신했던 그는 10년 후인 1987년 만 38세의 나이로 다시 링 복귀를 선언하여 복싱 팬들을 깜짝 놀라게 한다.

또다시 알리의 전철[83]을 밟는 것이 아닌가 하며 많은 사람이 우려했다.

그러나 그는 링에 복귀한 후 28승 2패를 기록하며 28승 중에서 25번을 KO승으로 장식할 정도였으니, 왕년의 무쇠 주먹이 조금도 녹슬지 않았음을 보여주었다. 드디어 포먼에게도 기회가 왔다.

1994년 11월 6일, 미국 라스베가스에서 포먼은 만 45세의 나이로 WBA-IBF 통합 챔피언 무어러와 타이틀전을 벌였다. 무어러는 그보다 무려 19세나 어렸고, 그때까지 35연승 행진을 기록할 만큼 기량이 한창 절정에 달해 있었다. 이 시합에서 포먼이 이긴다고 예측한 사람은 거의 없었다. 알리와 포먼이 1974년 경기할 때와 똑같은 반응이었다. 사람만 바뀐 것이다.

경기가 시작되었다. 보기 딱하게도 45세의 포먼은 9회까지 젊은 챔피언에게 계속 얻어맞고 있었다. 그러나 그것은 10회의 역전 KO승을 위한 전주곡에 불가했다. 계속 밀리던 그는 10회 회심의 결정타로 아들 또래의 젊은 챔피언 무어러를 링에 큰대자로 뉘었다.

이 경기로 조지 포먼은 그때까지의 에저드 찰리가 세운 최고

---

83 알리는 1980년 38세의 나이에 링에 복귀했으나, 재기전에서 래리 홈즈에게 기권패를 당하고 이듬해 트레버 버빅과 대결에서도 패배하고 은퇴했다. 영웅의 아쉬운 뒷모습이었다.

령 챔피언 기록인 37세를 무려 8년이나 갱신한 세계 복싱사상 최고령 챔피언이 되었다. 무하마드 알리에게 챔피언 타이틀을 내준 지 정확히 20년 6일 만이었다. 다시 챔피언에 복귀한 그는 이렇게 말했다.

"나는 이제 영원히 알리의 망령을 떨쳐냈다."

20년 전 알리와의 대전에서 당한 패배의 상처가 어느 정도였는지 짐작할 만하지 않은가? 그 아픔의 시간을 통해서 포먼은 성장할 수 있었다. 체력과 경기력은 나이가 들어감에 따라 떨어질 수밖에 없었지만, 세상을 보는 눈과 전략을 구사하는 능력은 날로 발전했던 것이다. 알리에게 당하면서 터득한 전략을 무어러를 상대로 제대로 보여주었다. 9회까지의 전투에서의 패배에도 이를 악물고 참으며 마지막 기회를 엿보다가, 결국 10회에 통쾌한 역전승을 거둔 것이다.

처음부터 끝까지 압도적으로 우위일 수 없거나, 오히려 열세의 상황이라면 위험을 무릅쓰고 모험을 감행하는 용기가 필요하다. 포먼도 알리처럼 전투에 지더라도 끝까지 참아서 마침내 전쟁에 이기는 모험을 감행해 승리했다. 20년 이상을 절치부심하면서 배운 약자의 전략이다.

알리와 포먼의 모습에서 어떤 분야이든지 최고의 경지에 도달하면 통한다는 사실을 다시 한번 깨닫게 된다. 이제 서두에 실었던 포먼이 알리를 추모하면서 한 말의 의미가 명확하게 다가온다. 최고는 최고를 알아보는 법이다. 강자일 때 약자에게 패하여 실의에 빠졌던 포먼은 오랜 기간 자신과의 싸움을 통해서 약자가 이길 수 있는 방법을 터득한 것이다. 마지막 승리를 얻기 위해서는 매 라운드마다 패배하는 일이 있더라도 결코 완전히 무너져서는 안 된다는 것을. 마지막까지 참으며 기회를 엿보면 언젠가는 한 번의 기회가 온다는 것을 믿었으리라.

알리와 포먼의 모습에서 강자도 언젠가는 약자가 된다는 진리와 약자도 약자의 장점을 잘 활용하면 이길 수 있다는 사실을 동시에 확인하게 된다. 절대적인 강자가 아닌 이상 전쟁에서 승리하기 위해서는 조그마한 전투에서 패배하는 것을 두려워하거나 창피하게 생각해서는 안 된다. 나아가 이를 더욱 적극적으로 활용할 필요가 있다.

9

호설암⁸⁴,
성공의 기회는 고난을 통해 주어진다

● ● ●

"변혁의 혼란이 소용돌이 친 19세기 후반, 호설암은 그 누구도 이룩하지 못한 신화적 드라마를 연출했다. 가난하고 비천한 출신이었으나, 시대와 권력의 흐름을 이용해 거대한 재산을 형성하는 지략을 발휘했다. 태평천국의 난 등 개혁의 혼란 속에서도 청 조정에 거액의 자금을 지원하고 이를 통해 사업에 대한 지원을 얻어 내는 수완은 타고난 사업가 기질이 없었다면 불가능한 것이었다."

스유엔이 쓴 「상경」에 나오는 호설암에 대한 평가이다. 그는 1823년 휘주⁸⁵에서 가난하고 비천한 집안 출신으로 태어난다. 선

---

84 청나라 말기의 사업가로 이름은 광용(光墉), 자는 설암(雪巖)으로 호설암이라고 불렀다.

85 중국 안후이성에 위치한 지급시를 말한다. 시내에 있는 황산은 중국에서 가장 유

친이 타개한 후부터 호구지책으로 청나라 시대의 금융기관인 신화 전장(錢莊)에서 도제[86]로 일했다. 그는 어려움 속에서도 배우는 것을 게을리하지 않았고 대인관계도 좋아서 모든 사람이 그를 좋아했다. 이런 성품 덕택에 호설암은 도제 생활을 시작한 지 3년 만에 신화 전장의 정식직원이 되었다.

그의 성품과 능력을 인정한 주인은 그를 수금사원으로 발탁했다. 그는 일 처리가 워낙 성실하고 꼼꼼하여 단 한 번도 실수하거나 부당한 이득을 취한 적이 없었다. 하지만 어느 날 전장에서 결손 처리된 자금으로 왕유령[87]을 도와준 사실이 드러나면서 전장에서 쫓겨나는 신세가 되고 만다.

호설암에게 무슨 일이 일어난 것일까? 평소 그의 성품으로 봐서는 그런 실수를 범하지 않을 사람이다. 그는 당시 상황을 다음과 같이 회고한다.

"나는 평생 이렇게 도제 자리에 머물러 있고 싶진 않았다. 항

명한 산악 경승지의 하나로 기송, 괴석, 운해, 온천의 '4절'이 세상에 알려져 있다. 1990년 12월 황산은 세계 유산에 등록되었다.

86 어려서부터 스승에게서 직업에 필요한 지식이나 기능을 배우는 직공을 말한다.

87 호설암의 출자로 절강염대사의 관직을 샀다. 그 후 자계, 정해, 은, 인화의 현령을 역임했으며, 백성들의 평판이 좋아 1855년에는 항주지부에 발탁되어, 절강순무 하계청(何桂淸)에게 그 재간을 인정받았다. 하계청이 양강총독에 취임하면서 강소안찰사가 되었고, 이어서 포정사로 발탁되었다. 이후, 항주성이 태평천국 군에 의해 포위되자 자결한다.

상 마음속으로 언젠가는 독립해 따로 전장을 열어 사업의 대열에 뛰어들 거라고 다짐했다. 이런 다짐이 있었기 때문에 내 마음대로 500냥의 은자를 가난한 선비 왕유령에게 주어 '경사에 가서 투공'[88]할 수 있게 하였다."

당시 그의 1년 급여가 20냥이던 것을 생각하면 500냥이면 정말 평생 모아야 만져볼 수 있을 거액이었다.

호설암은 왕유령의 무엇을 믿고 거금을 주었을까? 그는 왕유령의 잠재력을 꿰뚫어 보는 안목이 있었다. 지금은 형편없이 몰락한 선비이지만 장차 왕유령이 부귀와 권세를 누릴 인물이라 확신한 것이다. 단지 그에게 아직 분발의 기회가 찾아오지 않았고 도움이 되어줄 귀인이 나타나지 않은 것뿐이라고 판단했다. 그를 큰 인물로 만들기만 하면 평생을 믿고 의지할 수 있을 것이라는 계산이었다. 호설암은 자신의 전부를 왕유령에게 투자했다. 이 일을 계기로 두 사람은 의형제를 맺었다.

한편, 전장의 주인은 이 사실을 알고 격분하였다. 전장의 자금으로 인정을 베푼 일은 금전적 손실뿐만 아니라 좋지 않은 선례를 남긴 것으로 생각했다. 호설암은 결국 성실하고 유능한 직원에서 더 이상 믿을 수 없는 사람으로 낙인이 찍혀 쫓겨나는 신세가

---

88 청나라 때는 연관이라는 매관제도가 있었는데, 연관은 두 단계로 나누어져 있었다. 먼저 정부에 돈을 내고 집조하여 관원 자격증을 딴 다음에, 경사에 올라가 다시 돈을 내고 투공하여 정식 관직으로 전환하였다.

되고 말았다. 소문 때문에 다른 전장에서도 그를 받아주지 않았다. 하는 수 없이 항주를 떠나 상해로 갔으나, 생계가 막막해 힘든 막노동을 하며 간신히 허기를 달랬다. 상해에서의 재기 노력은 수포로 돌아갔다. 호설암은 다시 항주로 돌아와 청소와 막일을 하며 하루하루 끼니를 때웠다.

호설암이 지독한 불운에서 헤어나오지 못하고 있을 때, 왕유령은 어린 시절 함께 지내던 하계청을 만나게 된다. 당시 하계청은 호부시랑이라는 고관의 자리에 올라 황제의 총애를 받아 강소학정이라는 관직을 맡고 있었다. 하계청의 도움으로 왕유령은 절강 해운국의 좌판(坐辦)이 되어 쌀을 운송하는 관장이 된다.

호설암은 후에 관직을 얻은 왕유령에게 여러 차례 도움을 받아 장사를 해 많은 이익을 얻게 된다. 왕유령은 호설암에게 절강성의 군사와 관계된 일을 일임했고 이에 호설암은 군량미와 군수물자를 공급하고, 조운(漕運)[89] 등의 사무를 처리했다. 관리의 비호 아래 사업을 하는 호설암의 전장은 더할 수 없이 번성해 갔다.

1861년 호설암은 좌종당[90]과 인연을 맺으면서 한 번 더 크게

---

89 현물로 거두어들인 각 지방의 조세를 수도까지 선박으로 운반하던 제도를 말한다.

90 중국 청나라 말기의 정치가로 후난성 출신이다. 1852년 이후 증국번의 상군을 지휘하여 태평천국의 난을 진압하였다. 1866년 중국 최초의 관영 조선소를 만들어 양무운동의 선구자가 되었고, 1876년 흠차대신으로서 신장의 위구르족의 난을 진압했다.

성공한다. 그해 홍수전이 태평천국의 난을 일으키자, 호설암은 상해에서 군수물자와 군량미를 항주로 수송해 청나라 군대를 지원했다. 이 일로 호설암은 1862년 식량 공급을 담당하는 좌군판량대겸 운송을 책임지는 전운국무에 임명되었다.

호설암은 장사의 기본 원칙인 신용과 성실성을 지키려고 노력했다. 남의 눈을 속이는 장사는 처음에는 다소의 이익을 볼 수 있을지 모르지만, 결국에는 자신의 명성에 악영향을 미쳐 손해를 끼친다는 것을 알고 있었다. 그는 금융업 전장 운영, 약재 거래, 생사 유통, 군수품 조달 등 수많은 장사를 하면서 이 기본 원칙을 철저하게 지켜나갔다.

오랜 시련과 경험을 거치면서 호설암은 일개 전장의 점원에서 중국 역사상 유일한 홍정상인(紅頂商人)[91]으로 성장할 수 있었다. 당시 흠차대신[92]이었던 좌종당은 그를 '상인 중의 기인으로서 호협의 기질이 있다'고 칭찬했으며, 사상가이자 대문호인 노신도 '봉건사회의 마지막 위대한 상인'이라는 극찬을 아끼지 않았다.[93]

---

91 호설암은 태평천국의 난이 일어나자 청 조정에 군수품을 지원한 공이 인정되어 상인 최초로 1품 관직인 포정사함에 제수되었다. 관리에게만 허용하던 홍정모와 관복을 상인의 신분에게 극소수의 특례로 부여했기 때문에 '홍정상인'(紅頂商人)이라는 호칭으로 불리기도 했다.

92 청 제국의 관직명으로 특정 사안에 대해 황제로부터 전권을 위임받아 대처를 하는 특별한 관리를 말한다.

93 스유엔, 김태성 · 정윤철 역, 「상경」(2004), p.6

호설암은 왕유령의 사람됨을 알아보는 눈을 가지고 아무 조건 없이 큰돈을 건네주었다. 그것이 문제가 되어 인정받던 전장으로부터 쫓겨나는 신세가 된다. 전쟁에 비유한다면 전투에서 패배한 것이다. 많은 사람들이 호설암을 오해하고 비난하였지만 자신의 판단을 믿었고, 왕유령은 호설암의 기대에 부응했다. 그 이후로 호설암의 사업은 순풍에 돛을 단 듯이 잘 풀리게 되었고 왕유령과 그를 통해 알게 된 좌종당이 승승장구하면서 그의 투자는 확실한 이익으로 돌아왔던 것이다.

자신을 희생하면서까지 왕유령을 도우려는 마음이 전투에서는 지더라도 전쟁에는 이기려는 전략적 마인드를 갖는 것과 같다. 이러한 과정을 통해 사람의 마음을 얻고 아무나 흉내낼 수 없는 대상인으로 성장할 수 있었던 것이다. 눈앞의 이익에 집착하여 더 큰 기회를 놓치는 우를 범하지 말아야 한다.

BEYOND WEAKNESS

제4장

가용수단(Means) : 당신의 숨겨놓은 무기는 무엇인가?

"장궁대의 긴 활은 끊임없이 프랑스의 장갑기병을 쓰러트렸다.
프랑스 기마병의 갑옷과 투구를 쉽게 뚫어버렸다.
영국군과 근거리 접전을 한 병사는 한 명도 없었다.
프랑스 기병은 파도처럼 진격을 거듭했고 대학살을 당했다.
영국군의 장궁대의 승리였다."

백년전쟁 기간에 일어난 크레시 전투의 모습을 묘사한 글이다. 무엇이 막강한 전력의 프랑스 기병대를 패하게 했을까? 그 주인공은 장궁대이다. 장궁대는 기존의 활의 위력과는 많은 차이가 있었다. 사정거리도 프랑스 석궁에 비해 사거리가 2배, 발사율이 6배에 달했다. 그 위력도 대단하여 장궁대가 등장하면서 유럽에서의 게임의 룰이 바뀌게 된다. 이제 더 이상 전통적인 기마병이 힘을 쓸 수 없게 된 것이다.

이와 같이 기술혁신은 일거에 전쟁의 룰을 바꾸어버린다. 고대 로마의 스콜피오, 중세 유럽의 장검, 제1차 세계대전의 철조망과 기관총, 제2차 세계대전의 전차와 핵무기가 대표적인 게임 체인저 역할을 했다. 새로운 무기체계의 등장은 기존에 전장을 지배하던 무기체계를 무력화시키며 게임 체인저로 등장한다. 미래의 전장

에는 로봇이 주인공이 될 것이다. AI와 빅데이터 기술의 발달은 죽일 상대를 스스

로 판단하는 로봇을 만들 것이다.

기업경쟁에서도 마찬가지이다. 핵심기술의 발명은
기존에 시장을 지배하던 제품을 한순간에 사라지게 한다.
디지털 카메라의 등장으로 필름이 사라졌고,
아이폰을 개발하여 아이팟이 한순간에 사라졌다.

시장에도 비장의 무기가 게임의 룰을 바꾼다.

비장의 무기, 게임의 룰을 바꾸다

"3중 철망은 쐐기풀처럼 짓밟혔고, 보병이 통과할 수 있도록 350
군데 통로가 만들어졌다. 전선 참호의 수비군들은 방어하기 위해
대피호와 은신처에서 기어 나왔다가, 거의 그들 앞에 이른 선두 탱
크를 보고 … 이루 형언할 수 없이 겁에 질린 표정을 지었다."[94]

1917년 11월 20일, 캉브레 전투[95]에 참전했던 브라운(Browne)
대위는 영국군이 탱크로 대규모 집단 공격하는 광경을 처음 보았
을 때 놀랐던 기억을 위와 같이 증언하고 있다. 1916년 솜므 전투

---

94 버나드 로 몽고메리, 승영조 역, 「전쟁의 역사 II」 (1996), p.733

95 1917년 11월 20일, 영국군은 마크4 탱크를 보병들과 협력하여 공격한다. 1916년
솜므 전투에서 탱크를 최초로 사용한 적은 있으나 당시는 대규모로 집단운용하
지는 않았다.

에서 최초로 탱크가 선보였으나, 영국군이 탱크를 대규모로 사용한 것은 캉브레 전투가 처음이다. 아무런 사전 포격도 없이 500대[96] 이상의 탱크가 밀집대형으로 진격해 갔다. 효과는 대단했다.

그날 탱크는 전선 6.4km를 돌파했다. 정말 놀라운 기적이 일어난 것이다. '서부전선 이상무'라는 말이 유행했을 정도로 당시 서부전선은 단 1m도 돌파하기 어려운 진지전이 계속되고 있었다. 그런데 탱크를 집단으로 운용하여 영국군은 이 전투에서 1,500명의 인명 손실을 입었으나, 6.4km를 돌파하였을 뿐만 아니라 독일군 포로 1만 명을 잡고 200문의 대포를 포획하는 성과를 거두었다. 이전까지만 해도 제1차 세계대전은 참호, 철조망 그리고 기관총이 주인공인 진지전이 대세였다. 탱크의 등장으로 이제 게임의 룰이 바뀌게 되었다. 탱크의 돌진 앞에서 그동안 위력을 과시하던 철조망과 기관총은 힘을 잃고 말았다.

캉브레 전투는 탱크를 집중운용하여 방어진지를 돌파하는 최초의 작전으로 세계 전쟁사에 중요한 이정표가 되었다. 신무기는 게임의 룰을 바꿀 수 있을 정도로 혁신적이어야 한다. 그래서 상대방이 공황에 빠져 어떻게 대응하지 못하게 해야 한다. 예상하지 못했던 신무기의 위력은 이렇게 막강한 것이다. 비장의 무기는 전쟁

---

96 투입된 탱크 규모에 대한 기록이 모두 상이하다. 300대, 400대, 500대 등 다양하여 추가적인 확인이 필요하다.

의 판도를 한순간에 바꾸어놓는다.

기업 사이의 경쟁에서도 마찬가지이다. 매력적이고 강력한 성능의 신제품이 등장하면 기존의 제품은 힘없이 사라지고 만다. 한국 아이리버의 사례가 이를 잘 보여준다. 한때 MP3 플레이어의 세계 최강은 아이리버였다. 나도 아이리버 애호가였다. 크기가 작아 휴대에 편리하면서도 저장용량은 듣고 싶은 모든 음악을 저장할 수 있을 정도로 충분해 편하게 활용할 수 있었다.

그러나 애플의 아이팟이 출시되는 순간 아이리버는 빛을 잃고 말았다. 세련된 디자인과 아이튠즈를 이용한 음원 다운로드 서비스가 결합된 아이팟은 순식간에 아이리버 고객들을 빼앗았다. 애플은 당시 아이리버가 보유하지 못한 아이튠즈라는 비장의 무기로 소비자들을 감동하게 했다.

특히 '아이팟 터치'의 인기는 대단했다. 단지 음악만 재생하는 기계가 아니었다. '어플'을 통해 여러 가지 기능을 수행할 수 있었고, 손가락 터치만으로 모든 조작이 가능했다. 많은 소비자들이 환호했다. 이제 아이팟 터치의 인기는 오랫동안 지속되리라 예상했다. 그러나 예상은 크게 빗나갔다. 애플이 아이폰을 출시하면서 아이팟 터치의 인기도 언제 그랬느냐는 듯이 한순간 사라졌다. 애플에서 내놓은 아이폰이 자사제품인 아이팟 터치를 삼켜버린 것이다.

이와 같이 강력한 신제품은 기존 시장의 룰을 완전히 바꾸어버린다. 새로운 기술이 나오면 이전 기술에 의지하고 있는 제품은 무너지기 마련이다. 그래서 약자가 비장의 무기를 보유하게 된다면 언제든지 강자를 이길 수 있다. 게임의 룰을 바꿀 비장의 무기를 준비하라.

1
데이브 캐럴,
SNS를 통한 우아한 복수

● ● ●

유나이티드, 유나이티드

댁들이 내 테일러 기타 깨먹었죠?

유나이티드, 유나이티드

내 충고 한마디만 좀 합시다.

댁들이 깨먹었음 댁들이 고쳐놔야죠

댁들 책임이니까 좀 인정하시죠.

차라리 딴 항공사를 이용할 걸 그랬나요?

아니면 차라리 차를 몰고 다닐까요?

왜냐하면, 유나이티드 항공은 기타를 깨먹거든요!

데이브 캐럴(Dave Carroll)이 부른 〈유나이티드는 기타를 부숴 버리지(United Breaks Guitars)〉라는 노래의 후렴 부분이다. 이 노래는 컨트리풍 팝송으로 코믹한 것이 장점이다. 유튜브에 올린 지 3일 만에 100만 뷰를 넘기고 입소문을 타면서 전 세계로 퍼져나가 2020년 말 현재 2천만 뷰를 돌파했다. 왜 이 노래에 그렇게 많은 사람이 열광하는 것일까?

이 노래는 약자인 한 무명가수와 강자인 항공사와의 싸움 이야기를 담고 있다. 2007년 3월, 캐럴은 유나이티드 항공을 타고 핼리팩스를 떠나서 네브라스카로 가던 길에 시카고 오헤어를 경유하게 된다. 시카고 공항에서 캐럴의 뒷좌석에 앉아 있던 승객이 창밖에서 수화물을 함부로 던지는 수화물 운반직원들의 모습을 발견한다.

"세상에 저 사람들이 기타를 막 집어 던지네요?"

캐럴도 창밖을 보았다. 물건들이 날아다니고, 아스팔트 위에 집어 던져지고 있었다. 캐럴은 스튜어디스를 불러 항의했지만 아무런 대응도 없었다.

목적지인 네브라카에 도착해 캐럴은 기타의 목이 부러진 것을 발견했다. 400만 원 정도 되는 값비싼 기타였다. 미국 시카고 공항의 유나이티드 항공사 직원에게 항의했지만, 캐나다에서 항공권을 끊었으니 거기서 처리하라는 답만 들었다. 우선 자신의 돈 100만 원을 들여서 기타를 고치고 난 후 유나이티드 항공사 고객서비스센터와 계속 통화한다.

"우리 소관이 아니에요."

"죄송한데, 고객의 질문은 응대할 수가 없네요."

책임 떠넘기기가 계속되었고, 결국 1년 후에야 '본사에서 화물 수송 규정을 어긴 것이 아니기에 파손에 대한 보상의 의무가 없습니다'라는 항공사의 이메일을 받는다.

캐럴은 화가 났으나 이전과 같은 방법으로는 항공사라는 거인과 싸워 이길 수 없음을 깨달았다. 그리고 더 이상 화내지 않고 유나이티드 항공사의 무책임함에 대해 우아한 복수를 시작한다. '그래, 내가 제일 잘할 수 있는 노래를 만들자!'

그렇게 만들어진 노래가 〈유나이티드 항공은 기타를 부숴버리지〉이다. 유튜브에 올린 경쾌하고 재미있는 이 동영상은 1주일 만에 300만 명 이상이 보았고, 몇 달 동안 1,000만 명 이상이 그를 응원하며 동시에 유나이티드 항공사를 비난했다. 아이러니하게도 캐럴은 유나이티드 항공사를 비판하기 위해 노래를 만들었을 뿐인데, 이로 인해 더 유명해졌다. 오랜 무명생활에서 벗어나 가수로서 큰 인기를 누리게 된 그는 각종 프로그램의 인터뷰를 했고, 아이튠즈(iTunes) 같은 음원판매 사이트에서도 그의 노래가 크게 히트했다.

이제 다급해진 건 유나이티드 항공이었다. 이 동영상이 인터넷에 올라간 후 유나이티드 항공사는 많은 사람의 비난 속에서 주가가 나흘 동안 10%나 빠졌다. 2,000억 원의 손해를 본 것이다. 캐럴의 기타 5만 개를 사줄 수 있는 돈이다. 결국, 유나이티드 항공은 캐럴에게 사과하고 수리비를 보상했고 노래 동영상을 수화물을 다루는 직원들의 교육용으로 쓰겠다고 약속한다. 또한 악기 등 파손 우려가 있는 물품은 기내에 반입할 수 있도록 규정을 고쳤다.

이 사례는 초고속 인터넷이 지구촌을 하나로 연결하는 상황에서 약자도 얼마든지 강자의 불합리한 행동에 대하여 목소리를 낼수 있고, 싸워 이길 수 있다는 것을 보여준다. 누구든지 좋은 콘텐츠가 있다면 SNS를 통해 무료로 그것을 세상에 알릴 수 있고 많은 사람이 보게 된다면 그것이 힘이 되고 돈이 되는 세상이 되었다. 과거 인쇄술의 발달로 약자들이 쉽게 책을 접하게 되고 강자의 권위에 도전하는 계기가 되었듯이, 오늘날 통신기술의 발전으로 또한 번의 혁신을 만들 수 있게 되었다.

우리는 페이스북이나 유튜브 같은 대표적인 소셜미디어를 통해 대중과 쉽게 소통할 수 있다. 소셜미디어에서 콘텐츠가 기하급수적으로 퍼지기 시작하면 관련 상품은 초대형 인기 상품이 된다. 데이브 캐럴의 사례와 같이 한순간에 스타가 탄생한다. 약자일지라도 소셜미디어라는 거인의 어깨 위에서 강자와 싸울 수 있고, 마침내 승리할 수 있다.

2

아테네의 삼단노선,
강자 페르시아를 침몰시키다

• • •

페르시아의 공격에 위기감을 느낀 아테네인들은 델포이 신전에 전쟁에서 이길 방법을 알려달라고 청원하고, 델포이는 다음과 같은 신탁을 내놓는다.

"살고 싶으면 나무로 만든 벽 뒤로 숨어라! 그것만이 너희와 너희의 후손들을 구할 수 있는 방법이다."

아테네인들이 이 신탁을 이해하지 못하자 당시 아테네의 지도 자였던 테미스토클레스는 이렇게 말한다.

"나무로 만든 벽은 분명 배를 뜻합니다!

아폴로께서는 우리가 함선을 건조해 적들에게 맞서기를 바라고 계십니다."

이렇게 아테네에 해군이 창설되었다. 테미스토클레스는 아테네인들이 마라톤전투에서 페르시아군을 물리치고 승리에 취해 있을 때도 페르시아가 머지않아 다시 침공하리라 예상했다. 그래서 페르시아에 맞서 이기기 위해서는 아테네를 해양국가로 성장시켜야 한다고 믿었다. 그러나 아테네 지도층의 생각은 달랐다. 그리스의 중장보병으로 페르시아를 이길 수 있다고 생각했다. 아니, 그렇게 믿고 싶어했다.

거기에는 정치적인 계산이 깔려 있다. 이유는 다음과 같다. 당시 중장보병은 아테네의 시민들로 구성되어 있었다. 경제적인 능력이 충분한 시민들은 값비싼 전투장비와 운반할 노예를 살 만한 능력이 있었다. 반면에 노예들은 돈이 없어서 중장보병은 꿈도 꿀 수 없었다. 돈은 시민과 노예 신분을 명확하게 구분하는 수단이 된 것이다. 그런데 해군이 창설된다면 상황은 변하게 된다. 함선 1척당 200여 명의 노잡이를 고용해야 하는데 그 자리는 하층민이 채울 수밖에 없었다. 이것은 노예들이 경제적 능력을 갖춘 시민으로 신분상승할 수 있다는 의미이다. 지도층의 반대에도 불구하고, 페르시아의 위협이 현실로 다가오자 결국 테미스토클레스의 주장대로 해군이 창설되고 아테네는 함선 200척을 건조한다. 자연스럽게 노잡이로 하층민 2만여 명이 필요하게 된 것이다.

테미스토클레스는 페르시아라는 강자를 이기기 위해서는 견고한 배가 필요하다고 생각했고 기존의 배보다 규모가 훨씬 큰 삼단노선을 만든다. 삼단노선은 당시 최고의 기술력이 응집된 함선으로 훗날 살라미스 해전을 승리로 이끄는 비장의 무기가 된다.

당시 그리스 도시국가들은 380척의 함대를 가지고 있었다. 1,200척의 페르시아 함선과는 비교가 안 되는 숫자지만, 삼단노선은 기동성과 충격력에서 훨씬 뛰어났다. 단단한 뱃머리를 높이 세우고 최고속력으로 돌진하여 부딪침으로써 적선을 침몰시킬 수 있었다. 삼단노선의 길이는 40m, 폭은 6m로 170명의 노잡이가 3단으로 배열된 노를 하나씩 맡아서 저었다. 노잡이들이 박자에 맞춰 동시에 노를 저으면 단 몇 초 만에 9노트의 속력으로 수면 위를 질주할 수 있었다.[97]

또한 삼단노선에는 비장의 카드가 있었다. 선미에 장착된 충각이다. 뾰족하게 생긴 충각은 나무뿌리를 날카롭게 깎은 뒤 그 위에 청동을 입힌 것이다. 이 충각은 삼단노선이 신속히 적함의 현측으로 돌진하여 옆구리 부분을 들이받으면 충돌할 때 충격이 얼마나 큰지 이를 버틸 수 있는 배는 거의 없었다고 한다. 그러나 충각이 장착된 삼단노선만으로는 비장의 무기가 완성될 수 없다. 마지막 과제는 거대한 함선을 움직이게 하는 노잡이들을 훈련시키는 것이었다. 아테네의 자유민과 하층민들을 노잡이로 고용한 테미스토클레스는 노 젓는 훈련을 철저하게 시켰다. 노잡이가 지치지 않고 얼마나 일사불란하게 노를 저을 수 있는가가 승패를 결정짓기 때문이다. 이렇게 철저하게 훈련된 노잡이는 살라미스 해전에서

---

97 심현정, 「터닝포인트 10」(2009), pp.32~36

빛을 발하게 된다.

한편, 페르시아는 배를 더 크고 높게 만들었다. 높은 곳에서 아래를 내려다보고 싸울 수 있고, 대규모 병력을 운송하기 쉽기 때문이다. 하지만 배의 크기가 커지고 높아지면 무게중심이 위로 가게 되어 풍랑에 취약해진다. 그래서 파도가 높아지면 큰 배는 운항에 어려움을 겪게 된다. 이런 적의 약점을 간파한 테미스토클레스는 페르시아 함대를 살라미스 해협으로 유인한다.

페르시아는 큰 함선인데 반해, 그리스 함선은 선체가 견고한 돌격형 배로 설계되었다. 테미스토클레스는 이런 강점을 활용한 전략을 준비하고 있었다. 좁은 지형과 살라미스 해협 특유의 바람으로 인해 페르시아 함대가 대형을 유지하지 못하고 흐트러지자 그리스 함대를 이끌고 페르시아 함대 사이로 돌진해 격파했다. 큰 배에 삼단노선을 바짝 붙여 노를 젓는 측면으로 가서 노를 부러트렸다. 노가 무용지물이 된 페르시아 배들은 중심을 잃고 자기편 배들과 얽혀서 아비규환이 된다. 혼란을 틈타서 아테네군은 정면으로 공격하여 페르시아 배를 들이받고 일방적인 공격을 한다. 약 7시간의 격전을 치른 결과 페르시아 함선 200척은 격침되고 그리스 함대가 대승을 거둔다.

약자는 가용수단 면에서 늘 열세이다. 그러나 비장의 무기를 개발하고, 그 무기를 조직과 전략을 활용하여 창의적으로 활용한다면 능히 강자를 이길 수 있다.

에어비앤비, 숙박 사업의 룰을 바꾸다

인터넷의 장점을 활용하여 호텔업계의 사업의 룰을 바꾸어버린 기업이 있다. 바로 에어비앤비(Airbnb)이다.

"누가 자기 집에 낯선 사람을 들여놓겠어?"

2008년 에어비앤비가 처음 사업을 시작했을 때 대부분의 사람이 보인 반응이었다. 특히 실리콘밸리의 벤처 캐피탈의 반응은 부정적이었다. 그러나 2020년 9월 30일 기준으로 전 세계 560만 개의 숙소를 운용 중인 호텔업계의 최강자가 되었다.

코로나19는 물리적으로 사람들의 장거리 이동을 막았다. 이에 2020년 상반기 호텔업계는 직격탄을 맞았고 에어비앤비도 2분기 적자를 기록하였다. 하지만 코로나가 모든 이동을 막지는 못했다. 사람들은 해외로 나갈 수 없게 되자 자국 내 가까운 곳으로 이동하기 시작했고, 팬데믹으로 잠시 주춤했던 에어비앤비 사용자들도 근거리 이동을 재개했다. 이에 에어비앤비는 3분기 흑자전환에 성공하면서 2020년 12월 상장 잭팟을 터트렸다. 현재 시가총액은 1,000억 달러를 넘어서며 전 세계 호텔 체인 중 1위로 그 기업 가치는 무려 300억 달러 이상인, 우버와 더불어 가장 주목받는 스타트업이 되었다.

에어비앤비가 무엇이기에 이렇게 빠른 성장세를 보이는 것일까? 에어비앤비는 자기 집을 상품으로 내놓는 숙박 공유 플랫폼 기업이다. 손님에게 에어베드(airbed)와 아침(breakfast)을 내준다는 점에 착안해서 붙어진 이름이다. 숙박과 식사 문제를 한꺼번에 저렴한 가격으로 해결할 수 있고, 많은 사람들과 교감할 수 있어서 특히 젊은이들이 열광했다. 191개 이상의 국가, 3만4천 개 이상의 도시에 진출한 에어비앤비는 힐튼 호텔보다 더 많은 객실을 소유한 세계 최대 숙박 서비스가 된 것이다.

내 친구 하나도 이 사업을 하고 있다. 해외여행을 다니면서 여러 차례 에어비앤비를 써보다가 맘에 들어 아예 호스트가 되었다고 한다. 그의 말에 따르면 사업자가 컴퓨터 전공자일 필요도, 웹사이트를 만드는 기술이 없어도 된다. 쉽게 시작할 수 있고, 크게 실패할 두려움을 갖지 않아도 된다고 말한다. 이제 개인도 인터넷 플랫폼이라는 거인의 어깨에 앉아서 적은 자본으로도 얼마든지 호텔 강자와 경쟁할 수 있는 시대가 온 것이다.

이제 강한 한 명이 주인공인 시대는 끝났다. 모두가 연결된 약자들의 시대이다. 인공지능과 초연결 사회가 시작되었다. 그러므로 무엇이든 끊임없이 공유하고 연결하여 거인의 어깨 위에서 할 수 있는 플랫폼을 구축하라. 과거에는 이동하는 자만이 살아남았지만, 이제는 연결하는 자만이 생존하는 초연결 시대다.

3

다윗, 왜 갑옷과 창을 거절했을까?

• • •

"너희는 한 사람을 택하여 내게로 내려보내라. 그가 나와 싸워서 나를 죽이면 우리가 너희의 종이 되겠고, 만일 내가 이겨 그를 죽이면 너희가 우리의 종이 되어 우리를 섬길 것이니라."

– 사무엘상 17장 8~9절

사울 왕 앞에서 블레셋의 골리앗이라는 거대한 장수가 이스라엘 군대를 모욕하고 있었다. 그러나 아무도 대항하지 못하고 사시나무처럼 바들바들 떨고 있다. 이때 아버지의 심부름으로 형들에게 음식을 주고 안부를 묻기 위해 온 다윗이 골리앗의 소리치는 모습에 떨고 있는 이스라엘 진영을 보고 분노가 치밀어올랐다.

다윗은 골리앗을 대적하겠다고 나선다. 다윗의 형들과 사울은 말렸지만 결국 다윗은 이들을 설득한다. 사울이 주는 갑옷과 창도 거절한다. 지금까지 투구와 갑옷은 입어본 적이 없고, 창과 방패도 써 본 적이 없기 때문이다. 다윗은 자신에게 맞지 않는 무기와 장비는 모두 사양한다. 그리고 그가 양 떼를 지킬 때 사용하던 물맷돌을 선택한다. 그는 시내에서 매끄러운 돌 다섯 개를 주워 주머니에 넣고 손에 물매를 가지고 골리앗에게로 나아간다.

과연 두 사람의 싸움이 어떻게 되었을까? 모두의 예상을 뒤엎는 일이 발생했다. 먼 거리에서 멈춰선 다윗은 골리앗을 향해 돌팔매를 날리고, 그 돌은 골리앗의 이마에 정확하게 명중한다. 쓰러진 골리앗에게로 다가간 다윗은 골리앗의 칼을 뽑아 그의 목을 벤다. 골리앗은 공격 한 번 제대로 해보지 못하고 쓰러진 것이다.

싸움이 싱겁게 끝났다. 최강의 전사를 잃은 블레셋은 놀라서 도망쳤다. 상대가 되지 않을 것 같던 싸움에서 오히려 약자가 강자를 이긴 것이다. 왜 다른 이스라엘 군인들은 이런 손쉬운 싸움을 생각하지 못했을까?

당시에는 전쟁에서 칼과 창으로만 싸워야 한다고 믿었다. 그러나 다윗은 아무도 생각지 못한 방법을 사용했다. 다윗은 남의 것을 어색하게 흉내내려 하지 않았고 자신이 가장 잘하는 방법으로 싸웠다. 그는 칼과 창을 써보지는 않았지만, 돌팔매질하는 데는 도사였다. 다윗이 자기 장점을 활용하려는 시도는 거인 골리앗을 당황하게 했다. 약자의 전략은 상대방의 약점에 나의 강점을 적용하는 것이다.

약자인 다윗이 선택한 비장의 무기는 바로 물맷돌 즉, 투사(投射) 무기를 준비한 것이다. 지금이야 총, 포, 미사일 등 발사 무기가 대세이지만, 당시는 상상할 수 없는 방법이었다. 다윗은 골리앗의 투구 사이로 급소인 이마가 드러나는 약점을 보았다. 달려드는 사자와 곰도 돌팔매로 맞추어 죽였는데, 정지해 있는 거구의 골리앗은 너무나 명중하기에 쉬운 표적이었다.

　　다윗은 자신의 강점을 가지고 골리앗의 약점에 집중한 것이다. 다윗과 골리앗의 강점과 약점을 비교해 보면 아래 도표와 같다.

【다윗과 골리앗의 강점과 약점 비교】

	강 점	약 점
다윗	돌팔매질, 담대함	왜소한 체구, 경험 부족
골리앗	거대한 체구, 강한 힘, 용맹함, 갑옷/투구와 창, 오랜 경험	느림, 눈이 어두움

　　다윗과 골리앗의 이야기는 강점과 약점에 대한 일반인들의 인식이 합리적이지 않을 수 있음을 보여준다. 이 이야기가 주는 교훈은 명백한 비대칭성을 극복해 진정한 역량을 발견하면 기적이 일어날 수 있다는 사실이다.

　　그렇다면 다른 사람들이 보지 못하는 역량을 인식하는 방법이 무엇일까? 전투에서 승리한 부대의 행동만 살핀다면 그림의 일부만 보는 것이다. 승리한 부대가 있다면 패배한 부대도 있기 마련이다. 승리한 부대는 어떻게 객관적인 전력의 열세에도 불구하고 이길 수 있었을까? 약자의 예상 밖의 승리에는 반드시 이유가 존재한다. 승리한 부대의 전략을 모방하기 어렵게 만드는 특별한 비결이 있기 때문이다.

다윗의 사례도 마찬가지이다. 근접전을 전부로 알던 당시에 다윗은 원거리 전투를 들고나온 것이다. 한칼에 죽여버리겠다고 벼르고 있는 골리앗에게 다윗은 다가가지 않는다. 골리앗이 어찌할 수 없는 거리에서 물맷돌을 던진다. 다윗은 강자인 골리앗이 원하는 방법으로 싸움을 하지 않았다.

패러다임의 전환이 일어난 것이다. 이 상황에서 골리앗이 다윗을 모방하여 돌팔매를 던진다고 하여도 명중시키기는 쉽지 않았을 것이다. 하루아침에 길러지는 기술이 아니기 때문이다. 치명적인 전략은 상대방이 모방하지 못하게 하는 것이다. 다윗의 전략은 경쟁우위에 대한 관점의 전환에서 나왔다. 숨겨진 역량을 발견하여 훨씬 효과적으로 싸우는 방법이 약자의 전략이다.

세계적 베스트셀러 작가이자 경영 사상가인 말콤 글래드웰은 「다윗과 골리앗」에서 '사람들은 다윗의 승리를 기적이라고 이야기하지만, 사실은 예측 가능한 결과였다'라고 이야기한다. 물맷돌이라는 '신무기'를 다루는 다윗의 능숙함에 비해, 갑옷과 투구, 창과 방패로 무장했으나 골리앗은 몸집이 크고, 눈이 나빠서 민첩하게 대응할 수 없었다는 것이다. 다윗이 이길 싸움에서 이겼다고 평가한다. 그것은 골리앗이 원하는 싸움의 규칙을 거부하고 다윗 자신의 방식대로 싸웠기 때문이었다.

우리가 성공하기 위해서는 자신에게 가장 익숙한 무기를 사용해야 한다. 그러면 오늘날 우리에게 가장 '익숙한 무기'는 무엇일까? 그것은 우리 각자 가지고 있는 강점이다. 굼벵이도 구르는 재주가 있듯이 사람은 각자 나름대로 잘하는 것이 있다. 그것을 개발할 때 각자 그 분야에서 성공한 사람이 되는 것이다. 불행하게도 많은 사람이 자신이 무엇을 제일 잘하는지를 모른 채 이것저것 손을 대다 세월을 허송한다. 인생에 성공하기 위해서는 자신이 제일 잘하는 것을 발견하고 그것에 더 많은 시간을 투자해야 한다. 어떤 사람은 인생에 성공하기 위해 자꾸 약점을 보완하려고 애를 쓴다. 그런데 약점만 보완해서는 장점이 없는 평범한 사람이 되니 인생에 성공할 수 없다. 강점을 최대한으로 살려야 성공할 수 있다.

어떤 특성이 자신의 강점인지를 식별하기 위해 주목해야 할 핵심 단어는 성공, 반복, 만족 세 가지이다. 성공을 예상할 수 있어야 하고. 그 성공을 반복해서 달성할 수 있어야 한다. 어쩌다 한번 성공한 것을 강점으로 착각해서는 안 된다. 아울러, 그 과정에서 스스로 만족하는지가 중요하다. 한마디로 표현하면, 만족할 만한 성공을 반복적으로 이루어내는 분야가 있다면 그것은 분명한 강점이다. 이 세 개의 요소가 선순환하면서 순발력, 성실함, 소통력

같은 기본자질이 향상된다면 진정한 강자가 될 수 있다.

세계적으로 유명한 리더십 대가인 존 맥스웰은 이렇게 말한다.

"자기의 강점에 70%를 투자하라. 그리고 새로운 일에 25%를 투자하라. 그리고 자기의 약점을 보완하는 데에는 단지 5%만 투자하라. 내가 잘못하는 것은 잘하는 사람에게 맡기고, 자신이 잘할 수 있는 것에 최대한의 시간과 모든 정력을 투자하라."

세계적인 경영학자인 피터 드러커도 '자신의 강점에 집중하는 것이 성공비결'이라고 했다.

여기서 살펴본 전례 외에도 전쟁의 역사에는 과거의 무기와 싸우는 방법만 고집하다가 패배한 전투도 많다. 승자는 항상 새로운 무기와 새로운 조직 등 변화하는 사회질서를 극대화하는 전투 방식을 취했다.

과거의 전쟁이 파놓은 함정에 빠져서는 안 된다. 특히, 승리한 전쟁의 기억은 빨리 잊어야 한다. 변화된 환경에 집중하면서 나의 강점을 어떻게 활용할 것인가에 집중하는 것이 승리의 비결이다. 강점의 활용 방법에는 정해진 답이 없다. 이론화된 전략과 전술의 원칙을 상황에 맞게 창의적으로 적용해야 한다. 그래서 우리는 전략을 예술(Art)이라고 한다.

4

빅데이터, 약자도 강자가 될 수 있다

• • •

   아마존, 애플, 페이스북, 구글. 이들 기업의 공통점은 무엇일까? 4개의 거인기업은 어마어마한 데이터 수집을 통해 소비자들의 기호를 파악하고 이들에게 맞춤형 정보를 제공하여 돈을 벌고 있다. 이들은 어마어마한 데이터에 기반한 플랫폼을 운영함으로써 기존의 물류와 정보의 유통기업을 위협하고 있다. 이들의 성공비결은 막대한 데이터에 기반해 인간의 본성을 자극하는 것이다. 단순히 합리적 소비력을 제공하는 것에 그치지 않고, 인간의 본성에 초점을 맞추고 있다. 아마존과 구글은 합리적 소비와 지식을 제공한다.

   예를 들면, 인터넷 서점 아마존은 내가 지금까지 아마존에서 검색하고 구입한 책의 목록을 분석하여 내 취향을 파악하고 내 관심 분야의 책이 발간될 때마다 알려준다. 페이스북은 포스팅된 글을 통해 글쓴이의 심리상태나 생활패턴을 파악하여 친밀함과 연결을 추구한다. 애플은 섹시함을 자신의 이미지와 역량에 결합하고 있다. 애플 기기의 디자인은 미학적 가치가 디지털 기기에 얼마나 중요한지를 말해 준다. 두드리던 키보드에서 부드러운 터치로 연결되는 세상을 애플이 만들었다.[98]

오늘날 정보는 더욱 중요하다. 올바른 정보가 올바르게 제공될 때 한 사람의 인생이 바뀌기도 한다. 하지만 정보에 대한 비용은 점차 줄어들고 있고, 심지어 무료인 경우도 많다.

그런데 블룸버그는 한 번도 정보를 무료로 제공한 적이 없다. 무료정보가 넘쳐나는 현실에서 블룸버그가 돈을 받고 정보를 파는 일은 어떻게 가능했을까? 여러 정보와 결합해서 더 희소하고 더 가치있는 정보를 만들었기 때문이다. 이 정보가 주식시장에서 위력을 발휘하자 소비자들의 주문이 쇄도했다. 블룸버그는 회원들에게 전용 단말기를 통해 정보를 판매했다. 블룸버그는 지금도 네 거인의 지배 사이에서 확고한 영역을 지키고 있다.

블룸버그, 해고는 억만장자가 되는 절호의 기회

마이클 루벤스 블룸버그는 1942년 2월 14일에 태어나 매사추세츠주 보스턴 교외에서 폴란드 유대인 이민자 가정의 아들로 자랐다. 그의 아버지 헨리 블룸버그는 유제품 회사의 회계 관리자였

---

98 김정운, 「에디톨로지」 (2014), p.137

다. 그는 1962년 존스홉킨스대학 전기공학과에 입학했고, 졸업 후에는 특이하게도 하버드 대학 경영대학원에 지원해 합격했다.

1966년, 블룸버그는 대학원 졸업 후 진로를 고민하다 친구의 권유로 뉴욕의 살로몬 투자은행에 입사해 증권거래와 시스템 개발 업무를 담당한다. 그리고 입사 15년 만인 1979년 초고속 승진으로 파트너 자리까지 오르지만 1981년 솔로몬 은행은 다른 기업에 팔리고 만다. 블룸버그는 1,000만 달러(약 120억 원)의 퇴직금을 받는 대가로 파트너 지위를 넘기고 39살 젊은 나이에 순식간에 실업자가 되었다.

잘 나가던 직장에서 하루아침에 해고당하지만 그는 오히려 해고를 창업의 기회로 삼는다. 그동안 쌓아온 증권과 컴퓨터 시스템 경험을 활용해 사업을 시작한다. 블룸버그는 비록 해고된 약자의 신세가 되었으나 증권과 컴퓨터 시스템에 관한 전문성에서는 누구보다 강한 무기를 가지고 있었다. 1982년 자신의 퇴직금을 이용해 '이노베이티브 마켓 시스템'을 세우고 월가의 증권사에 꼭 필요한 금융정보를 실시간으로 제공하는 단말기 장사에 나선 것이다.

그의 예상은 정확하게 맞아떨어졌다. 몇 주 전 주가를 확인하려면 신문을 뒤져보아야 했던 당시 상황을 고려하면 증권업계에서 '마켓 마스터 단말기'는 획기적인 서비스였다. 사업은 날개를 단 듯 성장했고, 1986년 자신의 이름을 딴 '블룸버그 유한회사'로 회사명을 바꾼 이듬해 단말기 수는 5,000대를 돌파한다.

블룸버그의 초기 단말기는 불편한 점이 많았다. 전부 영어로 되어 있고 컴퓨터를 잘 활용할 줄 아는 소수의 인원만 사용할 수 있었다. 그러나 필요한 정보가 실시간 제공된다는 장점이 모든 단점을 덮어버렸다. 아무리 비싸고 불편해도 쓰지 않을 수 없었다. 블룸버그의 영업이익률은 30%를 넘나들게 된다. '땅 짚고 헤엄치기'처럼 쉬운 일이었다.

블룸버그는 정보를 수집해서 가공해 데이터로 보여주는 것이 얼마나 위력적인가를 40년 전에 깨달았다. 이후 통신과 TV 등을 세우며 미디어 쪽으로 사업을 확장한 블룸버그는 회사 지분 85% 이상을 보유하고 있다. 2020년 10월 미 포브스가 집계한 미국 부자 순위를 보면 블룸버그의 재산은 534억 달러로 전체 8위였다.

인공지능(AI), 데이터가 힘이다

2016년 3월 어느 날, '이세돌 대 알파고' 세기의 대결이 펼쳐졌다. 이세돌 9단과 구글의 바둑 AI 알파고가 대국하는 모습이 공중파와 YTN 등 각종 언론에서 생중계되었다. 결과는 놀랍게도 4승 1패로 알파고의 승리였다. 단순작업을 하는 로봇이 아니라 특정 분야에서 인간의 지적 능력을 능가하는 인공지능(AI)이 현실로 다가왔다. 이제 멀지 않아 인간은 인공지능과 일자리 경쟁을 해야 할 날이 올 것 같다.

한편, 2020년 8월 18일 존스홉킨스대학의 한 연구소에서는 홍미로운 이벤트가 열렸다. '알파 독 파이트(Alpha Dog Fight)', 즉 실제 전투기 조종사와 AI가 항공전 시뮬레이터로 공중전을 벌인 것이다. 결과는 예상을 깨고 5 대 0, AI의 완승이었다. 충격적이게도 AI는 15발을 쏴 인간 조종사의 전투기를 5번이나 격추시킨 반면, 인간 조종사는 단 한 발도 쏘지 못했다. AI 탑재 전투기가 단독으로 임무를 수행한다는 내용의 영화 〈스텔스〉[99]의 장면을 조만간 SF영화가 아닌 현실에서 볼 수 있을지도 모를 일이다.

제4차산업혁명 시대를 맞이하여 인공지능, 빅데이터, 사물인터넷, 드론봇 등 수많은 새로운 개념들이 등장하고 있다. 가만히 들여다보면 이들은 모두 데이터를 기반으로 한다. 그래서 오늘날 정치, 경제, 사회, 의료, 금융 등 모든 분야에서 데이터가 새로운 화두로 등장했다. 과학기술의 진화와 코로나19의 대유행으로 AI 기반 디지털 산업이 성큼 현실로 다가온 것이다.

최근에는 인공지능의 발달로 애널리스트 수가 줄어들고 있으며, 애널리스트 대신 AI가 직접 기업을 분석해 보고서를 쓰기도 한다. 이를테면 한국투자증권의 경우 AI가 주말을 제외하고 매일 한국과 미국의 몇몇 기업들을 골라서 주가 추이, 뉴스, 성장성, 수익성, 밸류에이션, 배당 등을 분석한 보고서를 쓴다. 최근 암호화폐,

---

99 2005년 개봉한 영화 〈스텔스〉에는 인간과 같은 판단능력과 조종실력을 갖춘 인공지능 전투기 '에디'가 등장한다. 15년 전 인간과 함께 작전을 수행하는 인공지능 전투기를 상상한 것만으로도 시대를 앞섰다고 평가받을 수 있다.

무인점포 등이 본격화되고, 재택근무 확산 등 노동환경의 변화가 가속화되고 있다. 홈오피스, 사무 자동화, 온라인 유통 확산 등 산업구조가 개편되고 있다.

이러한 거대한 변화의 흐름 속에서 일상을 그냥 지나치지 않고 자신만의 독특한 시선으로 대상의 특징을 읽어내고 연결할 수 있다면, 그 다른 시선 하나만으로도 4차산업혁명이라는 거인과 함께 강자를 싸워 이길 수 있다. 조금만 시선을 다른 곳으로 돌려보자. 블룸버그가 40년 전에 생각했던 것처럼, 지금도 우리 주변에는 착안할 수 있는 아이디어가 넘쳐난다. 예를 들면, 자율주행 자동차를 위한 자동차 운행 정보 빅데이터, 세계 게임 시장에서 돌고 있는 게임 정보, 유튜브에 올라와 있는 경제정보 빅데이터 등 이런 데이터를 잘 가공하면 의미있는 정보를 생산할 수 있다. 어찌 보면 블룸버그처럼 땅 짚고 헤엄칠 수 있는 것이다.

오늘날은 정보통신 분야 인프라가 더 많이 발전하였기 때문에 누구나 쉽게 접근할 수 있다. 약자에게도 기회의 창은 열려 있다. 시장성 측면에서는 더 넓은 소비시장이 열려 있는 것이다. 수많은 정보를 어떻게 연결하여 의미있는 데이터를 만들어낼 수 있느냐의 문제이다. 인간의 힘만으론 제한된다. 인공지능의 힘을 빌려 많은 정보에서 어떤 패턴을 찾아 우리에게 꼭 필요한 정보를 만들 수 있다면 수요자는 넘쳐날 것이다. 그러면 블룸버그처럼 큰돈을 벌 수 있다.

5
현무2, 비장의 무기를 갖게 되다

● ● ● ●

현무2가 목표물을 정확히 명중시켰다. 대통령을 포함한 모든 참석자가 일어나서 환호성을 질렀다. 2017년 6월 23일, 국방비서관으로 대통령을 모시고 국방과학연구소(ADD) 미사일 발사시험장을 방문했다. 새로 개발한 사거리 800Km 신형 미사일을 시험 발사하는 날이었다. 당시 북한이 핵실험과 미사일 시험 발사를 계속하는 상황에서 대북 경고 의미도 담고 있었다. 시험 발사는 성공적이었다. 눈물이 울컥 쏟아졌다. 왜 그랬을까?

이야기는 7년 전으로 거슬러 올라간다. 합참에서 군사전략 과장을 하고 있을 때이다. 당시 북한의 핵개발 노력은 계속되고 있었다. 핵의 투발수단[100]으로 미사일과 장거리 사격이 가능한 장사정

---

100 핵폭탄을 투발하는 수단으로는 비행기나 미사일이 있다. 북한은 IL-28와 An-2 등

포(Long Range Artillery)¹⁰¹의 위협은 이미 현실화되고 있어서 만약 북한이 핵 개발에 성공한다면 우리는 핵이 아닌 방법으로 북한의 핵 도발에 대비해야 하는 심각한 전력 불균형 문제를 맞게 된다. 따라서 북한의 장사정포와 미사일을 타격할 수 있는 한국의 미사일 개발이 시급하게 된 것이다.

한국은 공식 외교채널을 통해 미국과 '한미 미사일 지침'[102] 개정을 위한 협의를 시작한다. 당시 한국군의 미사일 사거리는 500km로 제한되어 있었다. 협상 초기 미국은 한국의 요구에 부정적이었다. 미국은 한국의 미사일 사거리 연장이 중국을 자극할 수 있다고 우려하고 있었다. 그래서 군사적으로 꼭 필요한 것인지를 한미 군사 당국자들이 먼저 협의하기로 했다. 급하게 양국 합참에 협상단이 구성되고, 나는 한국 합참의 협상 대표가 됐다. 1년 이상의 오랜 시간을 미국과 한국을 오가며 협상에 임했지만 쉽지 않았다.

을 보유하고 있으며, 탄도 미사일로는 노동 미사일과 무수단, 잠수함 발사 탄도 미사일(SLBM)인 북극성, 대륙 간 탄도 미사일인 대포동 등을 보유하고 있다.

101 북한 장사정포는 170mm 자주포와 240mm 방사포가 대표적이다.

102 1978년 박정희 정부는 백곰 미사일 개발에 성공했다. 미국의 카터 행정부는 우려를 표명했다. 1979년 9월 존 위컴 주한미군 사령관이 탄도 미사일 개발을 중단하라는 권고 편지를 보냈으며, 이에 대해 노재현 국방부 장관이 서면으로 동의했다. 이 동의 서한을 미사일 지침이라고 부른다. 2021년 5월 21일, 한미 정상회담에서 미사일 지침을 완전히 해제하며 미사일 능력 개발의 족쇄가 풀리게 되었다.

북한의 장사정포와 미사일을 무력화시키기 위해서는 사거리 연장이 군사적으로 꼭 필요함을 미국 합참에 설득하는 것은 결코 쉬운 일이 아니었다. 1년에 걸친 마라톤협상을 마친 후, 국방부와 외교부 차원의 논의가 이어졌다. 다시 양 측의 지루한 협상이 계속되었다. 미국 국무부를 설득하는 것은 정말 어려웠다. 2012년 10월, 마침내 한국과 미국은 미사일 지침 개정안에 합의했다. 그리고 또 5년의 세월이 흘러서 개정된 미사일 지침에 따라 개발한 현무2를 시험 발사한 것이다.

협상 당시의 힘들었던 고비들이 주마등처럼 지나간다. 협상 대표로서 밤을 새워가며 전문가들과 기술적인 문제를 논의하고 논리를 만들었다. 서로 얼굴을 붉혀가며 치열하게 협상에 임했는데, 그때는 막연히 상상만 했던 무기가 개발되어 실험에 성공한 것이다. 어찌 가슴 설레지 않았겠는가?

이처럼 하나의 무기체계를 개발하는 데는 오랜 시간이 걸린다. 시간뿐만 아니라 엄청난 예산이 필요하고 무엇보다 군에서 요구하는 기술 수준을 충족시켜야 한다. 그래서 어떤 무기체계는 필요성이 제기되고 나서 개발하는 데 20년 이상 걸리는 것도 있다. 이번 신형 탄도미사일 개발 성공으로 북한 대부분 지역에 대한 타격 능력을 갖추게 되었다. 북한이 한반도에서 핵을 사용 시 주요 투발수단이 미사일인데, 이제 북한 어느 지역이든지 미사일의 발사징후를 발견하면 먼저 타격할 수 있는 수단을 확보하게 된 것이다.

2021년 5월 21일(현지시간) 열린 한미 정상회담에서 우리가 미사일 개발을 하는 데 족쇄였던 '한미 미사일 지침'이 전면 해제하기로 했다는 낭보가 전해졌다. 미국은 지금까지 비확산 정책의 일환으로 한미 미사일 지침 준수에 단호한 입장이었다. 그런데 미중 패권경쟁이 심화되면서 동맹의 미사일 능력을 향상하여 중국을 견제한다는 방향으로 전략이 바뀌면서 이번에 한미 미사일을 전면 폐기하게 되었다. '미사일 주권'을 제약하는 핵심내용인 800km의 사거리 제한이 풀리면 우리 군이 북한은 물론, 중국과 일본 등 동북아 전역을 사정거리로 하는 미사일 능력을 갖출 수 있게 된 것이다. 현무2 발사시험의 성공과 '한미 미사일 지침' 전면 해제는 가용수단 확보라는 측면에서 매우 중요한 이정표가 되었다.

게임의 룰을 바꿀 비장의 무기를 보유하게 되었을 뿐만 아니라, 이제 북한 전 지역을 공격할 수 있는 수단을 확보하게 되어 북한이 미사일 기지를 우리 미사일이 사거리 밖에 배치하는 노력이 더 이상 효과를 발휘할 수 없게 된 것이다. 또한, 미국과 미사일 지침을 개정하기 위한 협상을 통해서 미국의 우려를 불식하면서 우리에게 필요한 능력을 확보할 수 있게 된 것이다.

비장의 무기는
제대로 활용될 때 빛을 발한다

"집안이 나쁘다고 탓하지 말라.

나는 아홉 살 때 아버지를 잃고 마을에서 쫓겨났다.

가난하다고 말하지 말라.

나는 들쥐를 잡아먹으며 연명했고,

목숨을 건 전쟁이 내 직업이고 내 일이었다. …

배운 게 없다고 힘이 없다고 탓하지 말라.

나는 내 이름도 쓸 줄 몰랐으나 남의 말에 귀 기울이면서

현명해지는 법을 배웠다. …

적은 밖에 있는 것이 아니라 내 안에 있었다.

나는 내게 거추장스러운 것은 깡그리 쓸어버렸다.

나를 극복하는 그 순간 나는 칭기즈칸이 되었다."

인터넷에서 '칭기즈칸의 편지'를 검색하면 위의 내용이 있는 블로그를 수천 개나 발견할 수 있다. 하지만 이는 칭기즈칸이 직접 남긴 글이 아니다. 1998년 김종래 작가가 「밀레니엄 맨 칭기스칸」을 출간하며 칭기즈칸을 연구하면서 느낀 감정을 '칭기즈칸의 편지'라는 글로 작성해 실었다고 한다. 이를 진짜 칭기즈칸이 쓴 편지로 오해한 블로거들이 퍼 나르면서 유명해지게 된 것이다.[103]

이 해프닝은 중요한 두 가지 사실을 말해 준다. 첫째는 칭기즈칸이 약함을 이겨내고 제국을 건설한 위대함에 많은 사람들이 공감한다는 것이다. 둘째는 그 편지가 칭기즈칸의 삶을 구석구석 음미하고 살펴본 후에 쓴 글이라 칭기즈칸이 직접 쓰지 않았다고 해도 칭기즈칸의 마음을 충분히 담고 있다는 것이다.

칭기즈칸은 약자들이 그 약함을 어떻게 인식하고, 극복했는지를 보여준다. 목표는 어떻게 잡고 그 목표달성을 위한 수단을 준비하고 활용하는 방법을 알려준다. 특히 약자는 정보와 끈기가 중요함을 강조한다. 약자 전략의 이상적인 모델이라 할 수 있다.

칭기즈칸이 세계를 정복할 당시 몽골 전체 인구는 100만 명에 지나지 않았다. 반면에 몽골의 최대 정복지는 무려 3,320만km에 달한다. 북미대륙과 중남미를 합한 것만큼 거대한 면적이다. 몽골의 피정복 인구를 합하면 무려 1억 명으로 당시 전체 인구의 4분

103 김종래, 「칭기즈칸의 리더십 혁명」 (2011), p. 8

의 1에 해당한다.[104] 어떻게 이런 일이 가능했을까?

　유목민족인 몽골은 한곳에 머물러 살지 않는다. 초원에 천막을 치고 살다가 가축들이 먹을 풀이 없어지면 다른 곳으로 이동한다. 유목민들에게 필요한 것은 목초지였다. 그래서 몽골은 약탈과 목초지 확보를 위해 전쟁을 했다. 칭기즈칸은 당시 변방의 약소국이었던 몽골에서조차 철저한 약자였다. 그의 어머니는 납치되어 원수의 아이까지 낳았고, 12세 때 아버지는 적의 공격으로 죽었다. 그는 호수로 뛰어들어 갈대숲에 숨어서 겨우 살아남는다. 다른 부족에게 사로잡혀 노예살이도 하고, 굳게 믿었던 친구와 양아버지의 배신으로 몇 번 살해 위기도 겪는다. 이러한 약함 속에서 칭기즈칸은 몽골 말과 조직의 강점을 활용하여 강자와 싸웠다. 가용수단의 수량의 많음이 아니라, 질의 우수함으로 싸워 대제국을 건설한다.

104 최진기, 「최진기의 전쟁사」 (2019), pp.157~158

6
몽골의 말, 승리의 일등공신

● ● ●

"몽골 군대에는 기본적으로 보급병이 없다. 왜 없을까?

기동성을 높이기 위해서다.

그럼 기동성은 어떻게 높일 수 있을까?

보르츠라는 육포에 그 비결이 숨어 있다."

기후조건이 건조한 초원지대에서는 소, 양, 말을 잡으면 얇게 포를 떠서 햇빛에 말린다. 이렇게 고기를 육포로 만들면 부피가 크게 줄고, 이를 말 오줌보로 만든 주머니에 넣어 말 양쪽에 걸고 원정을 출발한다. 아무리 먼 원정길에도 식량 걱정을 할 필요가 없다.[105] 몽골군은 이렇게 식량을 휴대하거나 현지 조달함으로써 군

---

105 최진기, 앞의 책, pp.175~176

수지원의 문제를 해결했다. 이를 통해 기동력에서 혁명적인 변화를 가져왔고, 기동력의 차이로 많은 전쟁에서 승리할 수 있었다.

몽골인들은 3살 때부터 말을 타기 시작해 7살이 되면 굉장히 능숙하게 탈 수 있다. 몽골인들이 타고 다니던 말은 작고 볼품없는 조랑말이다. 보기와는 다르게 조랑말은 지구력에서는 큰 장점을 갖고 있다. 몽골군은 무거운 갑옷을 입지 않았던 덕에 몸도 가벼워 기동성이 좋았다. 또한 등자(鐙子)[106]를 이용해 말 위에서 활을 쏘고 칼을 휘두를 수 있었으며, 등자에 의지해 화살과 창을 피하기도 쉽다. 가볍고 강한 몽골의 단궁은 접근전에서 그 위력을 발휘한다.

몽골이 대제국을 건설하고 유지하는 데는 역참제의 역할이 중요했다. 역참제는 전쟁 징후 등 중요한 정보를 신속히 알리기 위해서 상설역전을 설치하고 파발을 통해 문서통신을 하는 제도다. 마르코 폴로는 그의 저서 「동방견문록」에서 몽골의 역참제에 대하여 상세하게 묘사하고 있다.

> "수도 칸발리크(북경)에 많은 도로가 각 지방으로 향해 나 있다. … 이 도로를 따라 40km가량 가면 '잠'이라는 종점에 도착한다. 잠은 역참이라는 뜻이다. … 역참 사이 5km마다 대칸 앞으로 보내는 통신문서를 전달하는 파발이 살고 있다. 파발은 전속력으로 질주하

---

106 말을 탈 때 발을 디딜 수 있도록 만든 안장에 달린 발 받침대이다.

되 5km만 달리면 된다. 5km 앞에는 다른 파발이 만반의 채비를 갖추고 기다린다. 한 파발이 계속해서 달릴 때 열흘 걸리는 보고도 이 방식으로는 대칸에게 하루면 전달될 수 있다."

파발이 전달하는 정보의 중요성이나 임무의 긴박성에 따라 역참 통행증은 금, 은, 동, 나무로 구분하여 만들었다. 금으로 된 통행증을 가진 파발에게는 가장 좋은 말과 숙소를 제공했다. 역참제도가 얼마나 구체적으로 발전되었는지 보여주는 대목이다.

전투에서 속도는 매우 중요하다. 속도는 힘을 배가시킬 뿐만 아니라, 다양한 전술을 구사할 수 있게 한다. 운동에너지 공식 $E = \frac{1}{2}mv^2$을 상기해 보자. 에너지는 질량에 비례하고 속도의 제곱에 비례한다는 뜻이다. 이를 전투에 적용하면 전투에서 발휘되는 힘은 병력 규모에 비례하고 기동성의 제곱에 비례한다는 것이다. 상대적으로 병력이 열세였던 몽골은 기동성을 높여서 그 열세를 극복하려 하였다. 그래서 그들은 경량화, 간소화를 추구했다. 몸에 꼭 필요한 것 외에는 휴대하지 않았고, 커뮤니케이션도 간단명료하게 한다. 모든 절차를 단순화했다. 몽골인들이 즐겨 먹는 보르츠(육포)에는 전쟁에서 속도를 중요하게 생각하는 정신이 담겨 있다. 가볍지만 열량이 높아 원정을 치르는 데 필수적인 전투식량이었다.

칭기즈칸에게 중요한 정보를 제공하는 그룹이 있다. 바로, 포로 출신의 장인과 기술자이다. 칭기즈칸은 어떤 기술이든 기술을 보유한 사람들은 무조건 살려 주고 적재적소에 활용했다. 그리고 한가할 때면 그 장인들을 하나하나 불러 그들의 이야기를 경청했다. 그들은 각자 보유한 기술과 정보를 말했다. 그들을 통해 외부 세계의 문화와 문명을 자세하게 알게 된 것이다. 칭기즈칸은 다른 사람의 말에 진정으로 귀를 기울일 줄 알았다. 그것이 정보를 접할 수 있는 지름길이었다.

몽골군의 핵심 기술이던 등자도 사실은 과거 훈족의 기술을 학습한 것이었다. 호라즘 왕국을 멸망시켰을 때 기술자 6만의 포로를 수도 카라코룸 근처 집단거주지에 살게 하면서 기술개발을 독려했다. 여기에서 공성(攻城) 무기, 개량 활, 군장 등 온갖 신기술들이 쏟아져 나왔다.

기술자라면 적이든 노예든 여성이든 가리지 않고 우대했다. 칭기즈칸 군대는 전쟁에서 승리했을 때 도시는 파괴할지라도 기술자들은 절대 죽이지 않았다. 신기술을 가진 자가 미래를 지배한다는 것을 체험으로 알았기 때문이었다. 전쟁은 물리적인 힘으로 하는 게 아니라, 기술로 하는 것이다.

칭기즈칸은 "끊임없이 이동하는 자만이 영원히 살아남는다"고 하였다. 몽골의 생활을 들여다보면 당연한 이야기지만, 몽골군의 이동성이 농경사회였던 주변 국가들에게는 감히 대항할 수 없는 힘의 차이를 만들었다.

한국은 디지털 문화의 선도국이다. 세계 어디에서도 한국과 같은 디지털 문화의 역동성을 경험할 수 없을 것이다. 한국 사회가 새로운 디지털 기술을 잘 다루는 엄청난 잠재력을 가지고 있음에 틀림없다. 디지털이라는 거인의 어깨 위에서 우리는 어떤 개인, 조직, 국가보다 강할 수 있다.

한국이 국제사회에서 주도적으로 활동할 기회의 창이 열리고 있다. 칭기즈칸이 말을 이용하여 천하를 호령했듯이 우리는 인터넷을 통하여 세계를 선도해 나가야 한다. 첨단 디지털 장비를 이용해 시공간의 제약 없이 인터넷에 접속, 필요한 정보를 찾고 쌍방향 커뮤니케이션을 하는 사람을 디지털 노마드[107]라 부른다. 전 세계는 인터넷으로 연결되어 있다. 이제는 말 대신 인터넷을 통해 이동성을 더욱 높이고 비용도 절감되었다.

그래서 약자도 마음만 먹으면 인터넷 초연결의 어깨에 올라타고 꿈을 현실로 만들 수 있는, 인터넷을 통해 세상과 연결하는 것이 중요한 시대가 되었다.

약자들이여! 끊임없이 연결하라. 그러면 승리할 것이다.

---

107 휴대폰, 노트북, PDA 등과 같은 첨단 디지털 장비를 이용해 시공간의 제약 없이 인터넷에 접속, 필요한 정보를 찾고 쌍방향 커뮤니케이션을 나누는 사람을 의미한다.

7

십호제, 항산의 뱀이 되다

• • •

"중국 항산에 솔연(率然)이라는 뱀이 있었다고 한다. 이 뱀은 머리를 치면 꼬리가 달려들고, 꼬리를 치면 머리가 달려들며, 허리를 치면 머리와 꼬리가 동시에 달려든다."

손자는 여기서 강한 조직이 갖추어야 할 전형적인 모습으로 솔연이라는 전설의 뱀을 소개한다. 솔연은 어떤 위해가 가해지면 머리, 꼬리, 허리가 자발적으로 움직여서 그 위해를 제거한다. 누가 시키지 않아도 머리, 꼬리, 허리가 자발적으로 협력하여 움직인다.

칭기즈칸은 이와 같은 조직을 만들고 싶었고, 십호제[108]에서 그

---

108 10명으로 구성된 아르반(아르밧, 십호), 100명으로 구성된 자군(자굿, 백호), 1,000명으로 구성된 밍카트(밍갓, 천호), 만 명으로 구성된 투멘(투멧, 만호)으로 이루어져 있다.

답을 찾았다. 몽골은 군사와 행정을 통합한 제도인 십호제를 만들었다. 십호가 열 개 모이면 백호가 되고, 백호가 열 개 모여서 천호가 된다. 몽골은 총 95개의 천호 집단을 관리하여 전·평시 구분 없이 일사불란하게 전쟁에 임할 수 있었다. 이것이 다른 나라에서 흉내 내지 못하는 몽골만의 강점이었다.

이 십호제를 통해 지휘관 한 명이 명령을 내리면 서너 단계만 거쳐 군대 전체가 한 몸처럼 움직일 수 있다. 오늘날의 군의 조직과 유사한 제도다.[109] 기병이 군사력의 주류인 몽골의 성격상 십호제와 같은 조직이 필요했을 것이다. 이 조직은 몽골이 정복전쟁에서 승리하는 데 결정적으로 기여한다.

군사 조직은 병사와 무기를 결합하고 조화시켜 능력을 최대로 발휘하게 만들어야 한다. 칭기즈칸은 많은 전투 경험을 바탕으로 십호제를 운용했다. 십호제는 창병, 궁수, 검병의 3명으로 구성된 세 그룹을 하나의 조직으로 만들어 협동원리를 극대화하였다. 십호의 구성을 구체적으로 설명하면 다음과 같다.

십호는 세 개의 삼호로 나눈다.
삼호마다 창병 1명, 검병 1명, 궁수 1명으로 구성한다.
십호장은 세 개의 삼호를 이끌고 상호 협동을 통제한다.

---

109 최진기, 앞의 책, pp.164~165

십호는 전투 시에 두 개의 삼호를 전방에,
한 개의 삼호를 후방에 둔다.[110]

십호의 전투편성은 아래 그림과 같다.

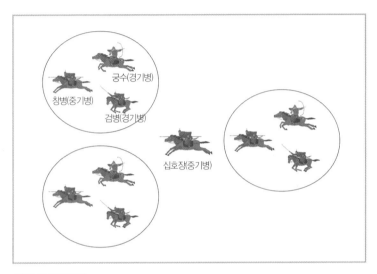

【십호의 전투편성】

「몽골의 풍습사」에는 십호가 전투하는 모습을 잘 묘사하고 있다.

"몽골 사람들은 진격하면서 찌르고, 되돌아가면서 걸어 넘어뜨린
다. 우측 병사는 활에 화살을 꽂아 준비하고, 좌측 병사는 예리한

---

110 올호노드 하인쟌 샥달, 박원규 역, 「칭기즈칸의 전쟁술」(2009), pp.272~273

칼을 들어 준비하며, 3명마다 하나의 팀이 되어 장거리 무기와 단거리용 무기를 함께 사용한다."

손자가 그의 병법에서 이야기한 전설적인 항산의 뱀을 현실에 그대로 실현한 것이다. 이 기록을 기초로 십호 구성원들의 임무를 기술해 보면 아래와 같다.

궁수는 먼 거리에서 적을 쏘아 사살한다. 창병은 적을 찔러 죽인다. 아니면 말을 찔러 기수를 떨어뜨리거나 기수를 창 고리로 끌어당겨서 넘어뜨린다. 검병은 창병이 떨어뜨리거나 넘어뜨린 적병을 신속하게 칼로 쳐서 죽인다. 즉, 창병을 도와서 근접한 적을 치면서 싸운다. 교전은 궁수가 먼저 적을 제거하여 검병과 창병을 보호하면서 시작된다. 근접전이 되면 궁수는 두 동료를 도와서 그들에게 위험한 적을 활로 쏜다. 십호장은 백호장의 명령과 신호를 세심하게 따르고, 3개조 아홉 명의 병사들의 교전을 지휘한다.[111]

십호제라는 조직과 몽골군 기병의 속도의 우수성은 아주 독특한 전술을 구사할 수 있게 했다. 바로 만구다이(Mangudai)라는 전술이다. 미국의 역사학자인 로버트 마샬은 「동쪽에서 온 폭풍」이라는 책에서 칭기즈칸 군대의 전술을 다음과 같이 묘사한다.

"본대에 앞서 정찰병들이 나가 적의 정세를 살펴 연락병이나 깃발

---

111 올호노드 하인잔 샥달, 앞의 책, p.273

신호를 이용해 보고한다. 적의 위치가 파악되면 경기병이 앞으로 나서면서 화살을 쏘아댄다. 만구다이라는 자살부대는 적을 향해 달려들어 공격하다가 패한 척하면서 도망친다. 그러면 적들이 추격한다. 만구다이는 잡힐 듯 잡힐 듯하면서 적들이 따라오게 유인하여 매복부대가 있는 곳으로 끌어들인다. 적군이 200m 이내 사정권으로 들어오면 몽골 궁수들은 화살을 쏘아대고 중무장한 기병이 공격한다. 나카라(Naqara)라는 북소리를 신호로 전투가 개시되고 기병대는 무서운 속도로 공격해 창으로 적을 공격한다."

한편, 프랑스혁명 이후 등장한 나폴레옹은 프랑스군의 조직을 대대적으로 개편한다. 군대를 여러 개의 군단으로 나누고 군단마다 기병대, 보병대, 포병대, 그리고 참모를 따로 두어 기동성을 확보하려 한다. 바로 칭기즈칸의 십호제를 프랑스의 당시 상황에 맞게 벤치마킹한 것이다. 프랑스군의 조직 구조를 이해하고 목적에 부합하도록 구조를 변화시키고 재구성하였다. 그는 조직만을 단순히 모방하는 데 그치지 않았다. 기동성을 극대화하기 위해서 각 장군에게 임무만 주고 나머지 모든 일은 장군들의 재량에 맡겼다. 이렇게 만들어진 조직으로 주변국을 압도할 수 있었다.

나폴레옹의 이러한 조직관리 방식을 다시 독일이 '임무형 명령(Auftragstaktik)'으로 모방하여 사용한다. 지휘관이 예하 지휘관들에게 임무만 명시하여 지시하고 세부적인 전투수행 방법에 대해서는 지시하지 않는 것을 말한다. 임무형 명령의 핵심적인 요소는 조직원들이 공감하는 철학이다. 리더는 이러한 철학을 중심으로 조직을 통합시킬 수 있어야 한다. 반복적인 훈련과 창의적인 실전을 통해 조직원들은 지휘관의 의도를 알게 되고 각자의 위치에서 조직의 임무와 목표달성에 필요한 역할을 하게 된다.

손자병법에서 이야기하는 꼬리를 치면 머리가 공격하고 머리를 치면 꼬리가 공격하며, 가운데를 치면 머리와 꼬리가 동시에 달려드는 '항산의 뱀'과 같은 조직이 비로소 탄생한 것이다.

칭기즈칸이 보여주는 중요한 교훈은 유연성이다. 창의력, 아이디어, 기술을 바탕으로 변화에 적극적으로 대응하는 유연성을 기르면 성공할 수 있다고 강조한다. 버나드 몽고메리는 그의 저서 「전쟁의 역사」에서 다음과 같이 칭기즈칸을 평가한다.

"역사를 통틀어 인류가 줄곧 전쟁을 벌였음에도 불구하고, 과거의 지휘관들 가운데 진정 위대한 장군은 왜 그렇게 적었는지를 돌이켜 생각해 보면 매우 흥미롭다. 현명한 리더십의 결여로 중세유럽은 갑옷에 의지해 전투했고, 기동성이 떨어졌고, 화력에는 소홀했으며, 실질적으로 기습공격은 불가능했다. 그러나 바로 그러한 시대에 아시아에서는 칭기즈칸이라는 군사 천재가 출현했다."

몽골 말의 기동성과 십호제의 자율성은 부대를 자유자재로 분산하여 이동하게 하고 원하는 장소에 쉽게 집중할 수 있게 했다. 민첩하지 못한 재래식 군의 틀에 갇혀 있던 적은 몽골의 이러한 전투수행 방식에 대응하는 방법을 찾지 못했다. 쉽게 혼란에 빠졌고 무기력했다. 몽골의 의도를 알게 되었을 때는 이미 상황을 돌이킬 수 없는 국면이 되었다. 이와 같이 비장의 무기를 효율적으로 활용할 수 있는 조직과 제도를 만들고 상황에 맞게 전략을 결합하면 비록 수적 열세에 있더라도 승리할 수 있다.

대제국을 건설했던 칭기즈칸의 몽골을 닮은 기업이 있다. 시대 흐름에 부합하는 네트워크 조직으로 수평적 조직문화로 성공한 카카오톡이다. 카카오톡은 경제적으로 매우 어려운 상황에서도 성공 신화를 이어가고 있다. 메신저 시장의 경쟁기업은 대부분 대기업이다. 이런 대기업과의 경쟁에서 카카오톡이 살아남을 수 있었던 비결은 무엇일까? 바로 빠르고 유연한 조직문화 덕분이다. 자율적인 토론을 통해 신선한 아이디어를 정책으로 결정하고 신속히 반영하여 시장 대응 속도를 높일 수 있었다. 토론을 통해 제기된 핵심 아이디어를 신속히 서비스로 내놓고 고객의 반응을 살펴보며 보완하는 전략을 구사한 것이다. 이를 통해서 대기업의 의사결정 체계가 복잡하다는 약점을 공략했기 때문에 경쟁에서 살아남을 수 있었다.

8

판옥선,
임진왜란 시 조선 수군의 승리비결

● ● ●

1592년 일본은 15만이 넘는 대규모의 병력으로 조선을 침략한다. 파죽지세로 진격하던 일본군은 한양을 점령하고 평양까지 진출한다. 그러나 전쟁의 목적을 달성하지 못했다. 실패의 원인 중한 가지는 남해에서 이순신에게 패하여 해상 보급로를 차단당해 전쟁지속 능력을 유지할 수 없었기 때문이다.[112]

이순신은 임진왜란 기간에 일본 수군과의 모든 전투에서 승리했다. 일반적으로 23전 23승을 거둔 것으로 알고 있으나, 정확한 것은 아니다. 자료들을 확인해 보면 더 많은 크고 작은 해전이 있었다. 확실한 것은 모든 전투에서 승리했다는 사실이다.

이순신이 모든 전투에서 승리할 수 있었던 이유는 무엇일까?

---

112 최영희, "임진왜란에 대한 몇 가지 의견", 「남명학 연구」 7, pp.7~8

많은 사람이 필사즉생의 정신력, 이순신의 탁월한 전략, 거북선, 화포 성능의 우위 등을 꼽을 것이다. 합리적인 평가라고 생각한다. 그런데 그 무엇보다 중요한 역할을 한 게임 체인저[113]는 판옥선이었다는 사실을 알고 있는 사람은 많지 않다.

많은 이들이 임진왜란 때 최고로 활약한 것은 거북선이라고 기억할 것이다. 거북선의 역할이 대단했으나 맨 앞에서 돌격선 역할을 하기 위해 소량으로 제조되어서 역할에 한계가 있었다. 당시 주력함은 판옥선이었다. 판옥선은 조선 명종 때 개발된 전투용 함선으로 진을 형성해 함포와 화살로 공격하는 역할을 맡았다. 이순신 장군은 판옥선의 장점을 잘 활용하여 승리할 수 있었다. 일본의 함선과 비교할 때 판옥선은 다음과 같은 장점이 있다.

첫째, 2층 구조로 되어 활동에 제약이 없었다. 보통의 배들은 한 개의 갑판을 가지고 있는 데 비해, 판옥선은 갑판이 이중으로 되어 전투원(2층)과 비전투원(1층)을 구분하여 탑승하였다. 비전투원인 노잡이는 위험에 노출되지 않고 안전하게 노를 젓는 데 전념할 수 있었을 뿐만 아니라, 2층 갑판의 전투원들은 전투에 집중할 수 있었다.

특히, 높은 위치에서 상대방을 내려다보며 전투하는 장점이 있

---

113 어떤 일에서 결과나 판도를 통째로 바꿔놓을 만한 결정적인 역할을 하는 사건이나 인물, 제품, 서비스 등을 일컫는 용어이다.

었다. 일본군은 사무라이들이라 칼싸움에 능했다. 그래서 일본 수군의 전투는 배를 붙이고 상대방의 배로 넘어가 칼싸움으로 상대방을 제압하는 방식이었다. 그런데 일본의 세키부네와 판옥선의 높이 차이로 쉽게 올라갈 수 없었다. 반면 조선 수군의 공격 핵심인 포격전과 불화살 공격에 유리했다.

둘째, 판옥선은 평저형(平底形)으로 방향전환과 화포 공격에 유리했다. 배 밑이 평평해 이동속도는 느리나 안정적이고 포를 실어서 이동할 수 있었다. 그리고 순간적으로 방향을 전환하는 능력이 뛰어났다. 그 이유는 노의 크기였다. 노 하나당 5명의 노잡이가 붙어 1~2명이 노를 젓는 것과는 비교할 수 없는 속도를 만들어낼 수 있었다.

무엇보다 포를 주공격 수단으로 하는 조선 수군에게는 최적의 구조였다. 화포 공격 이후 재장전까지 많은 시간이 소요되는데, 판옥선은 노를 이용한 방향전환이 쉬워서 한 번 포를 발사한 후 방향을 바꿔서 반대편에 장전된 화포를 신속하게 이용할 수 있었다. 반면, 왜군의 세끼부네는 첨저형(尖底形)으로 폭이 좁고 밑바닥이 뾰족하여 속도를 빠르게 낼 수 있는 장점은 있으나, 안정성이 부족하여 대포 사용이 제한되었다.

셋째, 부딪히거나 함포 공격으로 배를 파괴하는 당파전략이 가능했다. 판옥선은 소나무로 만들어져 삼나무로 만든 일본의 주력선인 세끼부네보다 크고 강했다.

특히 배의 이음새를 쇠못이 아닌 대나무 못을 사용하고, 홈을 파서 나무로 끼워 맞추는 식의 공법으로 만들어져 견고함이 쇠못으로 연결한 일본의 배와는 비교가 되지 않았다.[114] 이순신은 이러한 장점들을 명확하게 이해하여 이 장점들을 극대화할 수 있는 장소에서 최대의 효과를 발휘할 수 있는 전략과 전술을 구사하였다.

넷째, 화력이 일본 함선보다 월등히 우수했다. 조선 수군이 사용하는 대형 총통들의 운용기록을 보면 지상보다 사거리가 매우 짧은 편이었다. 같은 이유로 일본군의 화기도 해상에서는 본래 성능보다 훨씬 약해졌을 가능성이 크다. 사람이 들고 쏘는 조총도 파도의 흔들림으로 조준이 어려워져 유효 사거리가 줄어들었다. 아예 천장에 매달아서 쐈다는 화포는 당연했다. 이에 반해 포좌로 어느 정도 고정된 조선군의 화포는 의미있는 타격을 가할 수 있었던데 반해, 일본군의 원거리 화력은 접근전을 보조하는 용도로만 사용되었다.

이순신 장군은 조총이란 신예 무기로 무장한 왜적을 어떻게 무찔렀을까? 조총에 효과적으로 대응토록 특별한 함포 사격 방법을 고안해 냈다. 함포 사격 시 회전이 빠른 판옥선의 '시너지 효과'를 극대화해 판옥선을 360도 회전시켜 가며 사격을 가한 것이다. 앞면의 포가 발사 중일 때 다른 면의 포들은 장약을 채워 넣는 방

---

114 김윤태, 「리더십, 난중일기에 묻다」 (2018)

식으로 시차 없이 효율성을 올리는 함포 발사 방법을 만들어낸 것이다.

여기에 추가하여 이순신은 적과 아군의 거리는 조총의 유효 사거리보다 길고, 화포 사정거리보다는 짧은 지점에서 적함을 맞아 싸웠다. 적의 조총의 위험으로부터는 안전하지만 화포 사정거리 내에 적을 두는 사거리 전투를 한 것이다. 조선 함포의 명중도는 높았고, 회전삭으로 지속해서 사격하여 적에게 치명타를 입혔다. 판옥선의 우수함과 이순신의 창의적인 전투 수행방식은 일본 수군을 속수무책으로 만들기에 충분했다.

약소국의 동맹, 양날의 검!

강력한 동맹의 힘은 유용하고
그들을 신뢰하는 자들에게 도움이 될 수 있다.
그러나 동맹을 전적으로 의지하는 이들은 위험하다.
- 니콜로 마키아벨리, 「군주론」

국가 간 동맹의 사전적 의미는 '둘 이상의 국가가 공동의 목적
을 위하여 동일한 행동을 취하기로 한 약속 또는 그런 관계를 맺
는 일'이다. 주권국가는 효율적인 안전보장을 위한 수단으로 동맹
을 맺어왔다. 동맹은 비슷한 상황의 국가들 사이에 동등한 조건으
로 체결하는 것이 일반적이나, 종종 국력의 차이가 많은 강대국과
약소국 사이에서도 체결된다. 우리는 전자를 대칭 동맹, 후자를 비

대칭 동맹[115]이라고 한다.

약소국은 안보를 위해 강대국과의 동맹을 바라고 강대국은 약소국과의 동맹을 통하여 영향력을 확대하려고 한다. 그러다 보니 약소국에는 기회와 위기라는 양날의 검이 늘 존재한다. 강대국의 힘을 빌려 위기상황을 넘길 수 있는 이점이 있으나, 국제정세, 국가이익의 변화에 따라 강대국의 의지에 따라 언제든지 파기될 수 있는 위험이 공존하는 것이다.

---

115 대칭 동맹에 반대되는 용어로 강대국과 약소국 사이에 맺는 동맹을 말한다. 미국-베트남 동맹, 미국-필리핀 동맹, 한국-미국 동맹(동맹 초기 단계) 등이 대표적인 사례이다.

9

금나라와 타타르의 동맹

• • •

1196년, 몽골이 금나라와 연합하여 타타르 부족을 멸망시킨 사례가 동맹의 양면성을 잘 보여준다. 금나라와 타타르 부족은 동맹을 맺고 있었다. 그러나 금과 출정한 타타르 추장 메구진이 금나라와 약탈품 분배를 놓고 다투다가 동맹을 파기한다. 그러자 금나라가 칭기즈칸에게 '타타르 부족이 오만해져서 정벌하려고 하니 너희들이 우리를 도와 타타르 부족을 공격하라'고 사신을 보낸다. 금나라는 저항하고 불만을 표하는 타타르 부족이 이제 필요 없다고 판단한 것이었다.

칭기즈칸은 고민한다. 금나라는 칭기즈칸과 몽골인에게는 철천지원수였다. 칭기즈칸의 조상을 처형했고, 몽골 고원을 분열시킨 장본인이었다. 참모들은 모두 반대한다.

"아무리 타타르 부족이 밉고 칸의 아버지를 독살했다고 하지만 그들은 엄연한 몽골 사람입니다. 몽골 고원을 아비규환의 내전으로 몰아넣은 금나라를 도울 순 없는 것입니다."

그러나 지금은 금나라를 도와 타타르를 칠 때라는 칭기즈칸의 결심은 단호했다. 이를 지켜보고 있던 칭기즈칸의 어머니 허엘룬이 반대하고 나선다.

"칸은 지금 무슨 생각을 하고 있는 건가요. 금나라가 철천지원수라는 사실을 잊었소."

그러자 칭기즈칸은 더욱 단호하게 이야기한다.

"어머니, 적의 적은 친구가 될 수 있는 겁니다. 우리는 금나라에 반기를 들기에 아직 힘이 모자랍니다. 금나라가 원수라는 사실을 내가 어찌 잊어버린 적이 있겠습니까? 그러나 지금은 아닙니다. 우선, 타타르부터 멸망시킨 뒤 금을 물리쳐야 합니다."

칭기즈칸은 결국 금나라의 요구에 응했고 금나라는 칭기즈칸에게 용병대장(자오크 코리)이라는 직위를 내렸다. 제국의 칸에게는 굴욕적인 일이었지만 내색하지 않았다. 칭기즈칸은 결국 금나라와 연합하여 타타르를 멸망시킨다. 그리고 멀지 않아 금나라를 공격하여 무릎을 꿇게 만든다.

금나라와 동맹을 맺는 문제를 놓고 칭기즈칸과 참모들 그리고 칸의 어머니가 주고받는 대화를 곰곰이 생각해 볼 필요가 있다. 이 짧은 대화에서 우리는 국제관계에서 영원한 우방도 영원한 적도 있을 수 없음을 알 수 있다. 이와 같이 동맹은 위기상황을 극복하는데 매우 긴요한 수단이지만, 언제든지 그 칼날이 배신하여 자신을 위협할 수 있다는 사실을 명심해야 한다.

그러므로 약자는 동맹의 장점에만 매몰되지 말고 그 이면의 그림자를 볼 수 있어야 한다. 언제나 변화를 전제로 앞날을 준비해 두는 것이 좋다. 다양한 선택지를 염두에 두고 공유하는 가치나 신의가 아니라, 상호 필요에 기반한 동맹관계를 맺을 필요가 있다. 그리고 결정적인 순간에 활용할 비장의 무기를 준비하고 있어야 한다.

10

나당 동맹,
영원한 우방도 영원한 적도 없다

● ● ●

"먼저 당나라가 대군을 동원하여 백제를 공격한다. 이때 신라는 병
참과 측면 공격을 담당한다. 백제가 멸망한 후 고구려를 공격한다.
물론 이때도 평양을 공격하는 당나라 군대에 대한 병참과 측면 공
격은 신라가 담당한다. 고구려까지 멸망하면 신라와 당의 영토를
대동강을 경계로 확정한다."

나당 동맹을 맺으며 합의한 협상 내용에 대한 세부적인 기록
은 찾기 어려우나, 그 후에 일어난 일들을 고려할 때 위와 같은 내
용이었을 것으로 추정하고 있다.[116]

백제의 침입으로 누란의 위기에 빠진 김춘추가 처음에는 고구

---

116 이주희, 「약자를 위한 현실주의」 (2019), p.62

려의 연개소문을 찾아가 동맹을 시도하지만 거절당한다. 그러자 당 태종을 찾아간 김춘추는 당나라와 동맹을 맺는데 성공한다. 나당동맹을 맺은 후, 당나라의 도움을 받은 신라는 660년 순식간에 백제를 멸망시키고, 8년 뒤 고구려까지 멸망시킨다.

이렇게 그 긴 전쟁이 끝나는가 싶었지만 새로운 전쟁이 기다리고 있었다. 당나라는 애초의 동맹 조건과 달리 백제의 옛 땅에 웅진도독부, 고구려의 옛 땅에 안동도호부를 설치하고 직접 통치를 하게 된다. 그리고 궁극적으로는 신라까지 병합하고자 하는 의도를 드러낸다.

당나라는 고구려를 무너뜨리는 것이 중요했지, 신라와의 약속은 안중에도 없었다. 당나라의 갑작스러운 태도변화에 신라는 마른하늘에 날벼락을 맞은 신세가 되었다. 도저히 받아들일 수 없는 일이었다. 이에 신라는 당나라를 한반도에서 몰아내기 위한 전쟁을 결심했다.

그러나 신라가 20만 대군의 당나라군을 상대하는 것은 쉬운 일이 아니었다. 다행히, 당나라는 당시 토번과 영토분쟁으로 전쟁[117]을 하고 있었다. 그래서 신라와의 전쟁에 모든 힘을 쏟을 수가 없는 상황이었다. 신라는 과연 어떻게 당나라군을 물리칠 수 있었

---

117 지금의 티벳. 당나라는 토번과의 전쟁이 벌어지자 명장 설인귀의 10만 대군을 투입하였으나 참패하자 한반도에 있던 이근행 부대까지 추가로 투입하게 된다.

을까?

신라는 고구려의 부흥군과 힘을 합하여 요동을 공격하였다. 그 사이에 남쪽에서는 당나라가 지배하던 백제의 땅을 회복하게 된다. 이에 자신을 얻은 신라는 672년 고구려 부흥군과 합세하여 당나라를 공격한다. 이것이 신라가 크게 패한 석문전투[118]이다. 당나라는 말갈을 앞세워 신라에 반격을 가했다. 순식간에 평양성과 한시성을 함락하고 고구려 부흥군이 있었던 백수성 근처까지 밀고 내려왔다.

당나라의 막강한 힘을 체험한 신라는 축차적인 방어전략으로 임진강을 중심으로 성을 만들고 방어선을 구축한다. 675년, 당나라는 유인궤를 중심으로 부대를 편성하여 임진강 돌파를 시도하지만, 신라는 잘 막아냈다.

매소성 전투

매소성은 경기도 연천군 전곡리에 위치한 성으로 서울로 진격할 수 있는 전략적 요충지이다. 이 전투에서 고구려군 3만과 당나라군 20만이 싸웠다고 하는데 정확한 기록은 없다. 다만 「삼국사기」 기록에 '675년 9월 29일, 이근행이 군사 20만 명을 거느리

118 672년 신라와 당이 석문(石門)에서 벌인 전투. 초기전투의 승리에 도취되어 무리하게 적을 추적하다가 대패한다. 석문전투 이후 9월에 신라는 당나라에 사죄사를 파견하였다.

고 매소성에 주둔하였는데, 우리 군사가 공격하여 쫓아버리고 말 30,380필을 얻었으며, 그밖에 얻은 병장기도 그만큼 되었다'[119]라고 나와 있다. 후대에 편찬된 「삼국사기」의 한계로 구체적인 전투 경과가 나오지 않는다.

이 기록이 사실이라면 역사에 길이 남을 대승이 아닐 수 없다. 이런 승리가 가능했을까? 무엇이 이런 대승을 가능하게 만들었을까? 크게 두 가지로 요약할 수 있다. 첫째, 당나라군은 전쟁이 지속되면서 보급품 조달에 많은 어려움을 겪게 되어 전투력이 약화된 것이다. 이를 반증하는 사건이 있다.

매소성 전투 한 달 전인 675년 9월, 당나라는 설인귀[120]를 시켜 보급품을 싣고 신라인 김풍훈을 앞세워 신라의 천성에 함대를 이끌고 나타난다. 천성은 한강하구인 지금의 파주시 교하 일대에 있는 오두산성이다. 「삼국사기」에 '문무왕 15년 9월에 설인귀가 천성으로 쳐들어왔다. 장군 문훈 등이 1,400명의 머리를 베고 병선 40척과 말 1천 필을 노획했다'[121]라고 기록하고 있다. 이 패배로 인하여 당나라는 신라에 지원할 여력을 상실하게 된다.

둘째, 신라의 6진 전법에 그 비결이 있다. 선두에는 궁수병, 그

---

119 「삼국사기」 신라본기 문무왕 15년 10월
120 장수의 기질이 있었으나 신분이 낮아 출세를 할 수 없게 되자 당나라에 가서 장수가 된 신라인이다.
121 「삼국사기」 신라본기 문무왕 15년 9월

뒤에 장창병, 그 뒤에 도끼와 칼을 든 보병이 준비하는 진이다. 먼저 선두에 선 궁수병은 접근하는 적의 기병을 공격한다. 신라의 '노'는 성능이 좋아 1천 보나 날아간다. 노는 물레와 같은 기계장치나 소를 이용하여 쏠 수 있는 활로 원거리부터 기병들을 사격하여 쓰러트릴 수 있었다.

그래도 계속 접근하는 기병은 장창 보병이 맡는다. 장창 보병은 말 그대로 긴 창을 가지고 있는 보병을 말한다. 장창의 길이는 4m50cm로 기병대의 돌격대를 저지하기 위해 사용되었다. 장창 보병으로 밀집 방어막을 만들고 장창으로 말의 가슴이나 목을 목표로 하였다. 선두가 낙마하면 뒤에서 오는 기병이 밀리게 되고 속도가 없어진 기병을 보병이 공격하는 것이다. 장창 보병이 필요한 이유는 궁수들이 기병들에게 조준하여 사격할 수 있도록 방패 역할을 하는 것이다.

신라군이 싸우는 모습은 놀랍게도 칭기즈칸의 십호가 싸우는 모습과 매우 유사하다. 시기적으로 매소성 전투가 675년인 반면, 칭기즈칸이 활약하던 시기가 1190년대이므로 약 500여 년의 격차가 있다. 시간과 지역의 차이를 생각하면 싸우는 방법이 전파되었다고 생각하기에는 무리가 있으나 그 유사함에 놀란다. 비록 전파된 것이 아니더라도 깊게 싸워 이길 수 있는 방법을 고민한다면 유사한 조직과 전략을 생각해 낼 수 있을 것이다.

당나라는 연이은 토번의 공격 때문에 신라와의 전쟁을 포기할 수밖에 없었고, 결국 철군을 결정한다. 676년 11월, 철군하기 위해 설인귀는 수군을 이끌고 금강 하구의 기벌포에서 신라의 측면을 공격했다. 신라의 수군 사찬사득이 설인귀가 이끄는 당나라 수군과 기벌포에서 맞붙었다. 첫 전투에서는 신라가 패배했다. 그러나 부대를 정비하고 반격을 가했고 크고 작은 전투에서 모두 승리하는 전과를 거두면서 약 4천여 명의 목을 베었다. 이 전투를 끝으로 당나라를 한반도에서 몰아내는 데 성공한다. 당나라와의 7년에 걸친 오랜 전쟁을 끝내며 신라가 실질적인 삼국통일을 완성하게 되었다.

나당전쟁을 통해 강대국과의 동맹이 약소국에 큰 도움이 되기도 하지만, 결국 위기로 다가올 수 있음을 알 수 있다. 당나라는 신라의 도움으로 껄끄러운 존재인 고구려를 멸망시키게 되자 곧바로 한반도 전체를 집어삼키려는 야욕을 드러낸다. 당시의 국제정세가 당나라가 신라에 집중할 수 없었기에 망정이지, 한반도 전체가 당나라에 병합되는 역사적 비극을 초래할 수도 있었다. 강대국과의 동맹관계를 맺는 과정에서 늘 잊지 말고 기억해야 할 교훈이 아닐 수 없다.

11

한미 상호방위조약 체결,
약자 전략의 모범

● ● ●

1951년 1월 무렵부터 미국의 휴전 협상 움직임이 본격화된다. 한국 정부는 통일의 기회가 멀어지는 것을 우려하여 휴전에 반대한다. 그래서 2월 4일, 신성모 국방부 장관은 유엔군이 구상하는 '통일 없는 휴전을 반대'하는 성명을 발표한다. 6월 10일, 임시수도 부산에서는 수만 명이 참가한 가운데 최초의 휴전반대 국민대회가 개최되었다. 국회는 6월 5일, 중공군 철수를 요구하는 결의안을 통과시킨 데 이어, 6월 29일 재분단으로 가는 휴전 반대 결의안을 통과시켰다.

그러나 6월 30일 리지웨이 유엔군 사령관은 공산군 측에 정식으로 휴전회담을 제의한다. 이에 이승만 대통령은 애치슨 국무장관에게 공식 서한을 보낸다. 서한 내용은 다음과 같다.

"한국으로부터의 중공군의 완전한 철수, 북한의 무장해제, 북한 공산주의자에 대한 제3국의 지원을 막겠다는 유엔의 공약, 한국 문제의 어떤 측면에 관한 국제적 토의에도 한국의 참여, 한국의 주권과 영토보전, 이 모든 요구사항이 보장되지 않는 어떤 휴전에도 반대한다."[122]

사실상 '휴전에 반대하고 북진통일을 주장'하는 입장을 밝힌 것이다. 그러나 휴전회담은 한국의 의도와 무관하게 진행된다. 7월 28일 이승만 대통령은 트루먼에게 서한을 보내 한국 국민에게 사망보증서나 다름없는 38선을 유지하는 휴전에 동의할 수 없다고 강조하면서 한국 국민의 통일염원을 이해해줄 것을 촉구한다. 트루먼은 8월 4일 이승만 대통령에게 보낸 답신에 미국은 휴전회담이 끝난 다음 개최되는 정치회담에서 한국의 통일을 위해 최선을 다할 것이라는 형식적인 답장을 보냈다.

휴전협상 2년째인 1952까지도 한국의 휴전반대 운동은 계속된다. 트루먼은 이승만 대통령에게 휴전협상에 대한 협조를 정식으로 요청한다. 이에 이승만 대통령은 '이 문제는 한국과의 상호 방위조약 체결과 한국군 증강에 대한 미국의 지원 여부에 달렸다'고 회답한다. 이승만 대통령은 '방위조약이 없는 휴전협정은 한국을 포기하는 것으로 비추어질 우려가 있다'고 강조하며, 휴전회담 전에 방위조약 체결을 요구한다. 이 요구가 받아들여지면 국민에

---

122 남시욱, 「6·25전쟁과 미국」 (2015), p.24

게 휴전협정을 받아들이도록 설득하겠다고 제안한다.

이승만 대통령의 기존 입장이 많이 변한 것을 확인할 수 있다. 즉, '통일 없는 휴전협상 반대'라는 입장에서 휴전협상의 불가피성을 인정하는 대신에 한반도 안전보장을 위한 상호방위조약을 먼저 체결할 것을 요구하고 나선 것이다.

한국의 상호방위조약 체결 요구

이승만 대통령이 이와 같이 전향적인 입장변화를 보였음에도 불구하고, 상호방위조약 체결 요구는 미국 내에서 호의적인 반응을 얻지 못한다. 한국과의 상호방위조약 체결 문제에 대한 미국 정부 입장은 1951년 5월에 채택한 NSC48/5[123]에 명확하게 나타난다. 즉, 미국은 일본, 오스트레일리아, 뉴질랜드 그리고 필리핀과 개별적으로 양자 간 상호방위조약을 맺되, 한국은 그 대상에서 제외했다.[124]

이때까지만 하더라도 애치슨 국무장관을 비롯한 미국의 분위기는 한국과의 방위조약이 굳이 필요하지 않다는 입장이었다. 미국은 한반도 문제에 연루되는 것을 꺼렸다. 미국이 한국과 동맹을 맺게 되면, 이승만 대통령에게 북진 의욕을 부추기게 될까 우려한

---

123 NSC48/5에는 미국의 아세아정책 목표와 정책 및 행동 지침이 담겨 있다.

124 남시욱, 앞의 책, p.244

것이었다.

한국 정부는 아이젠하워 행정부가 출범하면 한반도 정책에 변화가 있을 것으로 기대했으나, 아이젠하워 대통령은 한국의 통일을 위해서 전쟁을 지속하지 않을 것을 분명히했다. 1953년 5월까지도 한국과의 동맹관계 구축에 대한 미국 입장은 변하지 않는다. 미국 정부는 상호방위조약에 대한 일체 언급을 회피하였다.

1953년 5월 25일, 송환거부 반공포로를 중립국에 인도하는 양보안이 나왔다. 이 제안은 휴전협상 문제에 있어서 공산 측의 주장에 대폭 양보하는 제안이었다. 이 내용은 한국 정부에 발표 1시간 전에 통보되었다. 한국 정부와 한국인들은 미국의 이러한 행위에 분노했다. 이 당시의 분위기는 이승만 대통령의 반응을 보면 짐작할 수 있다. 미국의 이러한 태도에 격분하며 5월 30일 아이젠하워 대통령에게 친서를 보낸다. 미국 정부가 공산 측과 휴전협상을 함에 있어 한국의 입장을 전혀 고려하지 않음은 물론 자기와도 협의하지 않고 단지 미 대사를 통해 휴전안을 수락하라고만 요구하고 있다고 비난하였다. 아울러 미국이 상호방위조약을 체결하여 한국의 안보를 보장해 준다면 휴전을 수락한다는 내용도 밝혔다. 이러한 대미 입장을 공식적으로 강조하기 위해서 이승만 대통령은 6월 6일 성명[125]을 발표한다. 그 내용은 다음과 같다.

---

125 한표욱, 「이승만과 한미외교」 (1996), p.157

첫째, 미국은 한국이 침략을 받을 때 즉각 군사원조와 개입을 실행할 것

둘째, 미국은 한국군의 증강을 도울 것

셋째, 한국이 자체 방위할 수 있도록 미국은 무기와 탄약을 지원할 것

이러한 이 대통령의 요구에 아이젠하워 대통령은 6월 8일, 회답형식의 서신[126]을 보내온다.

첫째, 휴전회담 내용에 대해 한국 정부와 협의

둘째, 휴전 후 미국과 필리핀, 호주, 뉴질랜드의 조약에 준하는 상호방위조약 체결

셋째, 경제원조의 지속

위의 두 내용을 살펴보면 미국의 입장에 많은 변화가 있다는 것을 알 수 있다. '휴전 후 상호방위조약 체결' 가능성을 제시한 것이다. 그러한 한국의 입장은 휴전 전에 체결하는 것이었다. 미국은 한국의 요구를 수용할 수 없었다. 한국과 방위조약을 맺음으로써 군사적 가치가 없는 한반도에 계속 연루되는 것을 꺼린 것이다.

---

126 Council on Foreign Relations, 「Documents on American Foreign Relation(1953)」 (1954), pp.303~305

한편, 1953년 6월 8일 판문점에서는 포로송환에 대한 합의가 이루어진다. 이제 휴전협상은 당사국의 정식조인 절차만 남게 되었다. 이승만 대통령은 6월 17일, 아이젠하워 대통령에게 서신을 보낸다. 그는 '침략자 중공군의 계속된 주둔을 허용하는 휴전협정이 체결된다면, 우리는 생존할 수 없다. 이러한 우려를 평가절하하지 말라'고 강조했다.

반공포로 석방

이승만 대통령은 그동안 줄곧 주장하던 정전협정 이전 상호방위조약이 보장되지 않자 위험한 도박을 결행한다. 1953년 6월 18일 반공포로를 일방적으로 석방해 버렸다. 18일 새벽 2시 부산, 마산, 광주, 논산 등지의 포로수용소에서 북한으로 송환을 거부하는 반공포로 2만7천여 명을 탈출하게 한 것이다.

정전협정 체결을 무산시킬 수도 있는 이러한 결단은 미국에 정전협정 체결 이전에 상호방위조약의 체결을 강요하는 이승만 대통령의 승부수였다. 반공포로 석방 후 개최된 기자회견에서 이 대통령은 한 걸음 더 나아가 클라크 장군에게 한국군을 그의 지휘에서 철수시키겠다고 말하는 것은 '독약' 먹는 것 이상으로 싫지만, 한국 정부는 다른 선택안이 없는 것 같다고 위협하였다.[127] 벼

---

127 이성훈, 「한국 안보외교정책의 이론과 현실」 (2012), p.83

랑 끝 전술을 구사한 것이다.

미국 조야의 반응은 심각했다. 같은 날 국가안보 회의에서 아이젠하워 대통령은 '미국은 우방 하나를 잃는 대신 적을 하나 더 얻었다'라고 말하면서 만약 필요하다면 미군을 한국에서 철수할 상황이 올지도 모른다고 경고하였다. 클라크 유엔군 사령관이 이튿날 서울로 와서 이승만 대통령에게 항의했다. 아이젠하워 대통령은 1953년 6월 19일 각료회의에서 이승만 대통령의 반공포로 석방을 비판하였다.

당시 미국의 입장으로는 이승만 대통령의 저항적인 행동을 용인하고 그냥 지나가기는 힘들었을 것이다. 아이젠하워 대통령은 이 대통령에게 서신을 보내 반공포로 석방은 유엔사령부의 권위에 도전하는 한국의 공개된 무력행사라고 비판하였다. 만약 이러한 행동을 계속한다면 이제까지 피를 흘리며 용감하게 싸워 획득한 모든 것을 희생시키는 결과가 될 것이라고 경고하였다.

아이젠하워의 서신에도 불구하고 이 대통령의 강경한 전략은 변하지 않았다. 정전협정을 하루빨리 체결하기를 원하는 미국에 상호방위조약 체결을 강력히 요구할 수 있는 최선의 방책이었다. 한국전쟁을 조기에 정치적으로 해결하기 위해서는 한국의 협조가 절실하다는 것을 반공포로 석방을 통해서 보여준 것이다.

한국의 입장에서도 정전협정 체결이 임박한 상황에서 한국의 안보를 보장받기 위해서는 제도적 구속력이 있는 미국의 공식적인 약속을 확보하는 것이 무엇보다 필수적이었다. 따라서 상호방위조약 체결은 한미간의 갈등을 해소할 수 있는 유일한 타협점이되었다.

상호방위조약의 체결

이 사태를 수습하기 위해 미국은 로버트슨 국무부 극동 담당 차관보를 특사로 파견한다. 1953년 6월 25일, 로버트슨 특사가 이승만 대통령을 방문하고 7월 12일까지 경무대에서 회담이 계속된다. 6월 26일, 이 대통령과 클라크 유엔군 사령관, 로버트슨 특사와의 회담에서 미국은 '필리핀과의 상호방위조약에 준하는 조약을 한국과 체결하려 한다는 의사를 전달하면서, 한국 정부의 정전동의, 한국군을 계속적으로 유엔군 사령관의 작전권 통제 아래 둘 것' 등을 전달했다.

6월 27일, 이 대통령은 중공군 철수 이전에 한미상호방위조약의 체결, 정전 후 정치 회의를 90일로 제한하고 만일 이 회의가 실패하면, 정전을 철회하고 다른 국가와 협의 없이 즉각 군사작전을 개시할 것을 주장했다.

6월 29일 이어진 회담에서 로버트슨 특사는 '한국방위를 위해 공군과 해군뿐만 아니라 약 20개 사단 수준의 지상군 병력 증강 지원, 경제원조' 등을 제안하였다. 이에 따라 이 대통령은 '중공군 철수가 정전협정 체결 이전에 이루어져야 한다는 조건을 철회하고, 대신, 조약이 비준될 것'이라는 대통령과 미국 국무장관의 보증을 받아들였다.

1953년 7월 27일 정전협정이 서명된다. 이어 8월 5일 덜레스 미국 국무장관이 한국을 방문하여 '한국전쟁은 한국이 고립되어 있다는 인상을 침략자에게 주었기 때문에 침략을 당한 전쟁이었다. 지금부터는 대한민국이 절대로 고립되지 않는다는 사실을 세계에 알게 할 필요가 있다. 그러기 위해서 미국은 대한민국에 상호방위조약을 체결할 것을 제의한다'라고 발표했다.

8월 8일, 서울에서 변영태 외무장관과 덜레스 국무장관은 한미상호방위조약에 가서명했다. 같은 해 10월 1일 덜레스 국무장관과 변영태 외무장관은 워싱턴에서 한미상호방위조약에 서명했다. 한미상호방위조약은 1954년 1월 15일 한국 국회에서 인준했고, 미 상원에서도 1월 26일 인준했다. 그리고 7월 한미 정상회담을 거쳐 11월 18일 정식 발효되었다.

한미상호방위조약의 체결과정은 비대칭 동맹관계에 있는 약소국과 강대국 간의 협상에서 약소국이 협상의 우위를 점할 수 있다는 사실을 보여준다. 무엇이 이것을 가능하게 할까? 강대국은 국제관계의 전반적인 맥락 가운데서 입장을 조율해야 하므로 단일 이슈에 집중할 수 없다. 반면에 약소국은 직접 영향을 줄 수 있는 사안에만 집중할 수 있기 때문이다. 즉, 상호방위조약 체결과정에서 미국은 소련, 중국 등을 의식하면서 휴전협정을 포함한 다양한 이슈들을 동시에 고려해야 했지만, 한국 정부는 오직 상호방위조약에만 집중할 수 있으므로 협상력을 높일 수 있었다.

한미상호방위조약 체결과정에서 이승만 정부가 보여준 협상전략은 북한이 핵 문제를 놓고 미국과 협상하는 과정에서 사용하고 있는 전략과 서로 많이 닮아 있다. 동맹의 문제는 아니지만 어쩌면 북한은 약자로서 어떻게 강자와 맞서야 하는지는 과거의 협상과정을 참고하여 맥락적으로 적용하고 있는지도 모를 일이다.

약자는 강한 의지와 비장의 카드가 있어야 원하는 것을 얻을 수 있다.

12

미국과 베트남 동맹, 그 씁쓸한 마무리!

● ● ●

제2차 세계대전 이전부터 이미 프랑스는 인도차이나반도를 식민통치하고 있었다. 그래서 미국은 인도차이나반도에 큰 관심을 가지지 않았다. 그러나 1949년 10월, 중국이 공산화되자 상황이 변화하기 시작한다. 곧이어 발발한 한국전쟁은 미국이 아시아의 상황변화에 더욱 민감하게 만들었다.

특히, 중공, 소련 등 공산 진영의 북베트남 원조가 증가하자, 미국은 인도차이나반도에서 공산 세력 봉쇄조치를 취한다. 1950년 10월 10일, 군사고문단을 파견하고 남베트남에 대한 군사원조가 급증하기 시작한다. 1946년부터 시작된 미국의 군사원조는 1950년부터 증가하여 1954년까지 총 36억 달러에 달하였다. 프랑스가 베트남에서 지출하는 전쟁 비용의 60%를 미국의 원조가 차지한 것을 의미한다. 미국은 본격적으로 베트남에 개입하기 시작한 것

이다.[128]

미국의 베트남 개입과정

인도차이나에서 프랑스의 영향력은 1954년 3월 고비를 맞게 된다. 베트남의 보응우옌잡 장군이 프랑스군이 주둔하고 있는 디엔비엔푸에 대한 공격을 개시한 것이다. 결국, 북베트남의 공격으로 5월 7일 디엔비엔푸는 함락된다.[129] 예상 밖의 결과였다. 프랑스는 더 이상 베트남에 대한 식민지배 의욕을 상실한다.

1954년 7월 21일, 제네바협정을 통하여 전쟁이 종결되었다. 협정 결과 베트남을 북위 17도 선을 따라 남북으로 분할했다. 북쪽은 호찌민 정부가 통치하고, 남쪽은 프랑스가 세운 바오다이 정부를 유지하되, 1956년 7월까지 남북총선거를 실시해 통일 정부를 수립하기로 하였다. 이에 따라 프랑스군은 1954년 10월 9일, 북베트남에 대한 작전통제권을 호찌민 정부에 이양하고 철수한다. 이어서 1956년 4월, 인도차이나사령부를 폐쇄하고 동년 9월, 사이공 공항을 통해 철수함으로써 베트남에 대한 프랑스의 식민지배는 완전히 마무리됐다.

베트남에서 프랑스가 철수하자 힘의 균형을 유지하기 위한 대

---

128 최용호, 「베트남전쟁과 한국군」 (2004), pp.47~56
129 디엔비엔푸전투에 대한 상세한 내용은 5장의 '지형과 기상을 활용하라'를 참고하기 바란다.

체세력이 필요했다. 미국 외에는 대안이 없었으로 전면에 등장하게 되었다. 미국은 베트남의 공산화를 방지하기 위해 노력한다. 그 첫 번째 노력이 당시 미국에 체류 중이던 친미세력인 응오딘지엠을 새로운 내각의 수상으로 임명한 것이다. 미국의 지원을 받은 응오딘지엠은 1955년 10월 23일, 국민투표를 통한 압도적인 지지로 기존의 군주제를 폐지하고 공화제로 전환한다. 응오딘지엠은 1955년 10월 26일 사이공을 수도로 하는 베트남공화국을 수립하고 초대 대통령에 취임했다.

1961년 1월 케네디 정부가 들어서고 '반공국가인 남베트남을 유지하는 것이 미국의 목적'이라고 케네디 대통령이 공개적으로 표명하며 남베트남에 대한 미국의 군사적 개입이 급물살을 타게 된다. 1961년 12월 11일, 비로소 미국의 공식적인 건제부대가 파병되기 시작한다. 파병되는 미군이 증가하자 1962년 2월 8일, 남베트남에 군사원조 사령부를 설치하고 하긴스 대장을 사령관으로 임명한다. 미국의 남베트남 원조는 매년 4억 달러 정도나 되었다. 이 규모는 응오딘지엠 정부 재정의 2/3를 차지했다. 이 시기에 미국과 남베트남 양국은 실질적인 동맹관계가 형성되었다고 볼 수 있다.[130]

한편, 응오딘지엠 정부는 미국의 일방적 지지로 만들어져서 남

---

130 최용호, 앞의 책, p.82

베트남 국민 사이에 정통성이 부족했다. 게다가 인권유린, 부정부패가 만연했던 정부의 폭정은 1963년에 절정에 달한다. 불교계 지도자 틱꽝득 스님이 사이공 중심가에서 정부의 폭정에 항거하며 분신자살을 하는 사건이 발생한다. 이 사건이 TV를 타고 전 세계로 방송되자 국제여론은 국민의 인권을 유린하고 부정부패를 일삼는 응오딘지엠 정부를 비난했다.

결국, 미국은 불교도 탄압 중지와 민주화 조치를 요구하지만 이를 거부한 응오딘지엠은 오히려 북베트남과 남베트남 내 핵심 공산주의자 모임인 '남베트남민족해방전선(NLF : Nation Liberation Front)과 접촉해 남베트남의 중립화 방안을 모색하였다. 이에 미국은 1963년 9월, 응오딘지엠을 비난하는 공식성명을 발표하고 전방위적인 제재조치를 하였다. 미국과 응오딘지엠 정부 간의 갈등을 인식한 남베트남의 군부는 1963년 11월 1일, 쿠데타를 감행해 응오딘지엠 정부를 전복시켰다. 이후 4년 동안 10번의 정권교체를 거친 후 1967년 9월, 응웬반티에우가 대통령에 취임할 때까지 남베트남의 불안정은 계속된다.

한편, 케네디 대통령의 갑작스런 사망으로 대통령이 된 존슨은 군사고문단의 수를 대폭 증가하면서 베트남 문제에 깊숙이 개입한다. 1964년 11월, 재선에 성공한 존슨은 베트남 문제를 원점에서 검토하여 단계적 확전론[131]을 결정했다.

1965년 7월 존슨은 남베트남에 미군 5만 명을 증파하고 국제적 지지 확대를 위해 노력한다. 그 결과, 1965년 말까지 2만여 명의 한국군과 오스트레일리아 및 뉴질랜드군이 파병되고, 태국, 필리핀, 대만, 스페인 등의 파병이 이어졌다. 1968년에는 파병된 병력이 54만 8천 명에 달하게 된다.

구정 대공세[132]

1968년 1월 30일, 베트남전쟁의 운명을 가를 전투가 벌어진다. 북베트남과 베트콩의 구정 대공세이다. 이 전투에서 베트콩이 패배한다. 전투에서는 패하였으나, 전쟁 전체 국면에서 보았을 때 대단히 중요한 전투였다.

미군이 베트남에서 고전하고 있는 모습이 TV를 통해 방송되자 미국 전역에서 반전시위가 들불처럼 번져나갔다. 이에 존슨은 베트남 정책을 전환할 수밖에 없었다. 3월 31일, '북베트남에 대한 폭격을 중지하고 1968년 대선에 출마하지 않겠다'고 발표하고 북베트남 정부에 평화협상을 제의하였다. 북베트남 정부는 1968년 4월 3일, 미국의 제안을 수락한다고 발표했다.

---

131 단계적 확전론은 2단계로 구성된다. 1단계는 라오스의 호찌민 통로에 대한 공중 공격과 북베트남에 대한 비밀작전을 강화하는 것, 2단계는 북베트남에 대한 공중 폭격을 강화하는 것이다.

132 구정 대공세에 대한 상세한 내용은 3장에 있는 '전투에서 지고 전쟁에 이기다'를 참고하기 바란다.

1969년 6월 8일, 존슨의 뒤를 이어 취임한 닉슨은 남베트남의 응웬반티에우 대통령과의 정상회담을 열고 점진적으로 미군을 남베트남에서 철수시킬 것임을 언급한다. 이제까지 추구했던 '베트남전쟁의 미국화'에서 '베트남전쟁의 베트남화'로 선회한 것이다. 미국의 정책변화는 파견된 미군 병력의 숫자에서 명확하게 나타난다. 1968년 말 54만 8천 명에 달하던 병력은 1969년에 48만 명, 1970년에 34만 명, 1971년에 15만 6천 명, 1972년에 말에는 3만 명으로 대폭 감소하였다.[133]

파리 평화협상

한편, 1968년 4월부터 시작된 미국과 북베트남과의 평화협상은 양측의 견해 차이로 합의를 이끌어내지 못하고 있었다. 양측의 견해 차이가 좁혀지지 않자, 북베트남 정부는 협상보다는 무력으로 해결하려고 하였고, 이에 미국은 하노이에 대한 북폭으로 대응하였다. 결국, 북베트남 정부는 미군 철수가 무엇보다 중요하다는 사실을 인식하고 다시 협상테이블로 나오게 된다. 1972년 7월, 파리 평화회담이 재개되었다. 오랜 협상 끝에 북베트남 정부는 마침내 남베트남 정부를 공식적으로 인정한다. 그리고 동년 10월 21일, 미국과 북베트남 양측의 평화협상 초안이 완성된다.

---

133 황수현, 「한미동맹 갈등사」 (2012), p.40

그러나 남베트남의 응웬반티에우 대통령은 협상 초안에 반발하고, 닉슨 대통령은 대량의 무기를 남베트남 정부에 넘겨주고, 휴전 후 재건을 위한 원조를 약속하였다. 결국, 응웬반티에우 대통령이 존슨 정부의 협상안에 동의함에 따라 1973년 1월 27일, 파리에서 미국의 키신저 국무장관과 북베트남의 레둑토 대표 간에 평화협정이 체결되었다. 미군은 같은 해 3월 26일까지 소수 군사고문단을 제외한 모든 전투병력을 철수하였다.

남베트남의 패망

미국의 남베트남 지원의 급격한 감소로 통일 전쟁 분위기가 무르익었다고 판단한 북베트남 정부군은 1975년 3월 10일, 남베트남에 대한 전면전을 감행했다. 포드 대통령은 동년 4월 9일, 국가안전보장회의를 소집하여 남베트남에 대한 7억 2천 2백만 달러의 군사원조, 유엔을 통하지 않은 인도적 지원, 민간인들의 철수 작전을 위한 예산지원을 의회에 요청하였으나. 미 의회는 미국인들의 철수 작전을 제외한 다른 용도의 예산지원을 거부하였다.[134]

1975년 4월 21일, 응웬반티에우 대통령이 사임하고 온건파인 두옹반만 장군이 대통령에 취임하지만, 결국 1975년 4월 30일 북

---

134 김수광, "닉슨-포드 행정부의 대한반도 안보정책 연구 : 한국방위의 한국화 정책과 한미연합방위체제의 변화", (서울대학교 대학원 박사학위 논문. 2008), pp. 265~266

베트남군이 남베트남 대통령궁을 접수하고 대통령은 체포된다. 이로써 미국과 남베트남의 동맹관계는 공식적으로 종결되고 역사의 뒤안길로 사라지게 된다. 씁쓸한 마무리가 아닐 수 없다.

남베트남의 사례에서 알 수 있듯이 아무리 강대국과의 동맹이 있어도 약소국이 스스로 지킬 힘이 없다면 소용없다는 것이다. 상대방이 나를 무시할 수 없는 전략적 가치를 가져야 한다. 국가이익에 전략적 가치가 사라졌다고 판단하면 어제의 동맹이 오늘은 등을 돌릴 수 있다는 것이 국제사회의 냉혹한 현실이다.

강대국이 동맹을 포기하게 되면 남베트남의 경우와 같이 급격한 힘의 균형이 무너지면서 패망으로 이르게 된다는 사실을 명심해야 한다.

동맹은 분명 약소국에 유용한 가용수단임은 분명하지만, 모든 문제를 해결해 주는 만병통치약은 아니다. 동맹이 갖는 양날의 칼의 속성을 늘 명심해야 한다. 상대적인 열세에 있는 약자에게 동맹만큼 매력적인 유혹은 없을 것이다. 그러나 잘 다루지 않으면 위험해질 수 있다.

BEYOND WEAKNESS

제5장

정보(Intelligence) :
약자이기에 더 절실하다

'적은 강하고 홍군은 약하지만 불패(不敗)를 목표로 한다.'

마오쩌둥이 이끌던 홍군의 구호 중의 하나다. 전쟁에 임하는 군대가 승리가 아니라 불패를 목표로 한다는 것이 좀 이상하지 않는가? 왜 승리를 목표로 하지 않고 불패를 목표로 했을까? 이 구호에는 많은 함의가 내포되어 있다. 홍군의 입장에서는 절대적 우위의 국민당군을 상대로 이기는 전투를 하는 것 자체가 과욕이므로 우선 패하지 않는 것을 중간목표로 삼은 것이다. 이 중간목표도 사실 달성하기 쉬운 일은 아니다. 목표와 현실 사이에 큰 간격이 있기 때문이다. 이 간격을 해결하기 위해 홍군은 국민당군을 홍군에게 유리한 지역으로 유인하고, 신속하게 분산과 집중을 할 수 있는 조직으로 만들어갔다. 이러한 게릴라전술이 성공하기 위해 가장 필요한 것이 정보였다. 홍군의 지도부는 신문을 분석하고, 인민들이 보내오는 지역 소식과 국민당군의 동향을 활용했다. 더 나아가 정보공작학교를 통해 교육한 첩자를 국민당군에 침투시켜 정보를 빼냈다.[1]

오늘날 정보수집 능력 면에서 강자와 약자 사이에는 기울어진 운동장이 있다. 강대국은 위성을 비롯한 첨단 정보수집 수단들을 동원하여 상대의 일거수일투족을 들여다보고 있는 반면에, 약소국은 원시적인 수단의 정보에 의존할 수밖에 없다. 이러한 정보수집 능력의 불균형 속에서 어떻게 강자와 싸워 이길 것인가? 대단히 풀기 어려운 숙제이다.

---

1 이준구, 「중국정치의 탄생, 대장정」 (2012), p.267

다행히 우리는 지금 네트워크 세상에 살고 있다. 정보가 부족한 세상이 아니다. 정보는 넘쳐난다. 네트워크로 연결된 지식 정보사회는 힘의 논리가 많이 작용하지 않는다. 누구나 정보에 접근하여 활용할 수 있다. 네트워크로 연결된 디지털 정보를 잘 활용할 수만 있다면 약자도 정보의 불균형을 해소할 수 있다.

정보의 부족이 문제가 되는 것이 아니라, 정보를 분석해 통찰하고 그것을 현실에 창의적으로 적용하는 능력이 더 많이 필요한 시대이다. 종이 신문이나 공중파 TV의 그 막강하던 권력도 이제 인터넷 포털 사이트 인기 블로거의 영향력에 밀려나고 있다. 수십만 명의 트위터 팔로워를 가지고 있는 유명인이나 수백만 명의 구독자를 가지고 있는 유튜버의 영향력은 웬만한 언론매체를 능가한다.

정보 지식의 편집능력이 있으면 약자도 강자가 될 수 있다.

정보의 중요성을 강조한 「손자병법」

군사력을 사용할 때 가장 중요한 것은 적의 사정을 아는 것이다. 적의 사정을 모르는 가운데 움직이면 위험해진다. 손자는 그의 병서에 선인들의 경험을 종합하여 적의 정황을 살피는 방법을 소개한다. 그는 아주 사소한 것들을 면밀하게 관찰하여 전체적인 흐름을 파악할 수 있어야 한다고 강조한다. 손자가 탁월한 전략가인 이유는 사소한 징후를 놓치지 않고 논리적으로 추론하여 전체를 정확하게 파악하기 때문이다.

힘은 속도의 제곱에 비례한다. 속도를 높이기 위해서는 조직의 지휘계통이 살아서 신속히 움직여야 한다. 먼저 보고, 먼저 분석하여 먼저 결심하고 행동해야 상대보다 속도에서 앞설 수 있다. 이 과정에서 가장 중요한 요소는 정보의 흐름이다. 정보의 흐름은 조직이 비대하면 할수록 속도가 느려지고 왜곡될 가능성은 증가한다. 여기에 정보획득의 딜레마가 존재하는 것이다. 공식적인 채널을 통해 보고되는 과정에서 다듬어지게 되고 현장의 생생함은 사라진다. 어떤 내용은 의도적으로 걸러지기도 한다.

그래서 손자는 「손자병법」에서 다른 어떤 전략서에서보다 정보의 중요성을 강조한다. 지피지기(知彼知己), 용간(用間), 형인이아무형(形人以我無形), 피실격허(避實擊虛) 등은 모든 전략의 출발점이 정보라는 사실을 깨닫게 한다. 피아 전투력, 지형과 기상 등에 대한 정확한 정보를 알아야만 비로소 제대로 된 전략 구사가 가능해지기 때문이다.

1

지피지기(知彼知己), 전략의 시작

● ● ●

적을 알고 나를 알면, 백번 싸워도 위태롭지 않고

적을 알지 못하고 나를 알면, 승리의 확률은 반이며

적을 알지 못하고 나도 알지 못하면 싸움마다 위태롭다.

－「손자병법」 모공(謨攻) 편

「손자병법」의 모공 편 마지막에 나오는 손자병법의 대표적인 명구이다. 많은 사람이 '지피지기 백전백승'이라고 말하는 것은 이 구절을 잘못 알고 하는 말이다. 단지 적과 나를 안다고 해서 백전백승하는 것은 아니다. 승리에는 훨씬 많은 요소가 긴밀하게 영향을 주고받는다. 적과 나를 안다면 최소한 위태로움에 처하지는 않는다. 그래서 손자는 '백전백승'이 아니라 '백전불태'라고 했다.

손자의 '자신을 알고 남을 알아야 한다'라는 주장은 정보의 중

325

요성을 잘 대변해 준다. 이것이 전략을 세우고 준비하는 데, 그리고 시행하는 데 가장 중요한 요소가 된다. 제반여건이 열악한 약자는 늘 심각한 정보부족의 어려움을 겪게 된다. 그리고 전쟁상황에서 중요한 결심을 하는 지휘관은 늘 제한된 정보 가운데서 결심을 강요받는다. 그 결과 잘못된 판단을 하게 되는 경우가 왕왕 발생한다. 만약 실시간에 적군의 상황을 정확하게 파악할 수 있다면 결코 위태로움에 빠지지 않을 뿐만 아니라 쉽게 승리할 수 있을 것이다.

이 문제는 비단 전쟁에서만 적용되는 것이 아니다. 우리 모든 삶의 문제에 똑같이 적용된다. 오늘날 기업 사이에 특허분쟁이 날로 증가하고 있다. 제품을 생산하고 나서 판매하려고 하다가 기존 제품에 특허 문제가 발생하는 경우를 자주 목격한다.

이런 특허분쟁을 방지하는 최고의 방법은 무엇일까? 가장 중요한 일이 지피(知彼) 하는 것이다. 즉, 경쟁사를 먼저 분석해야 한다. 먼저 제품이나 영업과 관련해 연관된 경쟁사의 특허를 파악해야 한다. 이때, 특허 조사는 상당히 기술적이고 전문적인 업무이므로 특허 전문가의 도움을 받아야 한다.

첫째, 대상 특허를 압축하고 심사포대[135]를 분석한다. 제품 및 영업 별로 선별된 특허를 상세하게 분석한다. 이때 쟁점이 되는 특

---

135 특허출원을 하면 특허청에서는 그 출원에 대한 파일이 생성되는데 이를 '심사포대'라고 한다. 여기에는 출원 이후, 자진 보정, 심사관의 거절이유, 출원인의 응답 내용 등 모든 이력이 기록으로 남는다.

허는 특허청 사이트에서 특허출원 경과가 모두 기록된 심사포대를 입수해 살펴보아야 한다. 여기에서 특허출원 시 심사관의 거절 이유, 심사관이 제시한 선행기술, 심사관이 거절한 이유 등을 파악할 수 있다. 그리고 선행기술에 대해 특허출원인이 어떻게 대응했는지, 그 이유가 무엇인지를 파악하는 것도 중요하다.

둘째, 철저한 선행기술조사를 해야 한다. 연구개발 추진 시 선행기술조사는 사전에 분쟁을 회피할 수 있게 한다. 생산단계 이전에 선행기술 조사를 통해 기존의 특허권에 저촉될 경우 조치를 하여야 한다. 설계변경, 라이센스 교섭 등을 통해 기존 특허권자의 특허를 이용하는 방법도 있다.

개인의 사회생활에서도 지피지기는 중요하다. 상대방을 더 잘 알기 위해서는 상대방의 배경이나 호불호를 아는 것이 매우 중요하다. 직장생활을 잘하려면 상관에 대한 기본정보는 알고 있어야 한다. 상대와 같이 느끼고 상대의 눈높이에서 생각하고 행동하는 것이 중요하다. 탁월한 말재주가 없더라도 상대방 입장에서 이야기할 수 있는 능력이 있다면 설득과 소통의 달인이 될 수 있다.

'라포르'라는 말이 있다. 사람과 사람 사이에 생기는 신뢰 관계를 뜻하는 말이다. 흔히 '마음이 통한다'는 말과 같은 의미이다. 현란한 말솜씨를 자랑하거나 이성적이고 논리적으로 설득하기에 앞서 가장 먼저 상대방의 감정을 읽고 같은 마음으로 느낄 수 있어야 할 것이다.

2

용간(用間), 정보의 출처를 다양화하라

● ● ●

간첩을 활용함에는 다섯 가지가 있으니 향간, 내간, 반간, 사간, 그
리고 생간이 있다. 다섯 가지 간첩을 모두 사용하되, 적이 그 사용
하는 방법을 모르게 하니, 이를 일러 신묘막측의 경지라고 하고, 군
주의 보배라고 하는 것이다.

-「손자병법」용간 편

손자는 전쟁에서 돈이 많이 드는 것을 경계한다. 그런데 '정보
를 얻기 위해 돈 쓰는 것을 아껴서는 안 된다'고 말한다. 이유는 간
단하다. 결정적인 정보 하나로 엄청난 돈이 들어가는 전쟁을 싸우
지 않고 이길 수도 있고, 단시간에 끝낼 수도 있게 되어 궁극적으
로 비용을 줄이는 결과로 귀결되기 때문이다. 그래서 정보를 얻기
위해 첩자를 활용하는 것은 중요하다. 정보의 우열이 승패를 좌우

한다.

　과거의 전쟁을 분석해 보면, 전쟁의 승리요인 중에 적정을 미리 알고 대비하거나 적의 약점을 공략하여 승리한 경우가 매우 많다. 전쟁에서 적에 대하여 알고 싶은 것은 누구나 마찬가지이다. 문제는 상대방이 정보의 노출을 최대한 억제한다는 것이다. 숨기려는 상대의 정보를 다양한 수단을 동원하여 획득해야 한다.

　그렇다면 어떻게 적에 대한 정확한 정보를 적시에 얻을 수 있었을까? 물론 공식 지휘계통을 통해 보고되는 정보를 활용할 수 있을 것이다. 그러나 손자는 그것만으로는 부족하다고 이야기한다. 왜냐하면, 정식 보고계통을 통해 보고되는 정보는 보고과정에서 정제되어 현장의 실상을 담지 못할 뿐만 아니라, 정보의 생명인 적시성을 놓칠 가능성도 높아지기 때문이다.

　그래서 손자는 비공식 네트워크인 용간을 활용할 것을 제시하고 있다. 간첩에는 다섯 가지 유형이 있다. 향간은 적국의 마을 주민을 잘 이용하는 간첩이고, 내간은 상대국의 백성이 아니라 고을 관리를 포섭하여 쓰는 것이다. 반간은 상대국의 간첩을 역이용하는 방법인데 소위 이중간첩을 말한다. 사간은 이중간첩을 한층 더 복잡하게 쓰는 것으로 밖으로 거짓 일을 꾸며서 아군의 간첩을 시켜 알게 하여 적에게 전하게 하는 것이다. 생간은 상대국의 정보를 탐지 후 살아 돌아와 보고하는 것이다.

　여기서 정보에 대한 손자의 생각을 살펴보자. 통찰력이 있는 장수는 어디를 가도 적을 정복하고 보통 사람들이 생각할 수 없을 정도의 성공을 거둔다. 그 이유를 손자는 '사전에 정보를 알고 있기 때문'이라고 이야기한다. 그러한 정보는 귀신에게서 나오는 것이 아니다. 과거의 사실들을 비교 검토하여 끌어내는 것도 아니고 별자리를 보고 계산하여 확인된 것도 아니라고 이야기한다. 그것은 바로 사람에게서 나온다고 강조한다. 그것도 상대방을 잘 아는 사람으로부터.

이중간첩 블레이크

이중간첩의 대표적 사례를 살펴보자. 2020년 12월 26일 러시아의 타스통신은 '블레이크의 사망 사실'을 보도한다. 그것도 러시아 해외정보기관인 대외정보국(SVR) 대변인이 나와서 발표했다. 러시아 정보국에서 사망 사실을 발표하고 푸틴 러시아 대통령이 그의 사망 소식에 '탁월한 전문가이자 빼어난 용기를 지닌 사람'이라고 애도했다. 블레이크가 과연 누구이기에 이런 반응을 보이는 것일까?

그는 네덜란드 출신으로 제2차 세계대전 기간에 영국 해외정보국 소속의 MI6 요원으로 선발된다. 1948년에 주한 영국대사관의 부영사로 취임해 서울에서 북한, 중국, 동아시아 지역의 소련 정보수집 임무를 수행한다. 그러나 한국전쟁이 발발하면서 인생의 변곡점을 맞는다. 북한군의 포로가 된 그는 3년간 북한에서 보내며 전향하게 된다. 전향한 배경에 대해서는 두 가지 설이 있다.

첫째는 본인이 2011년 영국 인디펜던트와의 인터뷰에서 밝힌 내용인데, '한국전쟁 시 미군의 비행기들이 북한 마을을 포격하는 모습을 보면서 소련 쪽으로 마음이 기울었다'라고 하였다. 두 번째는 뉴욕타임즈가 발표한 내용인데, '그는 포로기간 중 공산주의 세뇌교육을 받았고, 마르크스의 「자본론」을 탐독하고 전쟁에 환멸을 느껴서 공산주의자로 전향했다'라고 하였다. 어쨌든 그는 전향을 결심했고 북한에서 활동중이던 KGB 요원을 만나 소련 공작원이 되겠다고 자원하게 된다.

한국전쟁 이후에도 MI6 내에서 동독 내 첩보조직을 지휘하며 은밀히 이중간첩 활동을 하게 되는데, 대표적인 활동이 2가지 있다. 첫째는 동유럽에서 활동하는 MI6 첩보원 400명의 신원을 소련에 넘겨준다. 둘째는 미국과 영국이 동베를린을 통하는 지하터널에 군사용 도청장치를 설치한다는 '베를린 터널 작전'에 대한 기밀을 빼돌려 소련에 제공한다. 소련은 이 정보를 이용하여 미국과 영국에 역정보를 흘려보내는 수단으로 활용했다.

그의 이중간첩 활동은 1961년 폴란드의 첩보요원 미카엘 골레니에프스키가 서방으로 망명하면서 드러나게 된다. 간첩 혐의로 42년형을 선고받은 블레이크는 1966년 동료 죄수와 출소한 수감자의 도움으로 탈옥하여 베를린을 거쳐 소련으로 탈출했다. 소련에서는 그를 국가적 영웅으로 대접하며 KGB 중령 출신의 연금을 주고, 2007년에는 그의 공로를 인정하여 훈장을 수여했다. 그리고 사망하자 애도를 표한 것이다.

이런 모습을 보면 손자가 설명한 간첩의 중요성을 새삼 깨닫게 된다. 국가적 차원의 애도를 받을 정도의 죽음은 그만큼 간첩의 역할이 크다는 것을 보여주기도 한다. 그리고 지금도 간첩이 중요한 분야에서 활약하고 있음을 보여준다. 목숨을 걸고 이중간첩의 역할을 하는 자들에게 경제적 부와 국가의 영웅으로서의 명예를 통해 그들은 그 일에 의미를 찾게 하는 것이다.

먼저 신뢰를 쌓아라

일반 사회에서는 간첩처럼 불법적인 정보수집을 권장할 수 없다. 그렇다면 어떻게 필요한 정보를 획득할 수 있을까? 조직이나 개인 차원에서 합법적인 범위 안에서 중요한 첩보를 획득하는 사례를 찾아볼 수 있다.

2장에서 언급하였던「상경」에 나오는 호설암은 가난한 선비였던 왕유령을 도와 관직에 나가게 하여 의형제를 맺어 지속적인 고급 정보와 사업에 도움을 받는다. 그리고 태평천국의 난이 일어나자 어려움에 빠진 청나라 조정을 도와 군수품과 자금을 지원한다. 난이 평정되고 나서 청나라 조정에서는 호설암에게 홍정상인의 칭호를 내리고 사업에 도움을 준다. 상대방이 어려운 상황에 빠졌을 때 조건 없이 돕는 것이 차후에는 더 많은 혜택을 받게 된다는 것을 알 수 있다.

육군대학 학생 장교로 있을 때 있었던 일이다. 육군대학의 성적은 군 생활에 매우 중요하게 작용한다. 그래서 밤잠을 설치며 공부를 해야 한다. 상대평가를 하게 되므로 서로 자신이 가지고 있는 정보를 공유하기를 꺼리는 분위기가 만연해 있었다. 그러나 나는 가지고 있던 정보를 주변 동료에게 먼저 제공했다. 그랬더니 상대방도 미안한지 자신만의 정보를 나에게 주었다. 이렇게 나는 많은 사람과 정보를 공유할 수 있었고 시험에서 좋은 성적을 거둘 수 있었다. 정보의 교류에는 공짜가 없다. 철저한 기브 앤 테이크다. 상대방의 정보를 얻고 싶다면 먼저 주어야 한다.

정보의 교류에는 신뢰가 필수적이다. 민감한 정보일수록 더욱 그러하다. 신뢰를 바탕으로 조그마한 정보를 제공하고 피드백을 받으면서 신뢰가 쌓여가면 좀더 중요한 정보들을 주고받을 수 있다. 정보의 흐름이 잦아지면 그 통로는 점점 커지면서 더 많고 중요한 정보를 주고받을 수 있게 된다.

3

적은 드러내고 내 모습은 숨겨라

● ● ●

형인이아무형(形人以我無形)

즉아전이적분(則我專以敵分)

적은 드러나게 하되, 나는 드러나지 않으면,

나는 마음 놓고 병력을 집중하되, 적은 병력을 분산하게 된다.

- 「손자병법」 6편 허실 편

    손자는 허실 편에서도 정보의 중요성을 강조한다. 즉, 아군의 정보활동을 통하여 적의 능력과 의도를 명확히 알아내어야 하는 반면, 아군의 능력과 의도에 대해서는 철저하게 숨겨야 한다고 강조한다. 그래야만 아군은 상대방의 능력과 의도를 알기에 마음 놓고 병력을 집중할 수 있는 반면에, 상대방은 아군의 능력과 의도를 모르게 되므로 불안해지고 다양한 곳에 가용수단을 분산할 수밖에 없게 된다.

아군의 능력과 의도를 감추어서 상대방으로 하여금 모든 부분에 대비하게 강요해야 한다. 그렇게 되면 아군은 병력을 집중할 수 있고 적은 병력을 열로 나누게 되니 이것은 열 배 병력으로 하나를 공격하는 것과 같은 이치가 된다. 그렇게 되면 아군의 수는 많고 상대방은 수가 적어지니 많은 수로서 적은 수를 공격할 수 있게 된다. 그만큼 쉬운 싸움이 되고 쉽게 승리할 수 있다.

특히, 강자와 약자가 싸울 때는 전투력의 격차가 많이 나게 되므로 손자의 이 조언에 귀 기울여야 한다. 이순신이 손자의 이러한 조언을 잘 이행했다. 지역주민들의 첩보와 정보활동 등을 통해 늘 적의 동향을 파악하고 있었던 반면에 아군의 정보는 드러내지 않았다. 그래서 전투가 일어나는 현장에서는 상대적 전투력에 비해 우세를 달성하고, 아군의 피해를 최소화하면서 쉽게 작은 승리를 쌓아가게 된다. 다음 도표를 보면 이순신이 적에 관한 정보수집에 얼마나 관심을 기울였는지 확인할 수 있다. 이순신은 다양한 출처를 통해 획득한 정보를 기초로 전장 상황을 꿰뚫어보고 일본 수군의 의도와 움직임을 사전에 파악하여 승리할 수 있었다.

구 분	수 단	정 보 내 용
옥포해전	원균	적선의 수, 정박 위치
	척후병	옥포선창에 정박 중인 일본 함선 50여 척 발견
당항포 해전(1차)	향화인	당포에서 쫓겨 간 일본 수군의 배들이 당항포에 정박 중
	탐색전선	일본군 발견
당항포 해전(2차)	제한국	구화역 앞 바다에 일본 수군 함선 8척 정박
	제홍록	일본 함선 10여 척 구화역 도착, 6척은 춘원포 도착
	제한국	일본 함선 16척이 소소포로 들어옴
한산도 해전	탐문	가덕, 거제 등지에 일본 함선 10여 척, 30여 척 수시 출몰
명량해전	탐망군관	일본 수군이 어란포 습격, 일본 수군의 규모 파악
	별망군	일본 함선이 명량을 거쳐 곧장 진을 향해 오고 있음

형인이아무형(形人以我無形)은 적을 효과적으로 속이기 위한 전제조건이다. 나를 숨기고 은폐하고 나의 허실을 드러나지 않게 꼭

---

136 이경식, "충무공 이순신의 전승에 관한 연구"(공주대학교 대학원 박사학위 논문, 2017), p.144.

꼭 숨겨야 한다. 반대로 상대는 최대한 드러나게 만들어야 한다. 상대를 드러나게 한다는 것은 상대의 유형적 전투력과 의도를 파악하여 허실을 정확하게 알고 있는 것을 말한다. 얼마나 나를 무형으로 만들고 상대를 유형으로 만드느냐가 전쟁의 승패를 좌우한다.

게릴라전의 정수는 유동성이다. 상대의 움직임에 따라 끊임없이 변화하고 적응해야 한다. 정해진 패턴을 따르지 않기 때문에 상대에게 표적을 제공하지 않게 된다. 게릴라는 절대로 똑같은 전술을 반복하지 않는다. 그때그때 만나는 지형과 상황에 반응한다. 끊임없는 움직임이 무형을 만들어낸다. 내 허실은 감추는 데서 더 나아가 나의 실한 것을 허한 것으로 위장하고 허한 것을 실한 것으로 위장할 수 있다면 더욱 좋다. 그러면 상대가 나의 강점에 주력을 지향하여 헛발질하는 동안 나는 적의 급소를 나의 주력으로 공격할 수 있게 되기 때문이다.

4
피실격허(避實擊虛), 정보 없이는 불가능!

• • •

부병형상수(夫兵形象水),

수지형(水之形), 피고이추하(避高而趨下),

병지형(兵之形), 피실이격허(避實而擊虛)

무릇 군대의 운용은 물의 성질을 닮았으니,

물의 성질은 높은 곳을 피해 낮은 곳으로 흐르고

군대 운용은 적의 실을 피해 허한 곳을 공격한다.

- 「손자병법」 6편 허실 편

손자는 군의 운용은 물의 모습을 닮아야 한다고 주장한다. 물은 높은 곳에서 낮은 곳으로 흐른다. 그러다가 막히며 방향을 틀어서 다시 낮은 곳을 향해 흘러간다. 즉, 물은 지표면의 모양에 따라 흐르는 방향이 결정된다. 군사의 운용도 이와 같이 자연스럽게 순리를 따라야 한다. 상대의 충실한 곳은 피하고 대비가 허술한 부분에 공격하는 것이 순리이다. 그런데 문제가 있다. 물은 중력에 의하여 자연스럽게 높은 곳에서 낮은 곳으로 흐르지만, 군사는 자동적으로 움직이지 않는다.

지휘관이 군사의 움직임을 결심하기 위해서는 정보활동을 통해 상대방의 강점과 약점을 파악해야 하고 아군의 강점을 적의 약점에 집중해야 한다. 그러나 이런 활동이 말처럼 쉽지 않다. 전쟁의 불확실성 가운데에 지휘관은 결심하고 지시해야 한다. 그래서 적의 약점을 찾아 쉬운 싸움을 하기 위해서는 정확한 정보가 반드시 필요하다. 정보를 통해 상대의 약점을 공격하고 만약 약한 부분이 없다면 여러 가지 계략을 통해서 약한 부분을 만드는 노력이 필요하다. 전투력의 운용에서 상대방의 견고한 부분은 피하고 약한 부분을 찾아 공격하는 것은 물이 낮은 지형을 따라 흐르는 것처럼 순리를 따르는 것이다.

피실격허의 중요한 전례가 있다. 아라비아 로렌스의 게릴라전[137]이다. 로렌스는 기존의 방법과는 전혀 다른 방법으로 접근한다. 터키군이 점령하지 못한 광활한 사막에 주목해 사막작전에 장점을 지닌 아랍의 낙타부대를 모집한다. 그리고 시선은 터키군의 아

---

137 로렌스의 게릴라전에 대한 세부내용은 제2장에 있는 '차별화로 승부하라'를 참고하기 바란다.

킬레스건인 다마스쿠스로 전환하고 실제로는 반대편에 있는 아카바를 향한다. 아카바를 공격하는 방법도 간접접근을 시도했다. 먼저, 아카바에 이르는 철도를 파괴하여 보급을 차단하고 작은 승리를 통해 주변의 아랍군 세력들과 합류하여 적이 전혀 상상도 하지 못했던 방향으로 공격함으로써 최소의 피해로 완벽한 승리를 달성할 수 있었다.

손자는 적의 움직임에 따라 아군을 자유자재로 운용하여 승리하는 것이 진정 달인의 경지라고 말한다. 우주 간의 오행은 항상 변화해 가고, 1년 4계절의 기후도 그때그때 변화해 가는 것이므로 일정한 상태라는 것은 없다. 해도 여름에 길고 겨울에는 짧아지고 달도 둥글게 찰 때가 있고 기울 때가 있어서 하루하루 그 모습을 바꾸는 것처럼 전쟁의 진정한 모습은 이와 같다고 강조한다.

전쟁에서 승리하는 가장 중요한 원칙 중의 하나가 집중의 원칙이다. 나의 전투력을 결정적인 시간과 장소에 집중하는 것은 말처럼 그렇게 쉽지 않다. 한쪽에 집중한다는 말은 다른 쪽에서의 절약 혹은 포기를 전제로 하기 때문이다. 그래서 집중은 용기가 필요하다. 용기는 철저하게 계산한 후에 두려움을 극복하며 선택하는 것이다. 직관에 의지해서 기분에 따라 결심하는 만용과는 구분되어야 한다.

집중에 성공하기 위해서는 먼저 자신의 강점과 약점이 무엇이고, 상대의 강점과 약점이 무엇인지 알아야 한다. 첩보수집 활동을 통해 정확한 정보를 확보해야 상대의 강점은 피하고 약점에 나의 강점을 집중할 수 있는 것이다. 중국 속담에 '배가 작으면 방향을 돌리기 쉽고, 배가 크면 풍랑을 견딜 수 있다'라는 말이 있다. 모든 사람과 조직은 강점과 약점을 동시에 가지고 있다. 어떤 상황에서는 강점이 되는 것이 상황이 바뀌면 치명적인 약점이 될 수 있다는 말이다. 그래서 상대방과 자기 자신에 대한 정확한 정보뿐만 아니라 지형, 기상에 대한 정보가 중요하다.

이 세상에는 완전한 사람도 없고, 완전한 조직도 없다. 장단점이 있고, 강·약점이 있다. 쌍방의 의지가 대립하는 생존경쟁에서 상대방의 강점을 피하고 약점을 공격하는 것은 지극히 상식이다. 마오쩌둥은 '먼저 약한 곳을 치고, 나중에 강한 곳을 치라'고 습관처럼 이야기했다. 나의 강점을 가지고 적의 약점을 공격하면 승리할 수 있고, 조그마한 승리를 누적하다 보면 힘이 대등해지고, 능가하게 된다는 것이다. 그때는 비로소 강한 곳을 칠 수 있다는 것이다.

상대방의 의도를 알아채라

왓슨 : 자네의 설명을 듣고 보면 모든 게 어처구니없을 정도로 단순
해서 나도 쉽게 할 수 있을 것 같은데, 하지만 매번 새로운 사례를 접
할 때마다 자네에게 설명을 듣기 전에는 왜 감이 잡히지 않는 걸까?
홈즈 : 자네는 보지만 나는 관찰한다네.
– 「보헤미아 왕국의 스캔들」 중에서

「셜록 홈즈」에서 명탐정 홈즈와 조수인 왓슨이 주고받는 대화
이다. 우리는 가끔 눈을 뜨고 보면서도 눈앞에서 일어나는 변화를
눈치채지 못한다. 겉으로 드러나는 변화를 보면서도 그 이면의 의
미를 깨닫지 못하는 경우는 더 많다. 눈앞에서 벌어지는 현상에 현
혹되어 문제의 본질을 놓치기 때문이다.
그런데 우리는 일상의 평범함 속에서도 비범한 결과를 만들어

내는 사람들을 가끔 만나게 된다. 그들의 공통점은 사물에 대한 관찰력이 남다르다는 것이다. 관찰력은 어떻게 길러지는 것일까? 마음이 없으면 보아도 보이지 않고, 들어도 들리지 않으며, 먹어도 그 맛을 알지 못하는 법이다. 보기만 하고 관찰하지 못하는 사람은 문제의 본질을 통찰할 수 없다.

일본의 칼의 성인 미야모토 무사시는 「오륜서」에서 '견(見)은 적의 표면적인 움직임을 보는 것이고, 관(觀)은 적의 의중을 꿰뚫어보는 것'이라며 전략적 통찰력과 관(觀)이 깊이 관계가 있다고 설명한다. 즉, 상대의 표면적인 움직임에 현혹되지 않고 상대의 의중을 꿰뚫어볼 때 비로소 전략적 통찰이 가능하다는 얘기다.

프로야구 한화구단의 전 김성근 감독은 사물을 바라보는 태도를 '견(見), 관(觀), 진(診)' 세 단계로 구분하여 설명한다. 견(見)은 사물을 그냥 바라보는 것으로 야구공인지 베트인지를 구별하는 정도라면, 관(觀)은 사물을 자세히 들여다보는 단계로서 야구공의 실밥이 어떻게 박혀 있는지 파악하는 것과 같이 정보의 분류가 가능한 경지이다. 나아가 진(診)은 의사가 환자를 진찰할 때 바라보는 태도로 표면적인 증상을 보고도 내부에 무슨 문제가 있는지 알아내는 수준의 전문가적 식견을 갖춘 경지를 말한다는 것이다.

상대방의 의도를 알아내는 첫 출발점은 관심이다. 사람이든 경제든 관심을 가지면 미세한 변화들이 눈에 들어오기 시작한다. 어제와 오늘의 차이를 느낄 수 있고, 좋은 때와 나쁠 때의 변화를 읽을 수 있다. 이런 변화의 징후들을 관심을 가지고 관찰하다 보면 변화를 좀 더 빨리, 정확하게 파악할 수 있다.

흔히들 '눈 뜬 봉사' 같다는 이야기를 많이 한다. 보되 보지 못하는 어리석음을 범하는 경우를 빗대어 이야기하는 것이다. 사물을 올바르게 통찰하기 위해서는 단순히 '견(見)'의 경지를 넘어 '관(觀)' '진(診)'의 단계로 발전해야 한다. 약자는 상대방을 관찰하고 진단하여 내면의 의도를 알아내고, 전략적 통찰을 가지고 행동함으로 약함의 위기상황을 일거에 유리하게 전환하여야 한다. 상대방의 의도를 꿰뚫어보고 위기상황을 기회로 전환한 몇 가지 사례를 알아보자.

5

김춘추는 어떻게
당 태종을 설득했을까?

● ● ●

642년 여름, 백제군이 신라 낙동강 방어선의 요충지인 대야성을 공격한다. 의자왕의 총애를 받고 있던 윤충이 이끄는 백제군의 사기는 하늘을 찌르는 듯했다. 이미, 한 달 사이에 신라의 40여 개의 성을 함락시켰다. 신라는 절대절명의 위기를 맞이한다. 낙동강 서부지역이 대부분 백제로 넘어간 상황에서 이제 서부지역의 마지막 보루인 대야성마저 공격받고 있었다. 대야성은 지금의 합천으로 낙동강을 건너면 바로 대구에 도달하는 전략적 요충지이다. 신라로서는 옆구리에 치명상을 입을 위기에 직면하게 되었다.

그러나 대야성만 확보한다면 백제군에 서라벌을 직접 공격당할 위험은 피할 수 있다. 또한, 대야성을 교두보로 잃어버린 성들은 쉽게 되찾을 수 있다. 그만큼 대야성은 신라로서는 꼭 지켜내야만 하는 요충지였다.

그런데 기대와는 달리 대야성은 순식간에 함락되고 만다. 성주인 김품석에게 아내를 빼앗긴 검일이 백제군이 접근해 오자 창고에 불을 지르고 백제군에 투항한 것이다. 대야성은 백제군에게 포위된데다 지연전을 펼칠 무기와 식량을 화재로 모두 잃게 되었다. 공황에 빠진 성주 김품석은 윤충의 감언이설에 넘어가 성문을 열고 항복하고 만다. 이제는 수도 서라벌마저 백제의 위협을 받는 절체절명의 위기의 순간을 맞이하게 된다. 바로 이때 김춘추의 외교술이 빛을 발한다.

김춘추의 첫 번째 만남, 연개소문

대야성 함락의 충격이 채 가시지 않은 642년 겨울, 한 무리의 사람들이 얼어붙은 한강을 건너고 있었다. 고구려의 연개소문을 만나러 가는 김춘추 일행이다. 적국에 사신으로 파견되는 것은 당시에는 정말 위험한 일이었다. 협상이 뒤틀어지면 사신을 죽이는 사례들이 적지 않았기 때문이다. 그러나 김춘추는 그 위험을 감수하고 자원했다. 고구려의 전략적 상황을 고려할 때 연개소문을 충분히 설득할 수 있다고 판단한 김춘추는 고구려와의 동맹으로 이 누란의 위기를 돌파할 생각이었다.

당시 고구려는 세 가지 중요한 문제를 직면하고 있었다. 북으로 당나라의 압력이 가중되고 있었고, 국내에서는 연개소문이 영류왕을 제거하고 권력을 잡은 지 얼마 지나지 않아 국내적 안정이 필요했으며, 남으로 신라와 적대적으로 대치하고 있었다. 김춘추는 고구려와 남쪽 국경선을 직접 맞대고 있는 신라가 고구려와 동맹을 맺으면 고구려는 당나라와의 대결에 집중할 수 있으므로 연개소문이 동맹제의를 흔쾌히 받아주리라 생각했다. 더욱이 백제와 동맹을 맺은 영류왕을 죽이고 집권한 연개소문이기에 신라를 선택할 수도 있다고 기대했다.

그러나 연개소문은 김춘추와는 전혀 다른 그림을 그리고 있었다. 같은 민족인 삼국이 힘을 모아 당나라를 공격하자고 이야기한다. 그리고 그는 김춘추에게 신라가 점령한 마목현과 죽령 이북의 땅[138]을 고구려에 먼저 돌려주어야만 동맹을 맺고 신라를 도울 수 있다고 한다. 김춘추로서는 도저히 동의할 수 없는 제안이었다. 그러자 연개소문은 김춘추를 인질로 삼는다.[139] 이와 관련된 역사기록이 서로 다르게 기록되어 있다. 먼저 김부식의 「삼국사기」에 의하면 다음과 같다.

김춘추는 고개를 가로저었다.

"한 나라의 땅을 어찌 일개 신하가 마음대로 할 수 있겠습니까? 신

---

138 신라 진흥왕은 550년 백제와 연합하여 고구려를 공격한다. 한강 유역을 빼앗은 두 나라는 나누어 갖지만 553년 백제를 공격하여 관산성과 한강 유역을 독차지한다. 연개소문이 지금 그 땅을 돌려달라고 하는 것이다.

139 이주희, 「약자를 위한 현실주의」 (2019), pp.31~38

은 그런 요구에 따를 수 없습니다."

연개소문은 김춘추를 가두었다. 그러자 김춘추는 선도해라는 고구려 관리에게 청포(靑布)를 뇌물로 바치고 조언을 구했다. 선도해는 토끼와 거북이 이야기를 들려주었다.

'거북이는 중병에 걸린 용왕을 위해 토끼의 간이 좋다는 말을 듣고, 육지로 올라가 토끼를 꾀어 수궁으로 데려간다. 눈치 빠른 토끼는 마침 간을 빼놓고 왔으니 자기를 돌려보내 주면 갖고 오겠노라는 거짓말로 위기를 모면한다.'

김춘추는 이 이야기의 뜻을 바로 알아채고 연개소문에게 말했다.

"마목현과 죽령은 본래 고구려의 땅입니다. 밝은 해를 두고 맹세컨대 신이 귀국하면 우리 왕께 청하여 돌려드리겠습니다."

연개소문은 김춘추를 돌려보냈으나, 물론 김춘추는 약속을 지키지 않았다.[140]

한편, 「환단고기 태백일사」 고구려국 본기에는 동일한 상황에 대해서 전혀 다르게 기술하고 있다.

연개소문은 신라 사신 김춘추를 청하여 자신의 집에 머무르게 하고 이렇게 말했다.

---

140 이와 관련된 일화는 「삼국사기」 김유신전에서 잘 묘사하고 있다.

"당나라 사람들이 도의에 어긋나고 불순하여 짐승에 가깝소. 그대에게 청하노니, 모름지기 사사로운 원한은 잊어버리고 이제부터 핏줄이 같은 우리 삼국 겨레가 힘을 모아 곧장 장안을 무찌른다면, 당나라 괴수를 사로잡을 수 있을 것이오. 승리한 후에는 우리 옛 영토에 연합정권을 세워 함께 인의로 다스리고 서로 침략하지 않기로 약속하여 그것을 영구히 지켜나갈 계책으로 삼는 것이 어떠하겠소?"

이렇게 두 번, 세 번 권유하였으나 김춘추가 끝내 듣지 않았다. 참으로 안타까운 일이다.

이 기록은 김춘추가 연개소문의 제안을 듣지 않은 것은 자기 딸과 사위가 대야성 전투에서 백제군에서 살해되어 백제에 대한 원한이 너무도 깊었기 때문이라고 해석한다. 그래서 김춘추는 동족상쟁을 그만두고 공동의 적인 당나라에 대항하자는 연개소문의 제안을 듣지 않고, 다시 당나라로 건너가 원병을 요청했다는 것이다.

현재로서는 어떤 기록이 진실인지 확인할 수 없는 노릇이다. 다만, 당시 국제정세로 볼 때 연개소문은 신라와 동맹하여 백제와 싸우기보다는 삼국이 힘을 합쳐서 당나라에 대항하고 싶었던 것이고, 이런 제안을 김춘추로서는 받아들이기 어려웠을 것이다.

그렇다고 연개소문이 김춘추를 계속 인질로 삼는 것도 큰 부담으로 작용했다. 신라에 잠입해 있던 첩자로부터 전해진 '김유신이 별동대 3천을 거느리고 고구려를 향해 북상하고 있다'는 첩보는 정권을 잡은 지 얼마 되지 않아 내부문제를 해결해야 하는 연개소문에게는 큰 부담으로 작용했을 것이다. 결국, 김춘추는 풀려나게 되고 연개소문과 김춘추의 협상은 결렬되었다. 이후 고구려와 신라의 관계는 돌이킬 수 없을 정도로 악화된다.

김춘추, 당 태종을 설득하다

이렇게 고구려와의 동맹에 실패한 신라는 당시 상황을 타개하기 위해서는 당나라를 대안으로 생각한다. 그러나 강대국과의 동맹은 위험을 감수[141] 해야 하는 일이었다. 당시 당나라는 태종이 집권하던 시기였는데 태종은 작은 나라인 신라를 우습게 봤다. 선덕여왕에 대해 '어떻게 여자가 왕이 될 수 있는가'라며 무시한 적도 있었다.

그럼에도 불구하고 신라로서는 선택의 여지가 없었다. 절박한 상황에서는 동아줄 잡는 심정으로 모험을 하게 되는 법이다. 신라는 당나라와 동맹하여 백제의 공격을 막아야 했다. 김춘추는 당나라와 동맹을 맺는 것이 충분히 가능하다고 보았는데, 고구려에 대한 당 태종의 원한을 잘 알고 있었기 때문이다.

---

141 약소국이 강대국과의 동맹을 맺는 것의 양면성에 대해서는 4장을 참고하기 바란다.

645년 당 태종은 연개소문이 일으킨 쿠데타를 빌미로 고구려를 공격한다. 처음에는 고구려의 여러 성을 함락했으나, 안시성에서 진출이 좌절된다. 3개월간 지속된 안시성 전투에서 성주 양만춘과 백성들은 일치단결하여 성을 지켜낸다. 당 태종 입장에서 자존심 상하는 패배가 아닐 수 없었다.

김춘추는 고구려에 자존심이 상한 당나라가 설욕을 위해 신라와 동맹제의를 받아들일 것으로 예상했다. 그는 당 태종을 만나서 외교적 방법으로 매우 복잡한 방정식을 풀겠다고 결심한다. 당시 당나라는 오로지 고구려에 설욕하는 일에만 관심이 있었다. 그런데 신라는 당나라로 하여금 백제를 먼저 공격하도록 설득해야 했다. 우여곡절 끝에 김춘추와 당 태종의 독대가 성사되었고 그들 사이에 어떤 대화가 오갔는지, 김춘추가 어떤 방법으로 당 태종을 설득하였는지는 후세에 알려지지 않았다. 다만, 「삼국사기」에 나타난 기록은 다음과 같다.

김춘추가 무릎을 꿇고 아뢰기를 "신의 나라는 바다 모퉁이에 치우쳐 있으면서도 천자의 조정을 섬긴 지 여러 해가 되었습니다. 그런데 백제는 강하고 교활하여 여러 차례 함부로 침략해 왔습니다. … 만약 폐하께서 당나라의 군사를 빌려주어 흉악한 것을 잘라 없애지 않는다면 저희 나라 백성은 모두 포로가 될 것이며, 다시는 멀리 찾아와 조회하고 아뢰지 못할 것입니다"라고 하였다. 태종이 매우

옳다고 여겨서 군사의 출동을 허락하였다.[142]

그때까지 당 태종이 신라를 대하던 태도와는 완전히 다른 모습이다. 무엇이 당 태종의 태도를 이렇게 변하게 하였을까? 김춘추는 당나라의 안보상황을 정확하게 파악하고 있었기 때문에 당 태종의 의도를 읽을 수 있었고, 태종이 거절할 수 없는 제안을 했을 것으로 추측할 수 있다. 당대에 뛰어난 두 전략가가 만나서 서로 윈-윈 할 수 있는 합의를 이루어낸 것이다.

그 후로는 모든 것이 일사천리로 진행된다. 당나라는 660년에 대군을 파견했고, 김춘추는 의자왕의 항복을 받아냈다. 백제는 기습적으로 공격하는 나당연합군을 막아낼 수 없었다. 그리고 668년 고구려도 멸망하고 삼국통일의 주인공은 신라가 되었다. 한반도 삼국 중에서 가장 약하고 힘없던 신라가 최후의 승리자가 된 것이다.

상대방의 의도를 파악하는 것이 꼭 적과의 관계에서만 필요한 것은 아니다. 조직의 일원으로서 사회생활을 하는 동안 매일 직면하는 중요한 일이 상관의 의도를 파악하는 일이다. 군 생활을 하면서 이 부분에 탁월한 능력을 보였던 선배가 있었다. 그분은 부대에서 발생한 대부분의 쟁점을 언제든지 답변할 정도의 내공을 갖추

---

142 김부식, 「삼국사기」 권 5, 신라본기 5, 진덕여왕 2년

어서 상관으로부터 늘 신뢰와 사랑을 받았다.

상관의 사랑과 신뢰의 이면에는 그분만의 비결이 있었다. 첫째, 상관이 부르면 먼저 부대의 현안들을 체크하며 왜 상관이 자신을 찾는지를 예측한다. 이 과정에서 부하에게 자료를 요구하고 관련 부서와 통화하여 추가적인 첩보를 확인했다. 둘째, 예상되는 문제에 대하여 자신을 부른 이유를 고민하였다. 이 과정에서 부서원들의 의견을 듣기도 했다. 셋째, 자신의 의견을 제시했을 때 지휘관의 반응을 예상하고 후속 답변을 고민했다. 그분은 이렇게 준비하는 것이 습관적으로 굳어져서 하나의 루틴이 되어 있었다. 그래서 항상 상대방의 의도를 통찰하고 대안을 제시하여 상관의 인정을 받을 수 있었다. 늘 상관의 눈높이에서 의견을 나눌 준비가 되어 있는 것은 진정한 부하의 도리이다.

6

서희, 거란의 약점을 건드려
강동 6주를 얻다

● ● ●

993년, 소손녕이 이끄는 거란군이 기습적으로 압록강을 건넌다. 고려 성종은 방어군의 편성을 명하고 선발부대를 따라 서경을 거쳐 청천강 방어선이 있는 안주까지 북상했다. 급조하여 전선으로 보낸 선발부대는 봉산성[143] 전투에서 거란에 참패한다. 성종은 즉시 서경으로 남하하여 대책을 강구한다. 대책회의 핵심내용은 어이없게도 어떻게 항복하느냐였다. '아무 조건 없이 항복할 것인가? 그냥 항복하면 받아주지 않을 수도 있으니 영토를 떼어주고 항복할 것인가?'였다.

도대체 어떻게 이런 상황이 발생한 것일까? 이유는 간단하다. 고려가 전쟁을 치를 준비가 되어있지 않았기 때문이다. 거란과 전

---

143 귀주 근처 평지에 위치한 낮은 성으로 방어력 발휘가 어려웠다.

면전을 치를 군대를 동원하는 것 자체가 불가능한 상황이라고 판단한 것이다. 그래서 절령[144] 이북이라도 떼어주고 거란의 공격을 막아야 하지 않겠냐는 결론에 이른 것이다.

이때, 강력하게 반대하며 나선 대신이 있었으니 바로 서희였다. 그는 호족 중심의 관료들을 견제하기 위한 신진세력으로 과거를 통해서 관직에 올랐다. 22세에 송나라 사신으로 파견되어 그곳에서 '검교 병부상서'라는 벼슬까지 얻는다. 그는 거란 침공 이전에 송나라와 국교 수립을 성사시킨 외교관 자질이 풍부한 대신이었다. 이런 경력은 그로 하여 국제관계를 꿰뚫는 혜안을 키워주었다.

서희는 전선에서 자신이 파악한 거란군의 동태를 기초로 다른 신하들과는 상황을 전혀 다르게 평가한다. 단순히 보는 것에 그치지 않고 관찰하여 진단까지 한 것이다. '거란군의 규모는 80만 대군이 아니며 고려를 정복할 의지도 능력도 없다'라는 사실을 간파한다. 그래서 한 번 강하게 대응할 필요가 있다고 주장한다.

서희의 눈은 예리했다. 전투는 하지 않으면서 대군을 끌고 왔다고 큰소리만 치는 소손녕의 모습에서 거란군이 전쟁에 임하는 의지와 능력이 없음을 읽었다. 서희는 거란이 원정할 때의 관례

---

144 황해도 평산에 있는 자비령을 말하며 경기도와 황해도의 경계에 위치한다. 절령 이북을 주겠다는 것은 곧 황해도 이북지역을 넘겨주겠다는 의미이다.

를 알고 있었기에 거란군이 실제 80만이 아니고, 소손녕에게도 제한된 권한이 있을 것으로 판단했다.[145] 그리고 고려와 거란 사이에 있는 여진을 우회하여 공격해온 것을 볼 때, 장기간 정복 전쟁을 할 상황이 아니라고 생각했다.

서희는 조정을 설득하여 먼저 강화를 시도해 보고 항복 여부를 결정하기로 했다. 그는 사신단을 이끌고 적진으로 향했다. 소손녕은 서희에게 신하의 예를 요구하나 정확한 눈을 가진 그에게 그런 허세가 통할 리 없었다. 예를 갖추라는 거듭된 요구에도 서희는 숙소로 물러나 꿈쩍 않는다. 결국, 소손녕이 고집을 꺾고 대등한 자격으로 협상을 시작하였다.

두 번째 날부터 본격적으로 시작된 회담에 대해서는 「고려사」에 다음과 같이 기록하고 있다.

소손녕이 "고려는 신라를 계승한 나라이니 청천강 이북은 우리 땅"이라고 주장하자. 서희는 "고려는 국명에서 알 수 있듯이 고구려를 계승한 나라이며 정통성을 따지면 만주의 거란 영토까지 모두 우리 땅"이라고 맞받아쳤다. 이에 소손녕은 차츰 본심을 드러냈다.

---

145 거란군의 경우 최고사령관으로 도통을 두는 경우와 두지 않는 경우의 병력 차이가 크다고 한다. 도통이 아니면 병력이 6만을 넘지 않는 것이 규정이었다. 당시 소손녕은 도통이 아니었다.

"고려는 거란과 국경을 접하고 있는데도 어째서 바다 건너 송나라
와만 교류하고 있는가?"

이것이 거란의 진짜 속내였다. 중원으로 진출하려고 하는데 배후
에 있는 고려의 존재가 부담스러웠던 것이다.

상대방 입장에서 상황을 보면 귀중한 정보가 보인다. 상대의
마음을 움직일 수 있는 본질이 무엇인지 알게 된다. 서희는 소손녕
의 본심을 제대로 알고 비장의 카드를 꺼내 들었다.

"양국의 국교가 통하지 못하는 것은 여진이 길을 막고 있기 때문이
오. 만일 우리가 여진을 쫓아내고 고구려의 옛 땅을 회복하여 그곳
에 성과 보를 쌓아 길을 통할 수만 있다면 어찌 귀국과 국교를 통
하지 않겠소?"[146]

서희의 제안은 당면한 거란과의 전쟁도 해결하고, 영토 확장까
지 기대할 수 있는 것이었다. 소손녕의 입장에도 나쁘지 않은 조건
이었다. 거란이 원한 것은 고려가 거란을 적대시하지 않고 원만한
관계를 유지하겠다고 약속하는 것이었기 때문이다.

이렇게 고려의 위기는 서희의 정확한 눈과 협상술로 인하여

---

146 「고려사」 권94, 「열전」 7, 서희

오히려 전화위복이 되었다. 외교담판 후 거란군은 순순히 물러갔다. 거란군이 고려가 그 지역을 차지하도록 용인해주었고 고려는 압록강 동쪽의 여진족을 몰아내고 강동 6주[147]를 탈환해 요새화하였다. 평남으로 내려오는 통로 요소요소에 성을 쌓고 주민과 군대를 이주시켜서 평안북도가 고려의 북방을 지키는 견고한 요새로 변신하게 된다. 그래서 후일 거란이 2, 3차 침공을 하게 되지만, 고려는 요새화된 강동 6주를 잘 활용하여 거란의 침략을 물리치게 되었다.

학창 시절, 역사책에서 서희 장군의 이야기를 배웠다. 거란과의 담판을 통해서 강동 6주를 얻었다는 내용이었다. 어린 마음에 서희 장군이 정말 멋있게 느껴졌다. 나도 나중에 커서 말을 잘해 싸우지 않고도 이길 수 있는 사람이 되겠노라 결심했었다. 군 생활을 하면서 미국과의 미사일 사거리 협상에 합참 대표[148]를 경험하고, 러시아와의 불곰사업[149] 관련 협상을 하면서 깨달은 것은 협상은 말을 잘하는 것이 아니라, 지피지기한 가운데 상대방의 의도를 잘 알아채고 윈-윈 하는 방법을 찾아가는 것이었다.

---

147 압록강 동쪽의 6개 주. 의주, 용주, 철주, 통주, 귀주, 곽주 등 지금의 함경북도를 말한다.

148 제4장에서 '한미 미사일지침' 개정 협상 시 합참 대표로 협상했던 내용을 소개했다.

149 대한민국이 구소련에 빌려준 차관을 상환받기 위한 목적으로 구소련을 승계한 러시아정부와 협상을 통해 러시아산 군사장비 및 기술과 방산물자 등으로 차관을 대신 상환받는 무기도입 사업이다.

제4차산업혁명 시대를 사는 우리는 조각난 개별 정보는 언제 어디서나 검색 하나로 쉽게 얻을 수 있다. 그런데 문제는 조각난 개별 정보가 문제를 해결해 주지 못한다는 것이다. 정보 자체보다 그것을 연결하고 해석하여 그 너머를 볼 수 있는 통찰력이 필요하다. 통찰력은 많은 독서와 경험뿐만 아니라, 읽고 경험한 것을 깊이 사색하며 관찰하고 진단하는 노력을 통해서 길러진다. 그래서 통찰력은 하루아침에 가질 수 있는 능력이 아니다. 오랜 시간 의지를 가지고 습관으로 만들어야 비로소 얻어지는 경지이다.

7
루즈벨트 대통령의 기만,
일본을 안심시키다

● ● ●

"6월 5일 새벽 3시, 미드웨이섬의 정찰기가 섬 서북쪽 325도 방위
의 175해리 떨어진 곳에서 일본군을 발견할 수 있을 것임."

1942년 제2차 세계대전 중 태평양전쟁 당시 미국 태평양함대
사령부 정보분석관 제스퍼 루치푸트 해군 중령이 사령관에게 보
고한 정보분석 내용이다. 그는 전투가 벌어질 시간까지 정확하게
예측하여 보고하고 있는데, 어떻게 이것이 가능했을까? 그 비결은
미군의 탁월한 정보수집 능력이다.

미군 정보기관, 일본군 암호를 해독하다
어느 날, 하와이의 암호해독 센터가 가로챈 메시지를 분석한
결과 일본 항공기가 'AF 북서쪽 50마일 지점에서' 일기예보를 위

해서 비행할 것이라는 사실을 알게 된다. 비밀 전문에서 유독 눈길을 끄는 단어 하나가 있었다. 'AF'라는 알파벳 두 글자였다. 진주만 기습을 당한 지 오래되지 않아 일본의 다음 움직임에 촉각을 곤두세우고 있던 미국 정보당국은 지리적 위치를 나타내는 이 알파벳의 의미를 풀기 위해 고심한다. AF가 어디를 의미하는지 확인할 수 없었다.

이를 확인하기 위해 미 정보당국은 한 가지 계략을 꾸민다. 당시 하와이에서 미드웨이까지 일본의 도청으로부터 안전한 해저 케이블이 연결되어 있었다. 태평양함대사령부와 미드웨이 항공대는 이 케이블을 통해 니미츠 제독이 승인한 계략을 시행한다.

미드웨이 항공대가 암호를 사용하지 않은 언어로 무선신호를 통해 진주만의 태평양함대사령부로 한 통의 전문을 보낸다. '우리는 현재 2주간의 물밖에 없다. 우리에게 즉각 물을 공급해 달라'는 내용이었다. 5월 22일, 예상대로 일본 해군 정보국은 이 메시지를 가로챘다고 일본 연합함대 사령부에 보고한다. 'AF에 현재 2주간의 물밖에 없다'는 내용이었다. 'AF'가 미드웨이라는 사실이 확인되는 순간이다.[150]

미 정보당국은 이와 같이 모든 첩보수집 능력을 동원하여 'AF'가 미드웨이섬을 의미한다는 사실을 알게 되었다. 이렇게 일본 연

150 존 키건, 황보영조 역, 「정보와 전쟁」 (2006), pp.256~258

합함대의 공격계획은 모두 미군에게 노출되었다.

언론의 공격계획 노출, 루즈벨트의 선택은?

왜 일본은 미드웨이섬을 공격하려고 계획했던 걸까? 일본은
진주만 기습공격에 성공한 후 승리의 기쁨에 빠져 있었지만, 야마
모토 이소로쿠 사령관의 생각은 달랐다. 진주만 공격으로 잠자던
거인을 깨웠고, 미국이 조만간 일본을 공격해 올 것으로 판단한 것이
다. 그는 거인이 움직이기 전에 미리 태평양함대를 재기불능의
상태로 파괴하여 예봉을 꺾어야 한다고 생각한다. 일본군 연합함
대 참모진들은 오랜 고민 끝에 하와이로 가는 징검다리로 미드웨
이섬을 주목한다.

손바닥만한 크기의 조그마한 섬이지만, 지리적으로 태평양 지
역에서 가장 중요한 전략 요충지이다. 미드웨이섬에 있는 전투기
가 600해리 반경의 해역을 통제할 수 있어 일본 함대가 하와이를
공격하면 미드웨이섬과 하와이 두 곳의 협공을 받게 될 것이다. 반
대로 일본군이 미드웨이섬을 점령하면 이곳을 이용하여 하와이
방면의 태평양함대에 대한 견제가 쉬워진다. 그리고 이 섬을 교두
보로 하와이를 공격하면 쉽게 승리할 수 있다고 판단한 것이다.

이렇게 일본의 미드웨이 공격계획은 완성되었고, 야마모토 사
령관은 5척의 항공모함과 작전함, 잠수함 등 206척과 469대의 전

투기를 투입했다.[151] 일본 연합함대는 6월 4일 알류샨 열도로 진군하여 다음 날 미드웨이섬을 공격할 계획이었다. 이러한 일본의 계획을 알아낸 태평양함대의 참모진은 정보국에서 넘어온 자료를 참고하여 일본 연합함대를 섬멸할 계획을 수립하게 된다.

그런데 뜻하지 않은 곳에서 문제가 발생한다. 시카고의 한 신문이 미국 태평양함대의 작전계획을 입수하여 보도해 버린 것이다. 미국의 정보당국과 군 관계자들은 이렇게 중요한 작전계획이 노출되는 상상도 할 수 없는 일이 벌어진 것에 놀랐다. 신문보도에 책임을 묻는다면 보도내용이 사실임을 인정하는 꼴이 될 것이고, 일본은 미드웨이섬 공격계획을 취소할 것이다. 또한, 암호체계가 누설된 것이 확인된 만큼 새로운 암호체계를 만들 것이다. 그렇게 되면 지금까지 확인한 일본의 암호체계는 무용지물이 되고 만다. 이 정도로 심각한 일이 발생한 것이다.

더 많이 놀란 쪽은 일본이었다. 자신들의 의도를 미군이 알아차렸다면 공격계획을 백지화해야 하기 때문이다. 다행히도 일본군은 언론보도에 대하여 반신반의했다. 자신들의 계획이 상대에게 노출되었다는 상상은 하고 싶지 않았을 것이다.

이 사실을 보고받은 루즈벨트는 고심에 고심을 거듭한다. 그리고 시카고 신문사의 보도에 대응하지 않기로 결론을 내린다. 루즈

---

151 야경유·장휘, 전병욱 역, 「마오쩌둥, 손자에게 길을 묻다」 (2004), pp.113~114

벨트의 결심은 신의 한 수였다. 이 결심이 일본 수뇌부로 하여금 잘못된 판단을 하게 만들었다. 미국 정부가 아무런 대응도 하지 않는 것을 보고 그들은 미국이 시카고 신문을 이용하여 기만전술을 쓰고 있는 것으로 판단했다. 물론, 미드웨이섬 공격계획도, 암호체계도 바꾸지 않았다. 상대방의 의도를 꿰뚫어보지 못하고 설마하며 안일하게 판단한 것이다.

그렇게 미드웨이섬 전투는 시작되었고, 결과는 우리가 잘 알고 있는 대로다. 당시 태평양함대 사령관 체스터 니미츠(Chester William Nimitz)에게 보고된 일본의 정보는 엄청나게 많았고 정확했다. 일본 연합함대의 목표, 공격 시기, 전력, 접근 방향, 공격 개시 위치 등 수많은 정보는 암호분석의 결과물이었다. 일본 해군은 미군이 파놓은 함정에 빠져서 괴멸적인 피해를 입었다. 이 한 번의 실수로 일본 해군은 태평양에서의 주도권을 미국에 완전히 내어주게 되었다.

전투의 결과는 참혹했다. 일본 연합함대는 미 해군에 비해 절대 우위의 전력을 보유하고 있었으나 패배했다. 양측의 피해 현황은 아래 도표와 같다.

【양측의 피해 현황 비교】[152]

구 분	미국 해군	일본 해군
항공모함	1	4
경순양함	0	1
구축함	0	0
항공기	147	약 300
기타	미드웨이 항공기지 육상시설 파괴	

　　일본은 미국에 비해 절대적인 전투력의 우세에 있었으나, 어처구니없게도 작전보안에 실패하였다. 작전 준비단계에서 세심한 주의를 기울였어야 할 뿐 아니라, 실시 단계에서도 정보를 용의주도하게 수집하고 경계태세를 잘 갖추어 미국 해군의 역습에 대처할 전력을 준비해 두었어야 했다. 무엇보다도 미국 언론에서 보도된 미군의 작전계획을 보고, 사안의 진실을 견이 아닌 찰과 진의 수준으로 통찰할 수 있어야 했다. 그러나 그동안 해전에서 대승을 거둔 일본 연합함대는 교만에 빠져 이러한 가능성을 충분히 고려하지 않았다. 당시 제1 기동부대 사령관이었던 나구모 제독은 미드웨이 공격 이후에 미 항공모함이 출격할 것이라는 선입관에 빠

152 노나카 이쿠지로 외 5명, 박철현 역, 「왜 일본제국은 실패하였는가?」 (2018), p.96

져 있었다고 한다.

　정보는 희망하는 방향으로 해석될 가능성이 많음을 유의해야 한다. 상대방의 의도를 정확하게 읽는 것이 얼마나 중요한지를 보여주는 전례이다. 적시에 제공되는 정확한 정보는 지휘관이나 작전기획자들이 겪게 되는 '전장의 안개' 즉 불확실성의 요소를 확연하게 줄일 수 있다. 그만큼 승리의 가능성은 높아지는 것이다. 상대방의 의도를 읽으면 싸우지 않고 이길 수 있으며, 싸우게 되더라도 최소의 피해로 적을 능히 이길 수 있다.

　사막의 여우로 잘 알려진 독일의 롬멜 장군을 기억할 것이다. 그는 부하들에게나 후세의 군사전문가들에게도 전쟁의 천재로 평가받는다. 무엇이 그를 그렇게 만들었을까? 로버트 그린은 「전쟁의 기술」에서 '롬멜은 부하나 탱크나 지형이나 적을 단순히 연구한 게 아니었다. 껍질 밑으로 파고들어 그들의 생명력의 원천이자 작동원리를 이해했다'라고 평가한다.

　그는 적에 대한 정보를 파악하여 무기의 특성과 지휘관의 심리상태까지 꿰뚫어보았고, 아군의 전차에 대해서도 잘 알았다. 그뿐 아니라 북아프리카의 지도를 암기하고 직접 항공정찰을 하며 전장의 조감도를 얻었다고 한다.[153] 사람들은 이러한 노력에 크게 주목하지 않고 그냥 천재라고 감탄만 한다. 상대방의 의도를 알아

153　로버트 그린, 「전쟁의 기술」(2007), p.75

제6부 혁신
366

채려면 상대에 대해서, 지형에 대해서 정보를 수집하고 치열하게 고민해야 한다.

지형과 기상을 활용하라

"현재 시간은 19시다. 시계를 맞추기 바란다.

명령을 하달한다.

현재 우리 대대는 적에 의하여 포위되었다.

각 소대는 신속히 현 지역을 이탈하여

내일 아침 06시까지 ○○지점에 집결하라.

도로는 적에 의해서 장악되어서 사용할 수 없다.

각 소대는 성공적으로 탈출하기를 바란다."

1987년 여름, 대대 전술종합훈련에서 일어난 일이다. 대대장이 모든 소대장을 모아놓고 단편 명령을 하달하였다. 각 소대장들은 신속히 소대 소산 지역으로 가서 소대원들에게 상황을 설명하고 명령 하달 후에 출발한다. 어둠이 내리기 시작하고 소대 앞에는 높은 산이 가로막고 있어 지도와 나침반으로 지도정치를 해보니 적이 도로를 점령하여 사용할 수 없는 상황이었다. 어쩔 수 없이 산을 넘어야 했다.

한 번도 가보지 않은 산악지형을 오로지 지도와 나침반만 들고 어둠 속에서 목적지를 찾아 나섰다. 이럴 때는 항상 소대장이 선두에 선다. 두 시간 이상을 올라가도 산 정상은 보이지 않는다. 계곡을 타고 행군은 계속됐고 자정이 넘어서야 정상에 도착했다. 잠시 휴식하고 계곡을 타고 내려가기 시작했다. 그런데 새벽이 되면서 안개가 자욱하게 끼기 시작한 것이다. 얼마나 짙은지 앞이 보이지 않았고 캄캄한 어둠에 짙은 안개까지 낀 산 속을 소대장은 선두에서 잡목을 헤치면 앞으로 나아간다.

그런데 갑자기 발이 푹 빠졌다. 깜짝 놀라 나뭇가지를 잡았고 순간 몸이 허공에 매달리게 되었다. 총이 금속음을 내면서 낭떠러지로 떨어졌다. 발을 헛디뎌 낭떠러지로 떨어질 뻔한 것이다. 식은 땀이 흘러내렸다. 안개 때문에 낭떠러지를 보지 못했던 것이다. 한참을 내려가 다행히 총을 찾았다.

안개가 더욱 짙어지면서 주변을 확인할 수 없어서 지도를 정치하기도 어려웠다. 오직 나침반에 의지하여 바늘이 알려주는 방향으로 조심조심 지형을 살피며 산길을 헤치고 나아갔다. 한참을 헤매다 다행히 산길을 만나 이동할 수 있었고 대대장이 명령한 목적지에 시간 안에 도착할 수 있었다. 우리 소대는 가장 먼저 도착해 무전기를 통해 다른 소대들의 교신내용을 감청할 수 있었다. 대부분의 소대가 짙은 안개 때문에 산속에서 길을 잃고 방황하고 있었고 아침이 되었는데도 앞을 볼 수 없을 정도였다. 모든 소대가 다 집결한 것은 10시가 넘어서였다. 부상자들도 많이 생겼다. 지형과 기상의 마찰요소가 임무수행에 심각한 영향을 끼칠 수 있음을 체험하는 계기가 되었다.

전쟁의 역사를 살펴보면 지형과 기상에 대한 철저한 사전 대비의 필요성을 보여주는 사례가 많이 있다. 1892년, 러시아를 침공한 나폴레옹군은 러시아의 지형과 기상을 충분히 이해하지 못한 상태에서 전쟁을 시작하였다. 러시아군 총사령관 쿠투조프 장군은 이를 간파하여 러시아의 광대한 영토와 혹한의 기상을 최대한 활용하는 청야 전략을 구사하였다. 즉, 모스크바까지 내어주면서 나폴레옹군을 러시아 영토 안으로 깊숙이 유인하였다. 그리고 그해 11월과 12월 약 50일 동안 러시아의 광활한 지형과 혹한에서 나폴레옹군과 싸웠다. 나폴레옹군은 광활한 러시아 영토에 진격하면서 발생한 누적된 피로와 고통으로 인해 전투다운 전투도 못해 보고 대패하고 말았다.

지형은 용병에 있어서 중요한 조건이다. 적의 상황을 잘 파악하여 승리할 수 있는 계획을 세우되 지형이 험한지 평이한지와 도로의 멀고 가까움을 잘 고려해야 한다. 지형의 이점을 잘 알고 작전에 활용한 장수는 반드시 승리하고 그렇지 못한 장수는 패배했다.

8

연하리의 총성! 친구를 잃다

● ● ●

소양강 물줄기 거슬러 도착한 곳, 인제 연하리!

매서운 바람 불어 얼어붙은 골짜기에

지금도 그날의 총성 아련히 들려오네.

바람도 울고 가는 용대리 지나 진부령을 향하면

한적하고 그늘진 곳, 아! 잊을 수 없는 연하리!

무심한 계곡은 꽁꽁 얼어붙었고,

찬바람만 웅~ 웅~ 울고 있네.

이곳이 우리 전우, 내 친구가 산화한 자리![154]

---

154 저자가 고인이 된 친구를 기리며 지은 '연하리 총성!'이라는 시이다.

최초 접촉

1996년 9월 18일 1시 30분경, 택시기사가 강릉 해안 20m 해상에서 잠수함을 발견하고 신고하면서 강릉지역 무장공비 침투사건[155]이 시작된다. 금방 끝날 것 같던 대침투작전이 길어지면서 국가 경제에 영향을 미치고 국민의 관심이 집중된다. 무장공비와 접촉이 단절된 상태에서 적의 흔적 발견 및 접촉 유지를 위하여 예상 도주로 및 은거 예상 지역에 차단 및 격멸 작전을 실시한다. 잘 훈련된 무장공비는 좀처럼 잡히지 않는다.

11월 4일, 산머리곡산 일대에서 동계작전 준비중이던 을지부대 13중대 고○○ 병장이 산병호 밖으로 나오는 거동 수상자 2명을 발견하고 거수자 발견 신고를 한다. 15시 40분경, 상황 보고를 접수한 군단은 토의 결과 대공 용의점이 있는 것으로 판단하고 차단선[156] 점령을 지시한다.

통상, 적의 예상 도주거리와 지형의 특성을 고려하여 차단선을 결정하게 된다. 당시 산악군단장이던 김석재 장군은 공비들이 산악지형이지만 예상보다 빨리 이동할 수 있다고 판단하여 차단선 2

---

155 1996년 9월 18일부터 11월 4일까지 계속된 대침투작전이다. 무장공비 26명이 침투하여 13명 사살, 11명 타살, 1명 생포, 1명은 확인되지 않았으나 북한으로 탈출했다는 설도 있다. 한편, 아군은 군인 10명, 예비군 1명, 민간인 4명이 사망하고 23명이 부상당했다.

156 차단선이란 특정지역에 있는 적이 다른 쪽으로 도망가려 할 때 통과 예상 지역을 차단하기 위하여 차단 병력이 점령하게 되는 가상의 선형의 방어선을 의미한다.

개를 선정하고 동시에 점령하도록 지시한다. 이 판단은 연하리에서 작전을 조기에 종결하는 데 결정적 역할을 하게 된다.

차단선 점령계획에 의해서 해당 지역 전 부대는 GOP 전원투입 및 차단선 병력 투입이 되었다. 노도부대와 군단 특공연대와 정찰대가 거동 수상자 예상 도주로 차단 계획 판단 및 지침에 의하여 적계 삼거리와 향로봉을 연하는 선을 차단하라는 지시에 의거 즉각 출동하였다. 산악 군단 공중 기동타격대가 차단선 점령을 위해 헬기로 공중 기동을 실시한다.

예상 도주로 차단

군단은 항공단에 11월 4일 오후 4시 35분에 군단으로부터 공중 강습 작전 임무를 부여한다. 오후 4시 50분, 6대의 헬기[157]로 특공연대 1개 중대를 탑승시켜 적의 예상 도주로를 차단하기 위해 지시받은 좌표지점으로 공중기동을 실시했다. 그런데 향로봉에는 특공 중대 병력이 한 명도 도착하지 않았다. 군단으로부터 확인한 결과, 특공병력 공중기동을 지시받고 이륙한 헬기들이 향로봉 위치를 잘못 알고 향로봉 10km 남쪽에 있는 매봉산 일대에 병력을 투입한 것이다. 사전에 준비된 항법 자료의 향로봉 일대의 헬리패드 좌표를 음어화 하는 과정에서 숫자 2를 1로 잘못 표기하여 헬

---

157 6대 중 4대는 UH-60이었고 2대는 UH-1H였다.

기가 계획 지점보다 10여 km 남쪽 지점에 병력을 잘못 투입한 것이다.

산악지형에서 공중에서 지형을 구분하는 것은 매우 어렵다. 그래서 좌표를 믿을 수밖에 없기에 음어화 과정에서 실수가 있었더라도 공중에서 지형만 보고 그곳이 잘못된 지점인지 판단하는 것은 어려웠을 것이다. 향로봉 일대에 차단선을 강화한다는 아군의 기도를 파악한 북괴의 지령을 받은 공비들은 북쪽이 아닌 남쪽으로 이동하고 있었다. 그런데 예상밖에 매봉산 일대에 특공연대 병력이 전개하는 것을 보고 당황하여 동쪽에 있는 연하리 방향으로 진로를 변경하게 된다. 결국 연하리에 배치된 아군 수색대와 조우하여 사살되고 작전이 종료되었다.

아이러니하게도 향로봉으로 가야 할 병력이 착오가 발생해 매봉산으로 가게 된 해프닝이 작전을 조기 종결시키는 데 기여하게 되었다.[158] 이런 일은 전장에서 심심찮게 일어나는 우연성이다.

매복조와 조우

11월 5일 4시 20분경, 인제군 북면 용대리 자연 휴양림 입구에 있는 연화교 매표소 통나무집에서 매복하고 있던 아군 매복조와 무장간첩이 교전한다. 적군과 아군 각각 한 명씩 부상을 입었다.

---

158 위 내용은 당시 산악군단 항공대장이 회고한 글을 참고하였다.

당시 상황을 세부적으로 묘사해 보면 다음과 같다.

특공연대 소속 매복조 2명이 거수자를 확인하고 수하를 하였으나, 거수자는 수하에 응답하지 않고 "703이냐? 3대대 선임하사다. 몇 대대냐?"라 대답했고, "3대대 선임하사인데 어두우니 나와서 얘기하라"고 하면서 계속 접근했다. 매복조는 3대대는 이미 부대가 이동을 마친 후라는 것을 알았기에 이를 이상하게 여겼으나 분명한 확인을 위하여 밖으로 나왔다. 그러나 접근하는 거수자가 방탄모를 착용하지 않았고, M16 소총[159]으로 무장한 것을 보고 직감적으로 공비라는 것을 확신하였다.

노리쇠를 전진시키며 쏘라고 외쳤고 공비도 동시에 장전하면서 치열한 총격전이 벌어졌다. 사격은 통나무집에 있던 아군 매복조에 의해 먼저 실시되었다. 공비 2명도 수류탄과 소총 사격으로 맞서 교전과정에서 매복조의 송 상병이 수류탄에 의해 다리에 파편상을 입었다. 공비 1명도 다리에 총상을 입고 숲으로 도주했다.

접촉이 단절된 후에 교전지역을 수색하던 매복조는 M16 탄피 4개를 발견하게 되는데 탄피에는 일련번호가 없었다. 무장공비임이 확인되는 순간이었다. 이러한 내용은 바로 상급 부대로 보고되었다. 새벽 5시 군단에서는 연하리 교전 상황을 전파하며 동측방을 완벽하게 차단하여 적의 도주를 방지하고, 적과의 교전 원점으

---

159 703연대는 특공부대여서 M16을 사용하지 않았다.

로부터 도주거리를 고려하여 차단선을 점령하도록 지시한다.

6시 10분에는 포병, 공수 1개 대대가 추가되었으며 차단선 조정 지시가 내렸다. 탐색 격멸부대 임무를 조정하고, 원점 1km 이내 내곽 차단선 포위망을 형성하여 특공, 특전사를 투입하는 등의 군단 작전 명령이 하달됐다.

연하리 전투

6시 48분, 군단 기무부대장 일행이 46번 도로에서 연하리 계곡으로 들어가는 교량 근처에 도착했다. 공비와의 접촉이 단절된 상황이라 적의 예상 도주방향에 대한 논의를 하던 중 느닷없이 총성이 울렸다. 은거해 있던 무장공비로부터 기습 사격을 받은 것이다. 그러나 산악지형이라서 총소리가 메아리로 울려 무장공비의 위치를 확인할 수 없었다.

6시 50분, 무장공비 사격에 의하여 부상당한 병력 후송을 위해 구급차가 들어갔다. 이때 또 총성이 울리며 이동하는 구급차에 타고 있던 연대 의무병이 무장공비 사격으로 부상을 입는다. 이 교전에서 군단 기무부대장 오영안 준장, 서형원 중령[160], 그리고 두 명의 병사가 전사했다.

---

160 오영안 대령은 투철한 사명감과 군인정신을 기리기 위해 일 계급 특진과 함께 충무무공훈장을, 서형원 소령은 일 계급 특진과 화랑무공훈장을 수훈한다.

7시 24분, 원점 주변 내곽 차단신 점령 지시가 내렸고, 8시부터 10시 30분 사이 무장공비가 저항하고 있는 원점 지역으로부터 1km 이내의 내곽 차단선과 외곽 차단선을 차단했다. 노도부대 사단장 통제하에 9시 20분경 공수부대원 4개 팀이 헬기 레펠로 하향식 수색 정찰을 하고, 9시 40분경 공수 1개 대대가 추가로 후사면 동쪽을 이중으로 차단하였으며, 9시 50분경 공수 1개 대대 병력이 추가로 남서 측방에서 투입되고 군단장 지시에 의거 공격헬기 2대와 장갑차를 투입하여 지공 입체 작전을 하였다.

계속적인 압박작전으로 무장공비 20m 지역까지 접근하던 특공 대대 ○중대 ○○소대 매복조 3명의 집중사격과 ○공수 ○대대 장 상사가 사격하고 근접한 병력에 의하여 투항하라는 권고를 하였으나 수류탄을 던지려는 것을 보고 재차 사격으로 무장공비 2명을 사살하게 된다.

작전기간 동안 연하리 기온은 섭씨 2~5도의 초겨울 날씨와 짙은 안개로 차단 작전 및 헬기에 의한 공중기동 작전에 지장을 주었다. 또한, 작전지역은 해발 600~1,300m 이상의 높은 산들이 연달아 있는 지역으로서 대부분이 활엽수 및 많은 낙엽으로 덮여 있었고 평균 40~60도의 경사각을 이루고 있는 험준한 산악지역으로 형성되어 있어서 관측과 사격을 할 수 있는 시계가 제한되고 부대 기동에도 많은 제한을 주었다.

이러한 환경은 무장공비 입장에서 도주 및 은거 활동에 양호하게 작용했다. 작전지역 내 도로망은 산머리곡산, 칠절봉, 진부령을 연한 지역이어서 급경사 및 심한 굴곡, 협소한 도로 폭으로 부대가 이동하는 데 많은 어려움을 주었다. 따라서 제1 차단선을 점령하는 데 너무 많은 시간이 소요되었고 결국 공비는 1 차단선을 점령하기 전에 그 지역을 통과하였다. 제2차단선을 동시에 점령하지 않았다면 공비를 놓칠 수도 있었을 것이다.

나는 연하리 전투에서 친구를 잃었다. 특공연대 정보과장을 하던 서형원 중령이다. 당시 을지부대 ○○연대 1대대 작전장교로 근무하던 서 중령은 부대는 달랐지만 같은 아파트에서 생활하던 이웃이며 육사 42기인 저자와 학군 24기로 임관동기였다. 연하리 전투가 일어나기 일주일 전에는 내 사무실에서 대침투작전과 관련한 논의를 하기도 했다. 그의 아들과 장남 한솔이는 초등학교 같은 반 친구기도 했다. 그의 전사는 나의 군 생활 중 가장 슬픈 일이었다. 지금도 강원도 지역을 가게 되면 연하리 전적 기념비를 찾는다. 다시 한번 친구의 명복을 빈다.

또 한 명 잊을 수 없는 얼굴이 있다. 대대 통신소대장을 하던 우황룡 소위이다. 날이 밝고 업무차 숙영지로 복귀하던 통신소대장은 공교롭게도 그 시간에 연하리 교전지역을 통과하게 되고 그곳에서 무장공비의 총격을 받아 중상을 입게 된다. 헬기로 신속히 후송되어 다행스럽게 생명은 구했으나 부상 정도가 심각하여 국군병원에서 치료받았으나 군 복무를 다하지 못하고 의가사제대를 했다.

우리 대대는 당시 제1 차단선 점령지시를 받고서 향로봉으로 전개된다. 이미 어두워진 진부령을 지나 칠절봉, 향로봉으로 향하던 트럭의 헤드라이트 불빛이 지금도 생생하게 기억난다. 그렇게 우리 대대는 향로봉 주변의 제1 차단선을 점령했다. 밤이 깊어지자 기온이 영하 이하로 떨어져 동계 복장을 했는데도 견디기 어려울 정도였다. 그 당시 산악지역에서 일교차가 이렇게까지 차이가 난다는 것에 놀랐다.

전쟁에는 불확실성의 영역이 늘 존재한다. 클라우제 비츠는 이것을 '안개'로 묘사한다. 안개와 같은 전방의 불확실성은 전투원들에게는 엄청난 마찰요소로 작용한다. 특히 지형과 기상이 주는 마찰은 더욱 크게 다가온다. 그래서 실수와 우연이 발생한다. 헬기 조종사의 우연한 실수가 결과적으로는 작전을 조기에 종결지을 수 있는 계기가 된 것이다.

9

디엔비엔푸 전투,
불가능을 가능케 하다

• • •

디엔비엔푸 전투는 다윗과 골리앗의 싸움이었다. 프랑스, 남베트남 연합군과 베트민의 싸움이었다. 프랑스는 1만 9천 명으로 외인부대가 1만 6천 명, 공수부대가 3천 명이었다. 전차, 곡사포, 항공기도 있었다. 반면, 베트민은 보병 3개 사단, 포병 1개 사단인 2만 5천 명에 지원군 1만 5천 명으로 구성되었고 무기는 보잘것없는 수준이었다. 사실상 비교가 되지 않는 싸움이었다.

그런데 기적이 일어난다. 1954년 3월 13일 베트민이 프랑스 요새를 총공격하여 2개월에 걸친 치열한 전투 끝에 1954년 5월 7일 완전히 승리한다. 프랑스군 1만 2천여 명이 포로가 되었으니 전사나 실종된 일부 인원을 제외하고는 전부 포로가 된 것이다. 도대체 무슨 일이 일어났을까?

1953년 7월, 앙리 나바르 장군이 베트남 주둔군 사령관으로 임명되었다. 이때 이미 프랑스군은 보응우옌잡의 게릴라 전술에 맞서기에는 병력이 크게 모자란 상황이었다. 정보 면에서도 베트민이 프랑스군의 이동상황을 확실히 파악하고 있을 정도로 크게 열세에 있었다. 나바르는 북부의 산악지대에 간간이 공세를 취하기도 했지만, 그의 기본계획은 베트민의 주력부대를 저지하기 위한 요새를 구축하는 데 있었다. 나바르 장군은 베트민 군대를 일거에 소탕하겠다는 야심찬 전략을 수립하고 디엔비엔푸를 결전의 장소로 선택했다. 프랑스는 베트민이 장악하고 있는 하노이를 점령하는 것이 궁극적인 목표였으며, 중간목표로 디엔비엔푸를 선택한 것이다.

1953년 11월에 공수부대를 투하하여 요새화 작업을 시작한 프랑스는 지상보급이 끊길 경우를 대비하여 수송기 이착륙을 위한 활주로도 만들고 이를 방어할 포병부대도 배치하였다. 활주로 주변 고지에는 참호를 파고 요새를 방호할 만반의 준비를 하였다.

베트민 입장에서는 이 요새를 계속 방치하면 하노이가 위험에 빠지게 될 것으로 우려했다. 그래서 이 요새 함락을 위해 4만 명의 군사를 동원한다. 그러나 프랑스가 디엔비엔푸를 요새화하여 강력하게 방어하고 있어서 대책 없이 공격했다가는 전멸할 수도 있는 상황이었다.

보응우옌잡은 고민 끝에 곡사포를 참호 사정거리까지 가지고 올라가기로 결심한다. 곡사포만이 견고한 프랑스의 참호를 파괴할 수 있었기 때문이다. 800~1,000m 고지에 곡사포를 인력으로 옮기는 것은 아무도 예상하지 못했다. 하지만 베트민의 의지는 대단했다. 3월 13일, 프랑스군 참호로 갑자기 포탄이 쏟아진다. 프랑스군은 공황에 빠지게 되고 베트민은 곡사포를 분해하여 그 높은 고지까지 이동시킨 후에 다시 결합하여 사용한 것이다. 4만 병력 중에 1만 5천 명이 자원병이었고 이들이 그 어려운 일을 해냈다.

전투기를 출격해 보지만 베트민은 전투기가 나타나면 밀림 속으로 숨어버리고 수송기가 나타나면 방공포를 쏘아대었다. 방공포도 분해하여 이동시킨 후 조립하여 사용하였다. 이 요새는 너무나 외진 곳이었기 때문에 지상으로 접근하는 것은 불가능해 비행기로만 병력과 물자의 수송이 가능했다. 그러나 나바르 장군은 호찌민 정부군 1개 사단 정도의 공격이 있을 것으로 예상했으며, 이 경우 프랑스군의 우세한 화력과 공군력을 통해 충분히 승리할 수 있다고 판단했기에 그에 개의치 않았다.

나바르 장군이 함정에 빠졌다는 것을 깨닫는 데는 많은 시간이 필요하지 않았다. 주위의 작은 산들로 둘러싸인 구릉지대인 디엔비엔푸에는 41번 고속도로를 통해서만 북부 베트남과 통할 수 있었다. 그러나 이 길은 게릴라에 의해 장악돼 있었다.

호찌민 정부 측은 1954년 4월 제네바에서 있을 강대국들의 회의에 주목했다. 이 자리에서 그들은 동아시아 문제에 대해 광범위하게 논의할 것으로 알려졌기 때문이다. 게다가 프랑스 측은 장기

전으로 말미암은 국내 여론의 악화와 재정 악화에 시달렸으며 국내 경기마저도 불황에 빠져 있었다. 호찌민 정부 측은 전투의 승리가 자신들에게 유리한 협상을 이끌 방법이라는 것을 알았다.

프랑스군은 오로지 항공기에 의해서만 보급을 받을 수 있었고 가장 중대한 실수는 기후의 중요성을 간과한 것이다. 디엔비엔푸 지역은 열대몬순 기후이다. 10월에서 다음 해 3월까지는 건기로 바람은 주로 북풍이고 산발적인 강수만 보이지만, 4월에 접어들면 바람은 남서풍으로 바뀌고 다섯 달 동안 1,500㎜ 이상의 억수 같은 비를 가져오는 몬순기가 시작된다.

비로 인해 프랑스군의 참호에는 물이 차기 시작했고, 물이 찬 참호에서 적의 포화를 피할 수는 없었다. 게다가 프랑스 수송기는 두껍고 낮은 비구름으로 인해 매우 낮게 날 수밖에 없었고, 산에 숨겨져 있던 베트민들의 대공포에 의해 수많은 항공기가 격추됐다. 집중호우가 계속되자 프랑스의 항공기를 이용한 공수작전이 거의 이뤄지지 못했다.

사정이 이렇다 보니 전적으로 항공기 공수에 의존하는 프랑스의 식량과 의약품은 바닥나기 시작했다. 마침내 남움강이 범람하면서 활주로를 따라 형성된 방어기지는 거의 전 지역이 물에 잠겨버렸다. 심한 굶주림과 말라리아와 이질, 장티푸스 등의 전염병은 병사들을 죽음으로 몰아갔다. 병사들의 상처에는 흰 구더기가 득실거렸지만 의약품이 없어 치료는 꿈도 꾸지 못했다. 마침내 베트민의 공격이 절정에 달한 5월 7일, 8천 명의 사상자를 낸 후 지치고 병든 프랑스군은 항복하고 말았다.

싸울 장소를 선택한 쪽은 프랑스였지만 이기기 위해 전장 특성과 기상을 잘 이용한 것은 베트민이었다. '지혜를 멸시하는 자에게는 재앙이 폭풍같이 이른다'라고 잠언은 말한다. 프랑스군은 자기들이 유리하다고 판단했던 지형과 날씨로부터 철저히 외면당한 것이다. 이 전투 후 프랑스는 인도차이나에 대한 기득권을 상실하고 쫓겨나고 말았다. 디엔비엔푸 전투에서 승리함으로써 83년간에 걸친 프랑스의 식민지배는 종지부를 찍었고, 베트남은 완전한 독립을 달성하게 되었다. 디엔비엔푸 전투는 아시아국가가 유럽국가와 싸워서 승리한 최초의 전투이다.

프랑스와의 디엔비엔푸 전투에서 보응우옌잡은 상식을 깼다. 밧줄로 끌어서 야포를 이동시켰고 중장비를 분해해 짊어지고 가서 재조립했다. 105mm 곡사포는 한 번에 1인치씩, 하루에 800m씩 3개월 동안 운반했다. 200대의 자전거로 밀림을 뚫고 보급품을 날랐다. 지형과 기상의 특성을 잘 활용한 것이다.

프랑스군은 중형 야포의 등장을 상상하지 못했을 것이다. 그러나 그의 군대는 참호와 땅굴을 파고 지구전과 포위전을 펼치며 프랑스군을 압박했다. 보응우옌잡은 남다른 자기 방식으로 싸웠고 동일한 방식을 반복하지 않았다. 한번 승리하게 한 방식은 머리에서 지웠다. 평범한 장수는 병법에 능하고 탁월한 장수는 상황에 능하다. 병법은 참고해야 할 하나의 사례일 뿐 지금의 상황에 딱 맞아떨어지는 병법은 없다. 결국 상황변화에 맞게 응용해 나가야 한다. 그래서 과거 병법에 고착되는 것은 위험하다. 어제 승리한 방법은 오늘 승리에 가장 큰 장애물이다.

10

조조에 승리한 연합군의 비밀병기, 동남풍

● ● ●

"조조는 형주를 점령하여 명성이 사해에 떨치고 있습니다. 지금 그가 장강을 따라 내려와 강동을 공격하려 하고 있습니다. 장군은 자기의 역량에 근거해서 결단을 내리십시오. … 지금처럼 겉으로는 조조에게 복종하는 것처럼 하고, 속으로는 망설이고 결정을 내리지 못해서 긴요한 순간에 결단하지 못한다면 재앙이 멀지 않을 것입니다."[161]

제갈량이 손권을 찾아가서 결단을 촉구하면서 한 말이다. 이에 손권은 자극을 받아 조조와 싸움을 결심하게 된다. 유비와 손권이 연합하여 조조에 대항하기로 의기투합하는 순간이다. 이렇게 적

---

161 야경유 · 장휘, 전병욱 역, 「마오쩌둥, 손자에게 길을 묻다」 (2004), pp.294~295

벽대전의 시나리오가 시작된다.

조조, 남방으로 진격하다

관도대전을 통해 북방을 통일한 조조는 다음 차례로 남쪽으로 진격하여 형주의 유표와 강동의 손권을 공격하여 전국을 통일하려 한다. 서기 208년, 조조는 대군을 이끌고 남하한다. 이 무렵 형주의 유표가 죽고 둘째 아들인 유종이 뒤를 이어받게 된다. 겁이 많은 유종은 조조에게 투항하고 조조는 손쉽게 형주와 강릉을 점령한다. 이어서 조조는 손권을 협박하는 편지를 보낸다. 80만 대군으로 강동을 토벌하여 손권과 승부를 가리겠다는 내용이었다.

편지에 쓰인 오만한 어투에 놀라며 장소를 비롯한 모사들이 항복을 건의한다. 그러나 오나라에는 노숙과 주유가 있었다. 노숙은 "주유로 하여금 군대 일을 주관하게 하고 유비와 연합하여 조조에게 대항해야 한다"고 건의한다. 주유는 조조군이 직면하고 있는 약점을 이야기하며 병력을 주신다면 당장 하구로 달려가 조조군을 격퇴하겠다고 다짐한다. 손권은 주유를 사령관으로 임명하고 병사 3만을 이끌고 유비와 연합작전을 펼치라고 명령했다.

동남풍이 불다

주유의 예측대로 이때 조조의 진영에서는 질병이 번지고, 뱃멀미로 구토를 하는 등 많은 어려움을 겪고 있었다. 이에 조조는 어떤 장수의 건의를 받아들여 쇠사슬로 배를 묶고 목판을 깔아 연환선을 만들었다. 병사들의 멀미를 줄이기 위한 고육책이었다. 폭풍이 불거나 화염에 휩싸이게 되면 치명적일 수 있었다. 그러나 조조는 아무런 의심도 하지 않고 건의를 받아들였다.

연합군이라 해도 조조의 대군을 직접 상대하는 것은 역부족이었다. 그래서 생각한 것이 주요 장수 하나를 거짓으로 항복하는 척해서 적을 속이는 것이었다. 「삼국지연의」에 나오는 고육지계로 이때 오군의 노장 황개가 자처하고 나섰다. 마침 조조군의 첩자가 왔을 때, 황개가 총사령관의 뜻을 거슬러 항복하자고 하자 주유는 황개를 곤장을 쳐 모욕을 주었다.

얼마 후, 황개가 조조에게 투항하겠다는 편지를 보낸다. 자기는 이미 동오가 조조군을 이길 힘이 없다는 것을 알고 있는데, 안목이 낮은 주유가 스스로 멸망의 길을 가고 있어서 자기만이라도 조조에게 귀순하고 싶다는 내용이다. 조조는 절대적으로 유리한 상황에 있었으므로 동오의 내분을 자연스러운 현상으로 받아들여 의심하지 않는다.

한편, 동오 진영에서는 조조군과 싸울 계획을 논의하고 있다. 이때 황개가 말한다.

"지금 적의 역량은 대단히 우수한데 우리는 겨우 3만 명밖에 되지 않습니다. 지구전을 펼쳐서는 절대 안 됩니다. 조조의 배들이 묶여 있으니 화공으로 저들의 전선을 모조리 불태워 버릴 수 있습니다."

주유도 황개의 의견에 동의한다. 그러나 바람이 문제였다. 겨울에는 북서풍이 많아서 화공을 한다면 오히려 동오군에 전선을 태울 수 있기 때문이다. 그때 노숙은 천문에 통달했다는 제갈량의 소문을 익히 듣고 있어서 그를 불러왔다. 제갈량은 동짓날 밤에 공격하는 게 좋겠다고 조언한다. 황개는 조조에게 또 편지를 쓴다.

"동짓날 밤에 군량을 실은 배를 이끌고 투항할 것인데, 배 앞의 어금니 모양의 청룡 깃발이 투항의 신호입니다."

조조는 동짓날이 오기를 기다린다. 과연 동지가 되고 날이 어두워지자 제갈량의 예언대로 동남풍이 불기 시작한다. 강 너머에서 몇 척의 배가 신속하게 북쪽으로 미끄러져 오고 자세히 보니 배 앞머리에 어금니 모양의 청룡기가 꽂혀 있다. 조조는 환호했으나 황개의 배에 실린 것은 식량과 건초가 아니라 기름을 끼얹은 마른 풀이었다. 모든 전투준비를 마친 연합군은 황개가 불을 붙이라는 명령을 내리자 삽시간에 배들은 화염에 휩싸이게 된다.

조조군의 진영은 배들이 한데 묶여 있어서 손 한번 쓰지 못하고 혼비백산 뿔뿔이 도망친다. 타죽거나 밟혀 죽거나 물에 빠져 죽은 병력이 헤아릴 수 없이 많았다. 이렇게 조조는 일생일대의 패배를 당하고 불과 수천의 패잔병을 이끌고 허창으로 도망쳤고, 그 후 다시는 남쪽으로 공격할 엄두를 내지 못했다.

기상을 정확히 예측하는 것은 매우 어려운 일이다. 그리고 기상을 인위적으로 변경시키는 것은 더욱 어렵다. 단지 미리 기상을 예측하고 거기에 맞게 가용 전투력을 운영하는 지혜가 필요하다. 연합군이 적벽대전에서 크게 승리할 수 있었던 것은 적 상황에 대한 정확한 정보를 바탕으로 황개의 거짓 투항, 화공 등이 조화를 이루어 달성한 것이다.

11
약자의 승리비결, 청야 전략

● ● ●

전쟁의 역사를 살펴보면 약자가 강자를 맞아 청야 전략을 활용한 사례는 무수히 많다. 시대와 지역에 따라 그 이름을 다르게 불렀으나 적용한 전략적 개념은 유사하다. 초토화 전략, 파피안 전략, 청야입보 전략 등이 모두 청야 전략의 서로 다른 모습이다.

먼저, 초토화 전략은 약자가 강자의 공격을 맞아 어쩔 수 없이 사용하는 수세적 지연 전략이다. 적이 공격에 따라 후방으로 철수하면서 적이 사용할 만한 물품들을 모두 파괴하고 불태운다. 적이 그 지역을 점령했을 때 사용할 수 있는 모든 것을 초토화하는 것이다.

이 전략은 지형과 기상의 특성상 러시아가 자주 활용했다. 1709년 스웨덴 왕 카를 12세의 러시아 침공, 나폴레옹의 모스크바 공격, 제2차 세계대전 독일군의 소련 공격에도 초토화 전략으로 대응했다.

나폴레옹은 모스크바 원정 시 러시아가 초토화 전략으로 나올 것을 예상했다. 그래서 러시아 국경에 창고를 지어 귀리와 쌀을 가득 채우고 침공시기도 6월로 조정한다. 그런데 예기치 않은 폭우, 열악한 도로, 여름의 열기 등으로 병사들은 지쳐가고 상한 꼴을 먹은 군마들이 죽어갔다.

러시아는 프랑스군이 현지조달로 보급문제를 해결한다는 사실을 알고 초토화 전략을 구사하며 결정적인 전투를 회피하고 프랑스군을 내륙 깊숙이 유인한다. 철수하면서 철저하게 그 지역을 초토화하여 프랑스군의 보급 사정을 악화시킨다. 프랑스군은 엄청난 병력손실을 입어 45만 명에 달하던 병력이 10만 명으로 줄어들었다. 마침내 프랑스군은 아무런 저항 없이 모스크바에 입성한다. 이때까지도 나폴레옹은 상황의 심각성을 느끼지 못하고 있었던 것 같았다. 한 프랑스 사령관이 아내에게 보낸 편지의 내용이 이를 증명해 준다.

"황제는 환희에 휩싸였다오. 그는 러시아가 곧 화친을 간청해올 것이며, 이로써 자신이 세계의 판도를 뒤바꾸리라 생각하고 있소."[162]

---

162 로버트 그린, 앞의 책, p.485

모스크바를 점령하는 데는 성공했으나 도시에는 사용할 수 있는 것이 아무것도 남아 있지 않았다. 끔찍한 화재가 5일간 계속되었다. 나폴레옹을 상대하던 러시아의 지휘관 미하일 쿠투조프가 모스크바를 완전히 초토화하려고 불을 지른 것이다.

때마침 시베리아의 한파가 몰아닥쳐 철수할 수밖에 없게 된다. 10월 19일, 나폴레옹은 남은 군대를 이끌고 철수한다. 철수하면서 코사크 기동대의 게릴라와 혹한이라는 적을 상대하느라 수많은 병사가 죽어갔다. 쿠투조프는 프랑스군이 비옥한 남쪽 행로로 가지 못하게 차단했고, 그들이 침입 당시 폐허로 만들었던 길로 도주하게 함으로써 큰 전투를 치르지 않고 적을 몰락시켰다. 동장군 앞에서는 천하의 나폴레옹도 무릎을 꿇을 수밖에 없었다. 2만 5천 명만이 고국으로 돌아갔다.

1941년 독일이 소련을 침공하자 스탈린 역시 초토화 전략을 시행하여 독일군을 괴롭힌다. 전세가 역전되어 소련이 독일을 공격할 때에는 독일이 소련에 대하여 초토화 전략을 쓰기도 했다.

파비안 전략(Fabian Strategy)[163]도 청야 전략과 맥을 같이한다. 적과의 정면대결을 피하며 소모전을 전개하여 적의 전투력을 약화

---

163 로마의 장군 파비우스 막시무스는 한니발과 직접 싸우면 피해가 클 것을 예상해 전면전을 피하며 지연 작전을 펼쳤다. 그 결과 최소의 희생으로 엄청난 승리를 거두었다. 그의 이름을 따서 파비우스의 전략 혹은 파비안 전략(Fabian strategy)이라고 한다.

하여 공격을 포기하게 하는 전략을 말한다. 적의 공격에 대해 게릴라 전술로 기습공격, 병참선 차단, 사기 약화 등 소규모 작전을 끊임없이 전개한다. 강한 적과의 교전을 거부하여 적을 분노하게 하고 초조하게 만들어서 무리수를 놓게 만든다. 그러면 상대는 큰 실수를 할 것이다.

대표적인 사례는 포에니 전쟁에서 한니발의 공격에 대하여 로마의 파비우스가 사용한 것이다. 그의 이름을 따서 파비안 전략이라 불리게 되었다. 파비우스는 한니발의 명성을 익히 알고 있었기 때문에 지구전을 구사한다. 한니발의 군대는 원정군으로 보급이 취약하다는 점에 착안하여 치고 빠지는 작전으로 결전을 회피하며 보급로가 늘어나도록 하였다. 또한, 기병이 장점인 한니발의 장점을 최소화하기 위하여 산악지대로 유인하며 소규모 작전으로 대응하여 승리할 수 있었다.

이와 유사한 전략을 우리 선조들도 즐겨 사용하였다. 바로 '청야입보(淸野入保)' 전략이다. 청야입보 전략은 적이 침입하면 모든 식량을 불태우거나 성으로 반입한 후 성을 통하여 장기적인 저항에 돌입함으로써 적의 군량 확보를 어렵게 하고, 적을 우군 지역 깊숙이 끌어들여 피로하게 한 이후에, 적이 지쳤거나 퇴각할 때 공격하여 격멸한다는 개념이다. 고구려시대에 정립되어 수 및 당과의 항쟁에서 성공적으로 시행되었고, 고려시대에는 거란 및 몽골과의 항쟁에서도 적용되었다. 한반도 전체에 산재하고 있는 산성이 그 흔적이며 조선시대까지 계승된 이 전략은 우리나라가 산악 지형으로 되어 있다는 점과 남북으로 길게 뻗어 있는 반도 국가라는 특성을 잘 활용한 것이다. 북에서 공격하는 강한 오랑캐들을 산악지형과 주변에 구축한 성을 통해 효과적으로 괴롭힐 수 있었다.

고구려의 대표적인 청야입보 전략은 을지문덕 장군이 수 양제가 30만 대군을 맞아 적용한다. 군수지원 없이 공격해 오는 수군에 거짓으로 패하며 평양성 근처까지 유인해 피곤하게 한 후 원정을 포기하고 철수하는 수군에 대하여 살수에서 대승을 달성한다. [164] 고려는 들판을 비우고 산성에 들어가 외적과 대치하는 이른바 청야입보 전략을 쓰면서 산성을 중요시했다. 산성의 해자는 지형 특성상 물을 채우지 않고 내부에 장애물을 설치하기도 하여 수성전을 벌이기도 했다. 성을 공격하는 몽골군에 맞서기 위해 큰 날이 달린 병기인 '대우포(大于浦)'를 사용했다고 한다. 대우포는 성벽에 건 사다리 등을 쳐부수는 커다란 날이 달린 일종의 '신무기'였던 것으로 보인다.

「고려사절요」에 의하면 몽골의 노장수가 귀주성 아래에서 '천하의 무수한 성을 공격했으나 일찍이 이렇게 맹렬한 공격에도 끝내 항복하지 않는 곳은 처음 보았다'라고 할 정도로 우수한 수성 능력을 보였다고 한다.

---

164 자세한 내용은 3장 '을지문덕의 우아한 기만'에서 설명하고 있다.

BEYOND WEAKNESS

제6장

끈기(Strongly Stand) :
포기하지 않으면 승리한다

정어리떼를 본 적이 있는가? 정어리는 연약한 물고기다. 오죽하면 정어리 약(鰯)자가 물고기 어(魚) 변에 약할 약(弱) 자를 붙였겠는가! 정어리는 그 약함을 보완하기 위해 떼를 지어 다닌다. 큰 물고기가 공격하면, 정어리떼는 하나의 거대한 생명체인 것처럼 무리를 지어 이리저리 방향을 바꾸며 대항한다.

무엇이 정어리가 무리지어 강자에 대응하게 했을까? 약육강식의 현장에서 살아남기 위해 적응하는 과정에서 학습하고 진화한 것이리라. 만약, 어떤 조직의 구성원들이 동일한 목표를 위해 정어리떼와 같이 일사불란하게 움직일 수 있다면 어떻게 될까? 상상하기 어려울 정도로 놀라운 힘을 발휘하게 될 것이다.

그럼 어떻게 조직원들을 일사분란하게 움직이게 할 수 있을까? 그것은 조직원들이 공감할 수 있는 대의명분을 제시하여 함께 꿈꾸게 하면 된다. 공감할 수 있는 명분이 있어야 하나가 될 수 있다. 리더 한 사람이 목표를 세우고 열정과 책임감으로 행동하면 자연히 조직원들에게 전달되어 결국 큰 변화를 만들어낸다.

처음에는 미약한 것처럼 보여도 시간이 지나면
조직문화를 만들고 발전시킬 수 있다.
이 문화를 통해 조직원이 동일한 목표를 향해
일사분란하게 움직일 수도 있고 시너지 효과를 달성할 수 있게 된다.

조직문화는 끈기의 인큐베이터이다.
조직마다 고유의 문화가 존재하고
그 문화의 차이가 조직의 강약을 결정한다.

조직문화, 끈기의 인큐베이터

작지만 강한 조직!

작지만 강한 나라!

우리는 현실세계에서 작지만 강한 조직과 국가를 발견한다. 유독 이들 작은 조직과 국가가 강한 비결은 무엇일까? 공통점은 그 조직, 국가의 특유한 문화가 활성화되어 있다는 것이다. 그 문화가 조직원들을 소통하고 공감하게 만든다. 힘든 역경도 함께 인내하며 이겨내게 한다.

이러한 문화는 어떻게 만들어지는 것일까? 이 질문에 답하기 위해서 비록 작지만 결코 약하지 않았던 신라, 핀란드, 이스라엘을 분석하며 그들이 다른 나라와 다른 무엇이 있었기에 강할 수 있었는지 살펴보고자 한다.

신라의 화랑도, 핀란드의 시수, 이스라엘의 후츠파가 좋은 사례이다. 이들 국가의 독특한 문화는 약자였던 신라, 핀란드, 이스라엘이 강자를 맞아 싸울 수 있는 용기를 주었고, 오랜 기간 동안 끈기를 가지고 참으며 싸워서 마침내 승리하게 했다. 화랑도, 시수, 후츠파는 끈기의 인큐베이터 역할을 했다.

1
삼국통일의 주역, 신라의 화랑도

● ● ●

　서기 전부터 660년대까지 약 700년간 한반도에는 고구려, 백제, 신라 3국이 정립하여 경쟁하고 있었다. 그런데 3국 중에 지리적으로도 불리하고 국력도 약했던 신라가 고구려와 백제를 이기고 나당전쟁에서도 승리하여 삼국통일의 위업을 달성한다. 무엇이 이런 기적 같은 일을 성취하게 했을까?

　다양한 주장들이 있을 수 있겠지만, 나는 신라가 삼국통일의 주역이 될 수 있었던 저력을 화랑도의 조직문화에서 찾고 싶다. 화랑도라는 용광로가 신라의 젊은이들을 단련시켰고, 이것이 집단문화로 뿌리내려 가장 약했던 신라가 강자들을 물리치고 삼국을 통일할 수 있었다.

화랑도의 기원

신라는 24대 진흥왕 때 화랑도를 설치하였다. 화랑도는 옛날부터 전래되어온 촌락공동체의 청소년 조직 전통을 기반으로 관리조직의 원리를 결합한 반관반민 단체이다. 화랑도는 원래 청소년들의 학문적 수양을 목표로 한 것이 아니라 산천을 답사하면서 애국심을 기르고, 단체생활을 통해 공동체 정신을 함양토록 하는데 중점을 두었다.

물론, 국가 위기 시 군사로 동원할 수 있는 준(準)군사적 단체이기도 했다. 여러 전쟁에서 화랑들이 자발적으로 자신의 낭도들을 거느리고 전쟁에 참가한 데서도 이러한 성격을 확인할 수 있다.

화랑도는 지역별로 여러 개의 단체가 존재했다. 하나의 화랑 집단은 화랑 1명, 승려 1명 그리고 화랑을 따르는 낭도들로 구성된다. 화랑은 진골 귀족 청소년 가운데 리더십이 뛰어난 자를 선출했다. 화랑의 스승 역할을 하는 승려는 학문이 깊은 자 중에서 선발하여 화랑을 지적, 정신적으로 가르치게 했다. 낭도는 귀족은 물론 평민계급까지 참여할 수 있었다.

화랑도의 수행은 보통 3년에 걸쳐 시행되었고 이 기간에는 명산대천을 순례하며 국토에 대한 애착심과 충성심을 기르는 한편, 세속오계에 의한 수련을 했다.

이러한 화랑조직이 널리 알려지고 규모가 커지면서 국가와 임금에 대한 충성과 공동체에 대한 헌신, 그리고 전쟁에 임하는 자세를 가르쳐줄 새로운 헌장이 필요하게 되었다. 그래서 신라 26대 진평왕 때의 승려였던 원광법사가 세속오계(世俗伍戒)를 내려준다. 원광은 일찍이 중국으로 유학하여 여러 학문을 널리 공부하고 돌아와 가실사(加悉寺)[165]에 있었는데, 당시 많은 사람의 존경을 받고 있었다. 세속오계의 내용은 아래와 같다.

1. 사군이충(事君以忠) 충성으로써 임금을 섬기라
2. 사친이효(事親以孝) 효도로써 어버이를 섬기라
3. 교우이신(交友以信) 믿음으로써 벗을 사귀라
4. 임전무퇴(臨戰無退) 싸움에 임해서는 물러남이 없다
5. 살생유택(殺生有擇) 산 것을 죽임에는 가림이 있다

이러한 화랑을 하나로 뭉칠 헌장의 필요성은 진평왕 치세 하의 신라가 새로운 국가적 위기와 도전에 직면하면서 더 절실해졌다. 신라는 진흥왕 때에 이르러 획기적인 성장을 이룩하긴 했으나, 백제와 고구려가 연합하여 신라를 공격해 와서 새로운 위기에 빠지게 된 것이다.

두 국가의 공격으로 당시 신라는 국경이 위태로운 상황이었고 변경지역의 여러 성을 빼앗기기도 하였다. 이러한 국가적 위기는

---

[165] 경상북도 청도의 운문산에 있는 사찰로서 원광법사가 건립했다.

진평왕의 뒤를 이은 선덕여왕과 진덕여왕 시대까지 계속되었다. 제5장에서 살펴보았듯이 대야성 전투[166]에서 김춘추의 딸과 사위가 백제군에 의해 살해되고, 당나라와의 교역의 통로마저 위태로워지는 등 신라는 국가 존망의 갈림길에 서게 되기도 한다.

임전무퇴, 화랑도의 조직문화

화랑도의 조직문화는 위기의 순간에 빛을 발한다. 가장 빛났던 순간은 바로 '황산벌 전투'이다. 위기에 처한 국가를 위해 아버지는 사랑하는 아들의 목숨을 요구하고 아들은 그 부름에 흔쾌히 응한다. 이 정도로 조직문화가 하나 된 집단이었기에 신라군은 처자식을 먼저 죽이고 전쟁에 임한 계백의 5천 결사대를 넘어설 수 있었다. 이 전투에서 승리하지 못했다면 신라는 존립의 위기를 맞게 되었을 뿐 아니라, 삼국통일의 위업을 달성하지 못했을 것이다.

계백이 이끄는 결사대와 황산벌에서 맞선 신라군 총사령관은 김유신의 동생 김흠순이었다. 신라는 죽기를 결심하고 전쟁에 임하는 계백의 결사대에 4차례에 걸쳐 패하여 위기를 맞게 된다. 이에 백제군의 사기를 꺾기 위해서는 신라군의 사기를 높일 계기가 필요하다는 것을 직감한 김흠순은 자신의 셋째아들 반굴을 희생양으로 삼는다. 그는 아들을 불러 "신하가 되어서는 충성만 한 것

---

166 상세한 내용은 제5장 '상대방의 의도를 알아채라' 참조하기 바란다.

이 없고, 아들이 되어서는 효도만 한 것이 없다. 지금 나라가 위태로운 이때 목숨을 바친다면 충과 효 모두를 완성할 수 있는 것이다"라고 말한다. 아버지의 이야기를 들은 반굴은 주저함 없이 백제 진영으로 돌진해 목숨을 바친다.

이때 바로 이곳에서 유명한 화랑 관창 이야기가 시작된다. 반굴의 장렬한 죽음을 지켜본 좌장군 품일이 아들 관창을 불러 같은 길을 요구한다. 관창 역시 죽음을 두렵게 여기지 않고 백제군을 향해 돌진하지만 사로잡힌다. 계백은 '이 용맹한 장수의 투구를 벗겨보라'고 한다. 19살 아이가 아닌가? 계백은 관창을 살려 보낸다. 관창이 돌아왔을 때 아버지 품일은 관창에게 '임전무퇴'를 잊어버렸냐고 호통치고 관창은 다시 적진을 향해 돌진한다. 결국 백제군은 관창의 목을 베어, 타고 온 말에 묶어 돌려보낸다. 이 장면을 지켜본 신라군은 용기를 내어 백제의 5천 명의 결사대를 무찌른다. 이렇게 백제의 사비성이 함락되면서 백제는 멸망한다. 조직의 집단문화가 위기 시에 어떤 힘을 발휘하는지를 보여주는 대목이다.

화랑도에 대한 평가
세속오계를 근간으로 한 화랑도가 당시 신라의 문화에 얼마나 깊게 뿌리내렸는지, 그리고 화랑도라는 집단문화를 통해서 약하던 신라가 얼마나 강하게 되었는지는 많은 역사적 자료를 통해 확인할 수 있다.

당나라 원정군 총사령관 소정방이 당 고종으로부터 신라까지 점령하고 한반도를 병합하라는 밀명을 받았다는 사실을 알고 있는가? 당 고종은 한반도 전체를 삼킬 생각이었다. 하지만 소정방은 뜻을 이루지 못하고 회군하여 고종에게 다음과 같이 보고했다고 한다.

"신라는 비록 작은 나라이나 그 군주가 어질고 백성을 사랑하고, 그 신하는 충용하며, 그 백성들은 충성으로 나라를 섬겨 굳게 합심하고 있어 일을 도모하기 어렵습니다."

당대 최고 강국이었던 당나라 사령관으로부터 이와 같은 평가를 받은 것으로 볼 때, 당시 신라는 화랑도를 바탕으로 백성과 군주가 하나 되어 당나라와 싸웠음을 짐작할 수 있다. 비록 신라는 당나라가 보았을 때는 약소국이었으나, 백성과 군주가 화랑도라는 문화를 통해 하나로 똘똘 뭉쳐 당나라에 대항함으로써 다시는 당나라가 신라를 넘보지 못하게 되었다.

김대문은 「화랑세기」[167] 서문에서 '어진 재상과 충신이 모두 이에서 뽑혀 나오고, 훌륭한 장수와 용감한 군사가 이로부터 나왔

---

167 이종욱, 「화랑세기」 (1999). 신라 귀족이던 김대문이 쓴 책으로 신라 화랑의 우두머리인 풍월주 32명에 대한 전기이다.

다'라고 화랑도를 평가하였다.

또한, 단재 신채호도 역시 「조선상고사」에서 '고대의 선인과 화랑의 종지(宗旨)는 매양 곳을 따라 현신하여 명장도 되며 용사도 되고, 충신도 되고 정치가도 되나니 … 조선이 조선 되게 하여 온 자는 화랑'이라며 화랑도 정신이 신라뿐만 아니라 고려를 거쳐 조선시대까지 영향을 미쳤음을 강조하고 있다.

세속오계는 점차 신라의 국민정신으로 승화되어 삼국통일 위업을 달성하는 토대가 되었고, 그 후 우리 민족의 역사에도 많은 영향을 끼쳤다. 외세의 침략에 대한 끈질긴 저항이나, 유난히 의리와 명분을 중시하는 우리의 민족성은 이 세속오계의 영향을 받은 결과가 아닌가 생각한다. 또한, 국가와 군주에 대한 충성을 높이 기리고, 부모에 대한 효와 친구 간의 우정을 중시하는 전통도 그 근원을 거슬러 올라가면 이 세속오계와 만나게 된다. 세속오계는 우리 민족의 도덕관과 가치관의 형성에 큰 영향을 주었고, 그 밑바탕이 되었다고 평가할 수 있다.

비록 신라가 3국 중에서 가장 약한 나라였으나, 화랑도라는 조직문화로 뭉쳐 있었다. 어진 군주와 충성스러운 백성들이 정어리 떼처럼 일사불란하게 움직이며 강함을 발휘했던 것이다.

이와 같이 우수했던 조직문화가 서서히 사라져가는 것이 아쉽다. 그런데 아직도 화랑도의 집단문화를 면면히 유지하고 있는 조직이 있다. 바로 육군사관학교다. 사관생도들은 화랑의 후예임을 자처하면서 그들을 닮아가고 있다.

육군사관학교의 화랑 기초훈련(Beast Training)

육군사관학교에는 독특한 전통이 있다. 바로 사자굴 행사이다. 사자굴 행사는 예비 생도들이 화랑 기초훈련을 받는 기간 중에 이루어진다. 재학생들이 예복을 차려입고 사자굴의 형태로 서고 예비 생도들이 그 사이를 통과하면 축하해 주는 것이다. 큰 박수와 하이파이브를 하며 파이팅을 외치는 재교생들의 모습은 정말 감동적이다. 이제 막 태어난 새끼 사자처럼 어리둥절해하며 사자굴을 통과하며 경험했던 그 장엄한 모습과 함성이 40년이 지난 지금도 명확하게 보이고 들리는 듯하다.

예비 생도들이 사자굴을 다 통과하면 연대장 생도는 큰 소리로 다음과 같이 연설한다. 어둠 속에 울려 퍼지는 연대장 생도의 제언은 신입생들의 마음을 숙연하게 하면서 화랑의 후예라는 자부심과 강한 정신력을 일깨우게 한다.

"고요하던 이곳 태릉골에 포효하는 새끼 사자들의 울음소리가 울려 퍼지고 있다. 백수의 왕자 사자는 새끼를 낳으면 먼저 낭떠러지로 데리고 가 거기에서 떨어뜨린 다음 살아나는 새끼만을 취해 기른다고 한다. … 여기에서 살아남는 자는 화랑의 후예로서 국가와 민족의 수호신이 될 것이요, 쓰러지는 자는 영원한 인생의 패배자가 될 것이다. … 어떠한 시련과 고통이 닥치더라도 피와 땀과 눈물로서 참아라. 참아라. 그리고 또 참아라! 사나이는 결코 울지 않는다."[168]

4주간의 화랑 기초훈련은 훈련의 강도가 상상 이상이다. 생도 생활에 적응할 수 있는 기본능력과 자질 함양을 목표로 한다. 이 목표를 달성하기 위해 사관생도에게 요구되는 국가관과 군인정신 함양, 군인 기본자세 숙달 및 기본전투기술 숙지, 생도 생활 적응에 필요한 관련 규정과 기초지식 숙지에 중점을 둔다.

화랑 기초훈련 기간 동안 신입생도들은 군 생활에 대한 비전과 함께 사관생도의 자긍심과 자신감을 함양하게 된다. 신입생도에게 훈련 간 긍지와 자부심을 부여하고 생도 생활에 대한 희망과 군 생활에 대한 비전을 가질 수 있도록 육사 정신, 재교 생도 및 생도 대장과의 대화 등의 과목을 포함한다.

1주차는 군인으로서 가치관 재정립, 2주차는 군인 기본자세 및 기초체력 완성, 3~4주차는 기본전투기술 숙달 및 생도 생활 적응에 중점을 둔다. 재구 의식은 강재구 소령의 살신성인 정신을 계승하고 충성심을 함양하기 위해 1966년부터 시작되었다. 부하에

---

168 화랑 기초훈련 기간 중 저녁에 실시되는 사자굴 행사 시, 연대장 생도가 신입생들에게 하는 연설로서 수십 년 동안 내용이 바뀌지 않고 있다.

대한 장교의 지극한 사랑과 책임감을 행동으로 보여준 장엄한 그의 희생정신을 정신적 지표로 삼도록 신입생도를 대상으로 화랑기초훈련 마지막 주 야간에 시행한다.

명예의식은 입교식 전야에 승화대와 화랑연병장에서 생도 명예위원회 주관으로 진행된다. 이때 2학년 생도가 신입생도에게 예모의 하얀 깃과 예복의 황색 벨트를 수여하는데 이는 육사의 고귀한 명예 전통을 선배가 새로 입교하는 후배들에게 전해준다는 상징적인 의미가 담겨 있다. 이후 신입 생도는 육사인으로서 명예 전통을 계승한다는 다짐을 담아 명예 선서를 한다.

"나는 대한민국 육군사관학교 생도로서 사관생도 신조 및 도덕률을 준수하고 명예에 관한 나의 책임을 다할 것을 엄숙히 선서합니다."

기초군사훈련의 추억

지금도 1982년 태릉골에서 기초군사훈련(당시 화랑군사훈련의 명칭)을 받던 기억이 생생하다. 나만이 아니라 육사인이라면 누구나 똑같은 이야기를 할 것이다. 그만큼 기초군사훈련은 힘들었다. 사관학교에서 생활하는 4년 중 신체적으로나 육체적으로 가장 견디기 어려운 시기이다. 이 과정을 통해 평범한 학생들이 군인으로 변모하도록 설계된 것이다. 육사 42기인 우리 동기생은 기초군사훈련 시 356명이 입교하였다. 그러나 4주간의 고된 훈련을 받으면서 많은 인원이 탈락하게 되었다. 탈락한 인원 중 그 이유가 성적이나 체력이 부족해서인 경우는 거의 없다. 중요한 것은 끝까지 포기하지 않는 태도가 중요했다.

실제로 수석합격자가 기초군사훈련 중간에 퇴교하였다. 입학 전형에서 성적뿐만 아니라 신체검사, 체력측정, 심리검사, 면접 등을 통해 가장 높은 점수를 받은 인원이 탈락한 것이다. 반면에, 체력이 약해 훈련기간 내내 낙오하던 한 동기생은 동기생들의 격려와 배려 가운데 끝까지 버텨내 입학할 수 있었다. 그리고 생도생활을 통해 체력의 약점을 잘 보완해 졸업 때는 누구보다 강인한 군인이 되었다. 물론, 야전에서도 잘 근무하여 장군으로 진급하는 영광을 안기도 했다. 중요한 것은 재능이 아니라 끈기와 열정이다.

사관생도들에게는 그들만의 고유한 문화가 있다. 그 문화가 있어 4년이라는 긴 세월 동안 수많은 도전을 이겨낼 수 있다. 혼자라면 절대로 이겨낼 수 없을 극한의 상황을 옆에 있는 동기생들을 바라보며 참고 또 참았던 것이다.

그 문화는 오랜 시간을 거쳐 이어져 왔고 계속 진화해 가고 있다. 육군사관학교라고 하는 용광로에서 자신도 모르는 사이에 단련되어 육사인으로 거듭나게 된다. 아무리 약한 개인이라 하더라도 열정과 끈기만 있다면 육사라는 조직문화에서 강한 군인으로 태어난다. 그리고 조국을 위해 묵묵히 헌신하게 된다. 조직문화가 있기에 아무리 어려운 훈련과 시련도 이겨낼 수 있다.

2

핀란드의 시수(SISU) 정신,
끈기로 한계를 넘어서다

• • •

"핀란드인에게는 그들이 '시수'라고 부르는 정신이 있다. 이는 무모함과 용기, 잔인함과 끈질김, 대부분이 포기한 뒤에도 이기겠다는 의지로 계속 싸우는 능력의 혼합체다. 핀란드인들은 시수를 '핀란드의 정신'이라고 번역하지만 이는 훨씬 많은 의미를 담고 있다."

1940년 〈타임〉 지에 실린 시수에 관한 특집기사의 일부분이다.[169] 약자인 핀란드가 강자인 소련군을 맞아 승리한 요인을 분석하고 있다. 제2장에서 소개한 것처럼 1939년 겨울전쟁[170]에서 핀란드는 소련군의 공격을 몇 달간 한 치도 물러서지 않고 버텨낸다.

---

169 앤젤라 더크워스, 김미정 역, 「그릿」 (2016), p. 328
170 겨울전쟁에 대한 세부적인 이야기는 제2장 '우회할 수 없는 길목을 지키라'를 참고하길 바란다.

소련을 포함한 누구도 예상치 못했던 일이다. 무엇이 핀란드로 하여금 극한의 어려움을 이겨내게 했을까?

핀란드는 우리나라보다 더 아픈 역사를 갖고 있다. 12세기 스웨덴왕국에 합병되어 1581년 잠시 핀란드 대공국으로 독립되었다가, 1634년 다시 스웨덴왕국에 합병된다. 스웨덴이 쇠퇴하자 러시아가 영향을 미치기 시작해 결국, 1809년 핀란드는 러시아의 일부가 되었다. 그 후 제1차 세계대전과 러시아혁명을 거치면서 독립의 토대를 마련하게 되고, 1917년 12월 6일 독립국이 된다. 길고 긴 고난의 시간이었다.

핀란드는 전쟁과 식민통치로 인해 폐허가 된 나라의 재건을 위해 한 가지 목표를 설정한다. 국가의 정체성을 확립하는 것이다. 이를 위해 교육이 가장 중요하다고 생각하여 집중한다. 공교육제도를 시행하여 모든 아이들이 평등하게 교육을 받게 하고, 범국가적 차원에서 선생님들의 역량을 높여 수업의 질을 높인다. 이러한 핀란드의 노력은 오늘날 최고의 교육강국이라는 명성을 얻게 했다.

시수는 핀란드에서 적어도 500년 이상 존재해온 문화이다. 문자 그대로의 뜻은 '우리 몸속의 내장이며, 이는 힘의 근원인 배에서 우리의 확고한 투지가 생겨난다'는 고대의 믿음에서 비롯된 생각이다. 대담함, 용기, 의지력, 끈기 및 회복력을 의미하며 활동 지향적인 사고방식이다. 시수는 역경을 만났을 때나 주위의 반대로 포기하고 싶을 때, 오직 자기 자신의 용기만으로 버티어야 할 바로 그때 진정으로 필요하다.

핀란드 어른들은 이러한 삶의 자세를 아이들에게 키워주기 위해 어떠한 노력을 기울이고 있을까? 그들은 아이를 망설임 없이 어려움 속에 빠뜨린다. 아이들이 안전해야 하고, 보호받아야 할 약한 존재라고 여기지 않는다. 아이들이 그 도전을 해낼 수 있을 때까지 기다려준다. 그리고 아이들이 실수를 학습과정으로 이해하고, 불편함에서 즐거움을 찾게 가르친다. 이 부분은 이스라엘의 후츠파와 많이 닮아 있다. 자녀를 독립적이고 자율적인 존재로 키운다. 이것이 핀란드 '시수'의 비결이다.

카일 메이나드(Kyle Maynard)를 알고 있는가? 세계적인 동기부여 강사이자 베스트셀러 작가이다. 사지가 불완전한 사람 가운데 최초로 보조기 도움 없이 킬리만자로 정상에 오른 입지전적인 인물이다. 카일은 선천적 희귀성 질환을 앓은 탓에 양팔은 팔꿈치까지밖에 없고 다리는 무릎 부근에서 끝난다. 팔과 다리가 온전하지 않은 장애인 카일은 어떻게 이런 일을 해낼 수 있었을까? 카일은 오늘의 자신을 만든 배경에는 유년시절의 실패담이 숨겨져 있다고 말한다. 녹색 단지에 담겨 있는 설탕을 꺼내는 데 수백, 수천 번 실패했고 너무 힘들어 포기하고 싶은 생각이 들었다고 한다.

그런데 그는 이렇게 생각했다고 말한다.

'막상 포기하려니까 그때까지 시도한 수백, 수천 번의 노력이

너무 아깝다는 생각이 들었다. 딱 한 번만 성공하면 다음에는 쉬울 거라는 생각이 들자 멈출 수가 없었다.'

그는 결국 성공했다. 그에게 수많은 실패는 그저 배움의 기회일 뿐이었다. 이런 끈기가 과연 어디서 온 것일까? 늘 시수를 마음에 품고 산다고 한다.

"시수는 자신의 능력이 한계에 달했다고 느낀 뒤에도 계속 시도할 수 있는 정신력을 뜻한다. 나는 늘 이 단어를 가슴에 품고 살아간다. 더 이상 계속할 수 없다고 느껴질 때, 사실 그때 막 시작된 거라는 걸 알아야 한다." [171]

끈기, 용기, 포기하지 않고 어떠한 환경에서도 굴하지 않는 강한 정신력이 핀란드 사람들의 핏속에는 흐른다. 그래서 강대국들의 지배를 오랫동안 받으면서도 굴하지 않고 독립을 이루어냈다. 겨울 기온 영하 20도에서 영하 40도에 이르는 혹독하고 어둡고 척박한 기후에 적응하여 살아오면서 담대한 정신력을 갖게 된 것이다.

어떻게 하면 시수를 삶 속에서 실천할 수 있을까? 첫째, 자기 자비를 습관화하라. 텍사스대학교 심리학과 교수 크리스틴 네프

---

171 팀 페레스, 박선령 · 정지현 역, 「지금 하지 않으면 언제 하겠는가」 (2017), p. 184

는 자기 자비란 '우리가 곤경에 처한 친구를 대하듯 우리 자신을 대하는 것이다'[172]라고 했다. 자신의 고통에 호의와 애정을 품고 자신을 대하라는 의미이다. 자기 자비는 힘든 시기를 뚫고 나아가는 데 필요한 구명보트를 제공해 준다. 자기 자비는 실수와 좌절 후에도 다시 일어날 회복력과 용기를 촉진한다.

둘째, 회복 탄력성을 가져라. 시수는 흔들리지 않는 자기 신뢰로 끝까지 버텨내는 마음가짐이다. 약점을 인정하며 능력을 강화하기 위해서는 내면의 목소리에 귀를 기울인다. 삶은 언제나 장애물이 가득 차 있고 실패하기 쉽기에 반복되는 실패 후에도 다시 일어설 수 있는 탄력성을 가져야 한다.

셋째, 자연과 조화하라. 시수는 자연과의 소통을 통해 만족감을 찾고 건강을 개선한다. 자연은 휴식과 기분 개선에 최적의 장소다. 일상에서 자연과 조화를 이루어 공원 산책, 야외 식사 같은 활동을 통해 시수를 기를 수 있다.

넷째, 고독을 즐겨라. 혼자만의 시간을 갖는 것은 시수에서 매우 중요하다. 리더는 고독을 즐길 수 있어야 한다. 주말을 자기 자신만을 위해 보내거나 하루 일상을 시작하기 전 명상하는 간단한 방법을 사용할 수 있다. 이를 통해 내면의 목소리를 들을 수 있다.

시수는 핀란드인의 전유물이 아니다. 누구든지 관심을 가지고

---

172 샤우나 샤피로, 박미경 역, 「마음챙김」 (2021), p.121

학습하고 실천하면 자신의 삶에서 시수를 구현할 수 있다. 특히 약함 가운데서 힘들어하는 사람이라면 생활 속에서 시수를 실천해 보자. 머지않아 영원할 것만 같던 약함의 굴레를 벗어난 자신을 발견할 수 있을 것이다.

3
이스라엘의 후츠파(CHUTZ PAH) 정신,
혁신을 이끌다

• • •

전 세계에서 인구 대비 스타트업 기업이 가장 많은 나라.

국내 총생산 대비 연구개발비 지출이 가장 많은 나라.

노벨상 수상자를 12명 배출한 나라,

45년 만에 여성 노벨 화학상을 수상한 나라.

세 번째로 많은 나스닥 상장기업을 보유한 나라.

해외 자금이 투자의 85%를 구성하는 유망한 나라![173]

이 모든 것은 작은 거인 이스라엘을 일컫는 말이다. 워렌 버핏
은 '석유를 찾아 중동으로 간다면 이스라엘은 들를 필요가 없다.
하지만 인재를 찾아 중동으로 간다면 이스라엘 외에는 들를 필요

---

173 인발 아리엘리, 김한슬기 역, 「후츠파(CHUTZ PAH)」 (2020)

가 없다'라고 했다. 그만큼 이스라엘에는 유망한 인재들이 넘쳐난다. 어떻게 이런 많은 기업과 도전과 혁신을 이루는 인재들이 유독 이스라엘에만 집중될 수 있었을까?

이스라엘 사람은 뭔가 남다르다. 이들은 어떤 문제가 맡겨지더라도 해결하고자 최선을 다한다. 끊임없는 도전의식으로 창의력을 발휘한다. 무엇이 이들을 이렇게 만들었을까?

우리는 이스라엘의 토론문화에 주목할 필요가 있다. 이들은 어른, 아이 할 것 없이 자신의 의견을 논리적이고 정확하게 표현한다. 기업에서도 상·하급자가 가장 좋은 답을 찾기 위해 자유롭게 토론한다. 이스라엘 사람들의 이와 같은 성향을 '후츠파'라고 한다. 무례함과 공격적임을 뜻하는 동시에 용기와 담대함을 뜻한다. 후츠파는 이스라엘 사회에 전반적으로 깔려 있는 의식이자 문화이다.

후츠파는 어디에서 유래된 것일까? 우여곡절이 많은 이스라엘의 역사에서 그 실마리를 찾을 수 있다. 이스라엘은 역사적으로 외세의 식민지배를 많이 당했다. 그리스, 로마, 투르크, 맘루크, 그리고 영국의 지배를 받았다. 독립의 역사가 백 년도 되지 않는 나라이지만, 민족의 역사는 어느 나라보다 유구하다. 고난을 통해 살아남는 방법을 터득했을 것이다. 이스라엘은 고난의 역사를 경험하면서 후츠파 정신을 어떻게 집단문화로 정착시킬 수 있었을까? 인발 아리엘리는 저서 「후츠파」에서 이스라엘만의 독특한 문화를 소개한다.

첫째, 발라간이다. 이스라엘 사람의 창의력은 발라간이라는 쓰레기장 놀이터에서부터 시작된다. 쓰레기장 놀이터에는 낡은 가구, 농기계, 타이어, 드럼통, 오븐 등 온갖 잡동사니가 가득해 마치 고물상을 연상케 한다. 몇 가지 안전규칙이 있고 이 규칙만 지킨다면 얼마든지 자유롭게 놀 수 있지만, 이러한 안전지침은 아이들의 행동을 절대로 제한하지 않으며 주의력을 길러준다. 발라간은 무질서한 삶의 작은 모형이다. 이스라엘의 쓰레기장 놀이터에서는 사회적, 개인적 행동의 규제가 줄어들수록 표현의 자유가 커지고, 감정, 욕구를 제한하는 경계가 사라진다. 오히려 예상치 못한 상황에 침착하게 대응하는 힘이 길러진다. 이들은 스스로 상황을 만들어나가며 자존감을 키우고 자연스레 위기관리 능력을 키워나간다.

둘째, 차부라이다. 차부라는 무리를 지어 보내는 여가시간을 말한다. 제33일절이라는 명절에 아이들이 모닥불을 피우는 전통이 있다. 모닥불 피우기는 처음부터 마무리까지 어른은 전혀 개입하지 않는다. 날씨와 관계없이 야외에서 놀이를 즐기며 스스로 안전을 책임지도록 한다. 이스라엘 교육의 초점은 항상 독립심에 맞춰져 있다. 여기서도 기본적인 안전수칙은 알려주되 나머지는 철저히 아이들의 자율에 맡겨진다. 이는 이 세상을 살아가는 주체는 자기 자신이라는 것을 일깨우고 자립심, 실험정신을 이끌어내 자유에 따르는 책임을 키워나가게 한다.

셋째, 조핌이다. 조핌은 교육기관이 미흡하던 시절에 청소년을 교육하기 위해 생겨난 청소년 운동이었다. 전 세계에 흩어진 유대인이 토착 유대인 공동체와 통합을 이루는 데 목적이 있었다. 이 운동은 유대인들의 시온주의 국가 건설의 공동목표를 부여하고 유대감을 형성시켜 유대인의 느슨한 결속력을 강화하는 사회 지향적 조직으로 역할했다.

넷째, 군대이다. 이스라엘에서는 남자 32개월, 여자 24개월의 의무복무를 해야 한다. 이스라엘 방위군은 군인의 회전율이 높다. 부대원은 3년마다 완전히 교체되고, 모든 장교는 한때 일반병사였다. 일반병사 때 눈에 띄는 실력으로 선발된 장교와 일반병사는 서로 존중하되 수직적 관계보다는 편안한 관계를 유지한다. 이들은 계급과 상관없이 소통하고 자유롭게 의견을 나눌 수 있다. 엄격한 명령 체계를 갖추어야 할 군대에서 수평적 문화는 상황 통제력을 약화시킨다고 우려할 수 있지만, 이스라엘 군대는 상하층의 질서 유지와 자유의 허용을 통해 적절히 균형을 찾아간다.

이스라엘은 규모는 작지만 강한 군대를 보유하고 있다. 이스라엘 군대가 강력한 이유는 무엇일까? 독립적으로 사고하는 장병들을 육성해 왔기 때문이다. 그들은 하급자가 상급자에게 질문하는 것을 고무적인 행위로 생각한다. 왜냐하면, 전쟁이 터지면 아무리 좋은 계획도 무용지물이 되는데, 가장 중요한 것은 전투현장에 있는 장병들의 상황판단이다. 그래서 이스라엘은 현장 지휘관에게 상부의 명령을 따르지 않아도 될 권한을 부여한다. 이것은 독일의 임무형 전술과도 일맥상통한다. 전장의 불확실성을 감안할 때, 현장에 위치한 지휘관에게 선택권을 부여하고 평시부터 그것을 훈련하게 하는 것이 상황변화에 유연하게 대응할 수 있는 조직이 되게 만든다. 우리 군이 시급하게 본받아야 할 부분이다.

후츠파를 제대로 이해하는 데 도움이 되는 말이 있다. '이히예 베세대'이다. '결국, 모든 일이 잘될 것이다'라는 의미로 이스라엘식 낙관주의를 의미한다. 그런데 이들의 낙관주의는 막연한 낙관주의가 아니다. 잘되기 위해서 다른 사람을 의지하는 것이 아니라, 나의 능력에 의지하고 나를 믿는 것이다. 이들의 긍정은 막연한 긍정보다는 철저히 준비된 긍정에 가깝다. 이들은 결코 포기하지 않는다. 계속해서 질문을 던지고, 생각하며, 도전하여, 결국은 해낸다.

PISA[174]에 대하여 들어보았을 것이다. 경제협력개발기구(OECD) 주관하에 3년 주기로 시행되고 있는 국제 학업성취도 평가를 말한다. 만 15세 학생들을 대상으로 읽기, 수학, 과학적 소양을 측정하여 각국 교육 시스템의 효과를 평가하고, 각국의 교육 정책 입안에 도움이 되는 정보를 제공하기 위해 실시하고 있다.

---

174 PISA : Programme for International Student Assessment

그런데 국가별 순위를 보면 이상한 점을 발견하게 된다. 한국이 10위권 안에 자리한다는 사실은 대부분 알고 있다. 그런데 이스라엘은 30위권 안에도 들어오지 못한다. 이 현상을 어떻게 설명할 수 있을까? 15세 이전과 이후의 교육에 무슨 변화가 있길래 이런 현상이 나타나는 것일까? 이스라엘 부모와 선생님들의 태도를 보면 이유를 알 수 있다. 그들은 아이들에게 이야기한다.

"어떤 꿈도 좋으니 큰 꿈을 꾸렴. 무엇을 어떻게 하라고 알려주진 않을 거야. 스스로 하고 싶은 것을 찾아서 멋지게 해내렴."

이스라엘 아이들의 학업 성취도는 뒤처지는 편이지만 혁신국가 순위는 세계 3위를 차지한다.

무엇 때문에 이런 결과가 나오는 것일까? 학업에서 얻는 지식과 기업가와 혁신가로 성공하기 위한 능력은 다르기 때문이다. 그래서 이스라엘의 부모들은 아이들에게 지식을 가르치는 데 치중하지 않는다. 더구나 요즘과 같이 급변하고 있는 세상에, 학교에서 배우는 지식은 금방 쓸모없는 지식, 옛 지식이 되어버리기 때문이다. 따라서 선생님은 단순히 지식을 전수하는 존재이기보다는 '생각하는 방법'을 깨우쳐주는 동료와 같은 존재이다. 아이들에게도 결과를 칭찬해주기보다 노력의 과정을 칭찬해주어 계속하여 도전하도록 격려한다. 이스라엘 학교에서는 선생님과 아이들이 서

로 이름을 부르며 편한 관계를 유지하고 서로 질문하며 함께 성장
해 나간다.

하버드대학교의 안나 카라시크 스로 교수는 베이징에서 한 연
설에서 중국의 교육방식을 언급하며 다음과 같이 말했다.

"미국, 중국, 그리고 유대인 교육의 차이는 공부하는 습관에 있습
니다. 자신이 아는 이론에 대해 유대인은 의견을 제시하고 질문을
던지지만, 미국인은 혼자서 열심히 파고들고 중국인은 수동적으로
받아들입니다. 중국 학생들에게 가장 필요한 것은 비판력과 창의
력을 키우는 것입니다."

스로 교수가 중국 학생들에게 하는 조언은 우리에게 하는 조
언일 것이다. 우리나라도 주입식 교육에서 벗어나 질문을 던지고
의견을 제시하는 교육 문화가 하루빨리 정착되어야 한다.

끈기, 사랑으로 함께 이겨내는 것이다

꿈을 혼자서 꾸면 꿈에 지나지 않지만

꿈을 모두 함께 나누어 꾸면 반드시 현실이 된다.

꿈을 머리나 입으로만 꾼다면 꿈에 지나지 않지만

몸으로 자기 몫의 고통으로 받아 나가면 반드시 현실이 된다.

꿈을 젊어서 한때 반짝 꾸고 말면 꿈에 지나지 않지만

생을 두고 끝까지 꾸어 나간다면 반드시 현실이 된다.

- 박노해 시인의 〈꿈을 함께 나눈다면〉 중에서

혼자 꿈을 꾸면 꿈에 그치지만 모두가 함께 꿈을 꾸면 그것은

새로운 세상의 시작이다. 몸으로 자기 몫의 고통을 견디며 평생을 두고 꿈을 꾼다면 그것은 반드시 현실이 된다. 그래서 목표한 바를 이루려면 모든 구성원이 같은 목표를 공유해야 한다.

만약 어떤 조직의 최고 경영진들만 목표달성에 관심이 있다면 그런 목표는 성취하기 어렵다. 기본 계획은 모든 직원이 공유해야 하며, 직원 모두가 갈구하는 구체적인 목표로 세분화되어야 한다. 목표가 분명하고, 그 목표를 향해 나아가는 이유와 동기가 확고할 때, 결코 지치거나 흔들리지 않고 끝내 성공할 수 있다.

4

에밀리의 사랑,
크리스 놀튼을 일으켜 세우다

• • •

"저를 다시 일어서게 만든 것은, 바로 사랑이었습니다. 모두가 걷지 못할 것으로 생각했습니다. 그러나 그럴 때마다 저는 제가 사랑하는 사람들, 그리고 저를 사랑하는 사람들을 떠올리며 치료에 집중했습니다. 그들의 사랑이 저를 포기하지 않게 만들었고, 마침내 저를 일으켜 세웠습니다."

한때 풋볼선수로 전도가 유망하던 미국 청년 크리스 놀튼은 경기 중 불의의 사고로 쓰러진다. 목과 척추에 심각한 손상을 입게 된 크리스에게 담당의사는 '다시 걸을 수 있는 확률이 3%'라고 말했다. 그런데 사랑의 힘이 그를 일으켜세웠다. 끝까지 함께 하는 사랑이 기적을 만들어낸 것이다. 의지대로 움직이지 않는 몸, 걸을 가망이 없다는 의사의 이야기도 크리스의 도전을 막지 못했다. 그는 스스로에 다짐한다.

'어떤 일이 있어도 절대로 포기하지 말자!' 그렇게 재활치료가 시작되었다. 회복은 더뎠고 감지하기도 어려웠다. 수많은 시간을 인내하며 노력한 끝에 왼발을 움직이는 데 성공했다.

그러던 어느 날, 한 여성을 보고 사랑에 빠진다. 몸의 회복은 느렸으나 믿음과 즐거움과 희망은 순식간에 회복되었다. 두 사람은 서로에 대하여 알아가며 모든 순간을 함께하기로 약속한다. 크리스의 졸업식 날, 그는 연인 에밀리의 도움으로 직접 일어서 걸어가 졸업장을 수여받을 수 있었다. 이 모습을 지켜보는 많은 사람은 환호와 박수를 보냈다.

두 사람의 도전은 여기서 그치지 않는다. 결혼식장에도 함께 걸어 입장하기로 약속한다. 그리고 수없이 넘어지고 일어서는 노력 끝에 신랑과 신부는 멋지게 결혼식장에 걸어서 입장한다. 기적이 일어난 것이다. 걸을 수 있는 확률이 3%라던 의사의 절망적인 이야기를 사랑으로 극복해낸 것이다.

크리스는 지난날들을 회고하며 모두가 공감할 수밖에 없는 의미심장한 이야기를 한다.

"저는 제 인생에 이렇게 큰 장애물이 있을지 몰랐습니다. 사고는 그저 남들의 이야기로만 생각했죠."

하지만, 우리는 인생에서 어느 날 갑자기 장애물을 마주하게 된다. 어떤 장애물은 작을 수도 있지만, 어떤 장애물은 넘을 수 없을 만큼 클 것이다. 크리스는 누구나 만나게 되는 인생의 장애물을 극복하는 최선의 비결은 바로 '사랑'이라고 힘주어 말한다. 사랑이 끈기를 갖고 오래 참게 한다.

5

넷플릭스 공동창업자,
마크와 리드의 동료애

● ● ●

"과거와 미래, 가슴과 머리,

존 레넌과 폴 매카트니,

그리고 나와 리드는 완벽한 단짝이었다."

마크 랜돌프는 공동 창업자이자 CEO인 리드 헤이스팅스와의
관계를 이렇게 표현한다. 두 사람이 처음 만났을 때, 리드는 몇 번
의 M&A를 성공하여 이미 실리콘밸리에서 영향력 있는 인물이었
다. 그는 수학적 두뇌를 가진 냉철한 사람이었다. 한편, 마크는 오
랫동안 디렉트 마케팅을 해온, 엉뚱하지만 창의적인 사람이었다.
사업 초창기 마크는 CEO, 리드는 투자자였다.

그러나 넷플릭스 출시 1년 반 뒤, 둘의 회사 내 위치는 변화를
맞게 된다. 리드가 마크의 CEO로서의 자질에 의문을 제기하면서

공동운영을 제안했기 때문이다. 게다가 그는 더 많은 스톡옵션까지 요구했다. 마크 랜돌프는 처음에는 불같이 화를 냈지만 곰곰이 생각한 뒤 그의 요구를 들어준다. 그의 말이 합리적이라고 생각했기 때문이었다. 결과적으로 이 결정은 넷플릭스의 폭발적인 성공을 이끌었다.

마크가 회사를 떠나는 과정도 비슷했다. 그는 회사가 지나치게 커지자 퇴사를 고려하기 시작한다. 더 이상 스타트업 특유의 역동적 문화를 만끽할 수 없다는 현실을 깨달았기 때문이다.

논쟁할 때는 '서로 좋아하는 사이인지 의심스러울 정도'로 격렬했지만, 두 사람은 서로를 깊이 신뢰하고 있었다. 덕분에 넷플릭스는 거대한 기업으로 성장할 수 있었고, 둘은 지금도 여전히 절친으로 남아 있다.

넷플릭스의 신화

넷플릭스는 인터넷의 넷(net)에, 영화를 의미하는 플릭스(flicks)를 합성하여 만들어진 이름이다. 1997년에 마크와 리드가 설립하여 1998년부터 서비스를 시작했다. 처음에는 비디오 대여 사업부터 시작하였고, DVD를 거쳐 현재는 온라인 스트리밍을 위주로 서비스하고 있다.

총 4,200만여 장의 영상물을 보유하고 있으며, 스트리밍을 이용하는 가입자는 2017년 7월부로 전 세계 1억 명을 돌파했다.

2018년 3분기 기준으로 1억 3,700만 명을 넘어섰다. 이 중 미국에서만 6천 만 명이 넘는 이용자를 보유하고 있다. 미국뿐 아니라 캐나다, 멕시코, 유럽 일부 국가, 한국, 일본 등 전 세계로 서비스를 확대하고 있다.

넷플릭스는 2018년 미국, 유럽에서 온라인 동영상 시장 점유율 1위를 기록했다. 2019년에는 전 세계 동영상 스트리밍 시장에서 30%의 점유율을 차지하고 있는 것으로 평가됐다. CNN이 '넷플릭스가 미국 내 프라임타임 인터넷 트래픽의 3분의 1을 사용하고 있다'고 보도할 정도로 엄청난 인기를 끌고 있다. 방송 산업의 역사를 새로 쓰고 있다고 봐도 과언이 아니다. 일종의 스트리밍 붐을 일으키고 있는 셈이다.

넷플릭스는 이른바 코드 커팅(Cord-Cutting)[175] 현상을 주도하고 있다. 이 때문에 미국 내에서는 매년 케이블 TV의 구독자가 줄어들고 있다고 한다. 또한, 미디어 산업 내에서 블루레이[176]를 비롯한 물리적 기록 매체의 입지가 좁아져 가는 가장 큰 원인이 넷플릭스

---

175 '선을 끊는다'라는 의미로 기존 케이블 방송 등 유료 유선방송을 해지하고 온라인 스트리밍 서비스 등 새로운 플랫폼으로 시청자들이 이동하는 현상을 의미한다.

176 디지털 비디오 디스크(DVD)보다 약 10배를 저장할 수 있는 용량의 청자색 레이저를 사용하는 대용량 광디스크 규격. 기존 DVD가 650nm 파장의 적색 레이저를 사용하는 데 비해 블루레이 디스크는 좀 더 좁은 405nm 파장의 청자색 레이저를 사용하여 한 면에 최대 27GB, 듀얼은 50GB의 데이터를 기록한다.

의 서비스 때문이기도 하다.

미국 TV 역사에는 세 번의 물결이 있었다. 첫 번째 물결은 NBC, ABC, CBS 등의 지상파 방송사가 주도한 것이고, 두 번째 물결은 CNN, MTV, HBO, ESPN 등의 케이블 채널이 주도하였다. 지금 벌어지고 있는 세 번째 물결은 넷플릭스가 주도하고 있는 OTT(Over the Top) 서비스이다. 사실상 21세기 엔터테인먼트 산업에서 시장의 판도를 가장 크게 변화시키고 있다.

2020년 코로나19의 창궐은 넷플릭스에 또 하나의 기회가 되었다. 스트리밍 붐이 오면서 넷플릭스는 코로나 사태의 가장 큰 수혜주가 되었다. 주가가 연일 고공행진 하면서 같은 해 3월에는 다시 한번 월트디즈니 사의 시가총액을 꺾고 왕좌를 탈환했다. 6월 들어서는 창사 이래 처음으로 시가총액 2천억 달러의 벽을 돌파하기도 했다.

넷플릭스는 데이터를 교환 가능한 일종의 화폐로 인식한다. 그래서 시청자들이 어떤 콘텐츠에 가장 잘 반응하는지 예측하기 위해 매일 2억 5천만 시간의 영상을 소비하는 1억 명 가입자들에 대한 세부 데이터를 수집한다. 이런 방대한 데이터의 강점을 이용해 넷플릭스가 제작한 콘텐츠는 경쟁사들보다 2배 이상의 수익을 내고 있다.[177]

---

177 토트 휴린 스콧 스나이더, 박슬라 역, 「골리앗의 복수」 (2020), p.206

사업 초창기 마크는 어머니에게 2만 5천 달러의 투자를 요청한다. 어머니는 "이 돈으로 15년 후 집 한 채 살 정도는 벌 수 있겠지"라고 말한다. 5년 뒤 그녀가 번 돈은 투자금의 100배 이상이었다. 얼마나 큰 성장을 이루었는지 보여주는 단적인 사례이다.

두 공동 창업자의 우정

사실, 넷플릭스라는 사업의 구상은 신성한 계시의 순간에 떠오른 게 아니었다. 완벽한 구상이 한순간에 문득 생각난 것도 아니다. 넷플릭스의 창립과정에 대해 세상에 알려지지 않은 놀라운 이야기를 공동 창립자이자 첫 번째 CEO인 마크가 들려준다.

1997년, 마크가 넷플릭스를 처음 구상할 때는 오프라인 비디오 대여점이 전성기를 구가하고 있었을 때이다. 어느 대여점이나 대여료와 연체료를 받고 있었다. 이때, DVD가 세상에 나오게 되고, 두 명의 공동 창업자는 인터넷을 이용해 영화를 빌려주자는 간단한 생각을 한다.

당시, 두 사람은 매일 아침 함께 출근하면서 사업구상에 대해 대화를 나눴다. 마크가 새로운 생각을 제시하면, 리드가 주저 없이 평가하는 식이었다. 마크는 맞춤형 운동기구, 서핑보드, 개밥 등의 구상을 계속해서 제시했다. 당시 한 번도 온전히 자신의 사업을 해본 적이 없던 마크는 그저 자기 회사를 시작하고 싶었다. 인터넷으로 무엇인가를 파는 사업이 좋겠다고 막연히 생각했다.

이렇게 함께 출근한 지 몇 주째, 마크는 맞춤형 샴푸를 우편 주문받아서 판매하는 생각을 해낸다. 물론 리드의 반응은 '더 이상 그 이야기는 하지 마'였다. 며칠 후 샴푸는 비디오테이프로, 다시 그 당시 막 시장에 선보이기 시작한 DVD로 발전해 나간다. 그러나 그가 처음 사업구상을 밝혔을 때 대부분 사람의 평가는 부정적이었다. 그의 아내마저 '절대 성공하지 못할 거야'라고 말했다고 한다.

시작은 그야말로 미약했다. 마크는 단 7명으로 팀을 꾸렸다. 기획, 마케팅, 홍보, 코딩, 큐레이션 등 꼭 필요한 분야의 인재들이었다, 이들은 박봉에도 불구하고 스톡옵션과 사업의 미래 가능성을 보고 기꺼이 마크와 함께했다. 사업 초창기에 그들은 미국에 출시된 모든 DVD를 확보하고, 소니, 도시바 등과 제휴해 DVD 플레이어를 구매하면 넷플릭스 무료대여 쿠폰을 주는 판촉 활동을 벌였다. 이로써 넷플릭스는 출시하고 얼마 후 미국에서 어느 정도 인지도를 높일 수 있었다.

그러나 적자는 눈덩이처럼 불어났고, 결국 마크와 리드는 아마존에 회사를 매각하기 위해 제프 베이조스를 만난다. 그런데 베이조스는 인수대금으로 터무니없이 적은 액수를 제안했고 협상은 깨어졌다. 그러나 이 만남의 결렬을 통해 넷플릭스는 엄청난 결단을 내린다. 당시 매출의 97%를 차지하던 DVD 판매 사업을 포기하고 대여 사업에 집중하기로 한 것이다. 결국, 이를 통해 넷플릭스는 '연체료 없는 월간 이용 서비스'의 대명사가 된다.

그러나 닷컴 열풍이 붕괴하면서 다시 한번 위기에 빠졌다. 넷플릭스는 직원의 40%를 감원하는 구조조정을 해야 했다. 그러나 이를 통해 넷플릭스는 달라졌다. 최고의 인재만 남긴 덕분이었다. 마침내, 넷플릭스는 '미국 전역 1일 배송'으로 100만 명 이용자라는 목표를 달성할 수 있었다. 이런 눈부신 성과를 바탕으로 출시 후 4년 만에 기업 공개에 성공했고 두 공동 창업자의 우정과 사랑이 넷플릭스 성장을 가능하게 했다. 서로의 장점과 한계를 인정하고 배려하는 동료애야말로 위기의 상황에서 끈기를 가지고 돌파해 나갈 수 있는 원동력이 된다. 그 좋은 사례를 넷플릭스의 공동 창업자가 잘 보여준다.

6
특전용사의 자부심,
천리행군과 공수훈련

● ● ●

실패는 있어도 포기는 없다.

유사시 가장 중요한 임무를 수행하는 특전부대,

임무를 위해서라면 죽음을 두려워하지 않는 검은 베레,

상관의 명령이라면 사지라도 뛰어드는

충성심이 강한 특전용사.

험준한 산악 그 어느 곳이라 할지라도

한걸음에 달려가는 특전용사.

오직 충성 일념 하나로

목숨마저 조국에 담보로 한 진짜 사나이들.

상상을 초월하는 인고의 과정을 이겨낸 자만이 생사를 뛰어넘을 수 있는 용기를 가질 수 있다. 그래서 이런 훈련을 이겨낸 특전맨을 가르켜 '일기당천'의 용사라 한다.

천리행군이란

천리행군은 특전사에서 실시하고 있는 가장 혹독한 훈련이다. 그래서 천리행군은 특전용사들의 자존심이기도 하다. 완전군장을 갖추고 7일 동안 천 리 즉 400km 산악지대를 행군하는 훈련을 말한다. 1974년 특전사에서 처음 실시한 것이 다른 정예부대들에도 전파되었다.

오늘날 같이 교통수단이 발달한 세상에 천리행군이 왜 필요할까? 전쟁이 일어나면 특전사 요원들은 연기처럼 적진에 스며들어 적 지휘부를 타격한다. 그 후에 신속하게 현장을 이탈하여야 목숨을 유지한다. 그런데 적진 한가운데이므로 차량을 이용할 수 없다. 믿을 건 오로지 두 다리뿐이다. 그런데 왜 천리(400km)일까? 대략 천리쯤 걸으면 위험지역을 벗어날 수 있고, 아군과의 연결작전을 통해 안전하게 복귀할 수 있기 때문이다. 그래서 천리행군에는 계급의 고하가 없다. 대대 단위로 시행되는 행군에 중령인 대대장부터 일반 용사인 이등병까지 함께 걷는다. 특전사는 야외로 나가 한 달간 각종 훈련을 마치고, 부대로 복귀하기까지 400km를 걷는다.

특전사 요원은 모두가 자원입대한 사람들이다. 그래서 자부심도 강하다. 특전부대에서만큼은 그 누구보다 뛰어난 엘리트 군인이다. 이들의 평균연령은 21~22세로 어린 나이에 인생에서 가장 어려운 결정을 한 사람들이다. 의무복무 기한은 4년으로 18개월을 마치면 제대하는 육군 다른 부대 용사들과는 군대에 대한 의식이 다를 수밖에 없다. 특전사 지원 경쟁률이 해마다 높아지고 있다. '사전오기'라고 할까? 네 번 떨어지고 다섯 번 도전해 특전대원이 되는 경우도 있다.

이들이 4년 후 특전사에 모두 남을 수 있는 것은 아니다. 장기 지원자 중에서 4년간의 평가를 거쳐 다시 걸러진다. 이렇게 특전사에 남게 되는 요원들은 정예 중의 정예이다. 그래서 이들은 강해질 수밖에 없다. 그래서 자부심도 대단하다.

천리행군의 기억들

1990년 봄, 나는 팀장으로서 성남시 근처에 있는 ○○○ 훈련장에서 특전사령부가 주관하는 대대 전투력을 평가받았다. 대대의 명예가 걸린 측정이라 모든 팀원이 하나 되어 최선을 다했고 결과는 만족할 만했다. 그런데 이것이 끝이 아니었다. 3주에 걸친 전술종합훈련과 지옥의 천리행군이 기다리고 있었다.

전술종합훈련은 성남 ○○○에서 속리산을 거쳐, 문경에 위치한 문수봉으로 이동하면서 특전용사들에게 필요한 각종 전투기술을 훈련했다. 괴산 근처에 있는 무명고지에서 숙영하고 있을 때였다. 특전사령관이 우리 대대로 훈련 현장지도를 나온다는 내용으로 대대장이 무전기로 급하게 나를 찾고 있었다.

대대장이 우리 지역대에 내린 지시는 두 가지였다. 첫째, 무명 고지 정상에 헬기가 착륙할 수 있도록 헬기장을 구축하라. 둘째, 사령관 현장지도 시에 보고하고 행동시범을 보이라. 우리에게 부여된 시간은 하루, 24시간밖에 남지 않았다. 지역대장은 우리 팀에 보고 및 행동 시범 임무를 부여하고 그 외의 지역대원들에게는 헬기장을 구축하도록 임무를 분담해 주었다. 팀장인 나는 보고준비를 하고 팀원들은 비트와 은거에 필요한 시설물을 구축하고 생존을 위해 야전에서 획득하여 생존하는 방법을 행동시범으로 보일 준비를 했다. 팀장이 특전사령관 앞에서 보고하고 시범을 보인다는 것은 큰 영광이다. 준비의 힘듦보다는 기대가 앞섰다. 팀원들도 팀장의 마음을 읽은 듯 불만 없이 열심히 준비했다.

　다음날 헬기의 굉음과 함께 사령관이 도착했다. 밤새 준비한 보고와 행동시범은 성공적이었다. 사령관은 대만족하며 금일봉을 두둑하게 주고 떠났다. 고생은 했지만, 보람이 있었고 팀원들이 하나로 뭉치는 좋은 기회였다. 팀에 대한 자부심도 한층 높아졌음을 확인할 수 있었다. 조직은 위기의 상황이 되면 하나로 뭉치게 되고 그 뭉침을 통해 기대 이상의 성과를 이루어낸다. 놀라운 것은 이런 일련의 과정을 통해 우리 팀은 이전과는 다른 팀이 되어 있었다.

　이제 훈련도 막바지에 도달했다. 훈련의 하이라이트인 천리행군만 하면 5주간의 훈련이 끝나게 된다. 문수봉(1,162m)에서 출발하여 덕유산(1,614m)을 거쳐 주둔지인 금마에 이르는 경로이다. 대대는 문수봉을 출발하면서 지역대별로 산악행군을 하도록 지시했다. 개인화기, 탄약, 비상식량 등 모두 생존에 필요한 것들을 넣은 군장 무게는 20kg이 넘는다. 거기다 팀장은 지도를 보면서 대원들을 이끌어야 하므로 지도를 휴대해야 한다. 하루에 걷는 거리가 약 60km라고 하면 지도의 양이 얼마가 될지 상상해 봐라. 산길 60여 km를 밤새워 걷는 일정이 7일 내내 계속된다. 밥을 해 먹고, 비트를 파고 잠을 자야 한다. 때로는 버려진 비닐하우스, 폐교에서 은거하고, 그것도 여의치 않으면 텐트로 하늘만 겨우 가린 뒤 그 밑에서 잠에 빠져든다. 비가 쏟아져도 비에 젖은 채 잠을 잔다. 그렇게 산을 타고 다니는 사이 진정한 게릴라가 된다.

3일째 되는 날, 팀원이 절룩이기 시작했다. 물에 불은 발바닥이 들떴고 발뒤꿈치가 움푹 파인 팀원도 나왔다. 쓸려나간 허벅지, 군장에 눌린 어깨, 근육통도 문제였지만 무릎이나 발목 등 관절에 누적되어 나타나는 통증은 참기 어렵다. 그런데 이상하게도 무릎 관절의 통증이 심해지면 다른 부분의 통증이 적게 느껴진다. 물집 따위 이제 고려 대상도 아니었다. 발바닥 물집은 실로 누벼 놨다. 차라리 잘라내고 싶은 무릎의 통증은 진통제를 한 줌씩 털어 넣어 참고 또 참는다.

우리 팀의 막내 최종수 하사의 발은 심각한 상태다. 발바닥 전체가 물집이다. 오른쪽 발바닥은 이미 살갗이 벗겨져 붉은 속살이 드러났다. 더 이상 행군을 계속할 수 없는 상태였다. 그런데도 최하사의 행군 의지는 단호하다. 팀원들은 최하사의 총과 무거운 장비를 나누어진다. 깃털 하나라도 더해지면 주저앉을 것 같은 상황에서도 전우의 위기 앞에서는 흔쾌히 힘듦을 함께 나눈다.

천리행군 마지막 날, 비가 내렸다. 팀장이 앞장서고 팀원들은 앞 팀원의 발만 보고 걷는다. 비와 땀이 뒤섞여 온몸을 축축하게 적신다. 아무리 걸어도 마르지 않는 습기로 인해 더 피곤해진다. 이제 군장은 20kg이 아닌 그 두 배의 무게로 느껴진다. 이런 무게가 내리막길에 대원들의 무릎과 허리를 짓누른다. 물집으로 헤진 발바닥의 고통보다 끊어질 것 같은 허리 통증과 서 있기도 어렵게 만드는 무릎의 고통은 참기 어렵다. 그러나 옆에 전우가 묵묵히 버티어 주고 있어서 참을 수 있다.

어느 순간 어둠이 거치며 날이 밝아온다. 결코 오지 않을 것 같았던 천리행군의 마지막 날 아침이다. 주변의 지형들이 낯설지 않다. 그토록 그리워하던 목적지에 거의 도착했다는 의미이다. 모든 대원들이 5주간 면도도 하지 않아서 수염이 덥수룩하게 자라 더욱 야윈 모습이다. 가족들은 절룩거리며 걷는 대원들을 마중나와 박수치며 눈물을 흘린다. 아들 한솔이가 나왔기에 반갑게 안아주려고 하자 수염을 기른 아빠의 모습을 처음 보는 아이는 놀라 울음을 터트린다. 고통의 시간은 끝났다. 팀원들과 함께했던 고통은 이미 아름다운 추억이다. 성취감은 보너스다. 그래서 검은 베레 용사들의 전우애는 남다르다.

아! 민주지산[178]

1998년 3월 27일, 인천시 계양구에 위치한 ○특전여단 ○○특전대대 대대장은 여단장에게 천리행군 출발을 보고한다. 당시 천리행군은 칠갑산에서 시작하여 계룡산, 대둔산, 덕유산, 민주지산, 속리산, 월악산을 거쳐 대모산에서 마칠 예정이었다.

3월 28일, 대대장을 필두로 대원들은 출발지 청양 칠갑산에 집결하여 공주 계룡산을 행군하였다. 이어서 2일째는 계룡산에서 논산 대둔산까지 행군하고, 3~4일째는 대둔산에서 전북 용담면을 거쳐 전북 무주군 덕유산까지 행군하였다. 5일째 되는 날, 아무도 예상하지 못했던 어처구니없는 사고가 발생한다.

1998년 4월 1일, 덕유산을 넘어 무주군 설천면에 도착했을 때 예보에도 없던 비가 내리기 시작했다. 대원들은 무주군 하두마을 민가에서 비가 그치기를 기다리면서 잠시 휴식을 취했다. 일기예보에 비가 조금 내린다고 하여 대대장은 행군을 강행하기로 결정한다. 오후 1시, 대대장은 계획대로 민주지산을 향해 행군을 출발시켰다. 그러나 출발한 지 1시간쯤 뒤부터 비가 많이 쏟아져 내리기 시작했다. 오후 3시, 민주지산 6부 능선을 통과할 즈음 기온이 급격히 내려가 비가 갑자기 눈으로 바뀐다. 오후 4시, 8부 능선을

---

178 〈아! 민주지산〉은 1999년, 국방부에서 제작하여 개봉된 영화로, 민주지산에서 발생한 특전사 동사 사고를 그리고 있다. 아래 내용은 영화와 관련자료들을 요약 정리한 것이다.

지날 무렵에는 엎친 데 덮친 격으로 눈앞을 볼 수 없을 정도로 강한 눈보라가 몰아쳤다.

오후 4시 50분, 부대 행군 속도가 느려지고 대원들이 저체온증으로 탈진하기 시작했다. 대원들은 기상이 정상화될 때까지 행군을 잠시 중단하고 일단 휴식을 취해도 될지 대대본부에 문의했으나, 대대장은 행군을 예정대로 강행하라고 지시하였다. 이 순간 대대장의 상황판단이 아쉽다. 현장 지휘관으로서 기상예보를 정확히 확인하고 현장 대원들의 상태를 제대로 확인할 수 있었다면 하는 아쉬움이다. 내가 대대장이었다면 어떻게 하였을까? 4월에 기온이 갑자기 그렇게 떨어지고 폭설이 내릴 것을 예상한다는 것이 쉽지 않았을 것이다.

오후 5시, 선두 인원이 민주지산 정상에 도착했을 때 날씨가 워낙 춥고 기상이 나빠 통신장애가 생겼다. 이 무렵 체감온도는 영하 10도 이하로 떨어지며 탈진자가 다수 나오기 시작한다. 상황은 더 악화됐다. 탈진하는 특전대원이 하나둘씩 늘어나고 있는데다 김 대위 자신도 더는 추위와 강풍을 이겨낼 수 없음을 느끼고 있었다.

오후 6시 20분, 최초의 사망자가 발생한다. 탈진상태에서 전우들의 응급구호를 받던 이광암(34) 하사가 끝내 그곳에서 저체온증으로 사망하였다. 이광암 하사가 사망한 자리에 5공수특전사는 무인대피소를 설치하여 이광암 하사의 넋을 기리고 있다. 지금도 오가는 등산객들에게 안전 산행하는 데 기여하고 있다.

특전대는 임시 구호소를 설치하고 대원들을 대피시키고 있었지만, 밤이 깊어지면서 눈보라와 추위는 더욱 거세졌다. 오후 9시 10분, 영동소방서 119구조대원들이 칠흑 같은 어둠을 뚫고 간신히 현장에 도착한 뒤 탈진한 특전대원들을 이송하기 시작했다. 그러나 이미 시간은 너무 늦었다. 전해경 하사와 오수남 하사가 이송 중 눈보라 치는 민주지산을 바라보며 숨을 거둔다. 오후 9시 45분, 아직 하산하지 못한 6부 능선의 후미 부대를 지휘하던 중대장 김대위는 탈진상태로 낙오된 한오환 하사를 구하려다 자신도 참변을 당했다. 한 시간 간격으로 하오환 하사와 이수봉 중사가 구호소에서 목숨을 잃는다.

생사를 오가는 긴박한 상황에서 부하를 구하기 위해 안간힘을 쓰다가 자신의 목숨을 잃게 된 것이다. 이것이 특전용사들의 모습이다. 그래서 특전맨이 '일기당천' 할 수 있는 것이다. 튼튼한 체력에 아무도 꺾을 수 없는 강인한 정신력 거기에다 전우애로 뭉친 끈끈한 사랑은 팀원들을 하나로 뭉치게 하고 끈기를 가지고 끝까지 참아내게 한다. 민주지산 희생자들의 명복을 빈다.

팀원들과의 만남은 계속된다

특전사에서 근무한 지 30년이 지났다. 그런데 지금도 당시의 팀원들과 함께하고 있다. 일전에 내가 팀장근무 시 행정보급관을 하던 김원대 상사가 전화가 왔다.

"팀장님, 요즘 어떻게 지내세요?"

아직도 호칭은 팀장이다. 반가운 목소리였다. 2013년 김 상사 딸이 이리에서 결혼식을 할 때 아내와 함께 찾아가서 만나고 오랫동안 보지 못했다.

내가 대령일 때 팀원들과 태안반도 끝단에 위치한 만리포해수욕장에서 모임을 한 적이 있다. 아내와 아이들까지 모두 참석하여 1박 2일로 즐거운 시간을 보냈다. 모임 내내 특전사에서의 추억들을 이야기했다. 그중 단연 최고의 주제는 천리행군 간에 일어났던 에피소드이다. 내가 전역하는 날에도 몇 명의 팀원들이 찾아와서 함께 축하해 주었다.

세월이 흘러 대부분 팀원이 전역하여 사회 각 분야에서 중요한 역할을 하며 행복하게 살아가고 있다. 아직도 군에 남아 있는 2명은 부사관 최고의 계급인 원사가 되었다. 팀원들과는 아직까지도 안부를 자주 나눈다. 극한 훈련 속에서 전우애로 뭉쳐 있던 팀원들과의 만남은 죽는 날까지 앞으로도 계속될 것이다. 코로나가 끝나면 팀원과 만남의 시간을 가져야겠다. 지금 이 순간도 팀원들의 땀에 젖은 모습들이 생생하게 떠오른다.

하늘에 핀 백장미, 공수훈련

천리행군과 함께 특전사에서 가장 힘든 훈련으로 꼽히는 것이 공수훈련이다. 이 훈련은 3주에 걸쳐 실시한다. 첫 번째 주는 주로 체력단련을 중심으로 하면서 착지 동작을 몸에 숙달한다. 둘째 주는 주로 막타워 훈련을 한다. 인간이 가장 공포를 느낀다는 11m 높이의 막타워에서 뛰어내리기 연습을 하는 것이다.

고공공포증이 있는 사람은 극복하기 어려운 훈련이다. 동기생 중 고공공포증이 있는 친구가 있었다. 평소에는 아무렇지도 않고 용감하던 친구가 막상 막타워에만 올라서면 공포를 느껴 뛰어내리지 못했다. 조교들이 밀면 난간에 매달려서 손을 놓지 않았다. 한쪽 손을 풀면 다른 손을 잡으며 매달려 있던 안타까운 모습이 지금도 눈에 선하다. 개인당 10번 정도 반복 숙달 훈련을 하여 합격을 해야 한다.

셋째 주는 지상훈련이 끝나고 드디어! 기다리던 실전 강하를 하게 된다. 자격 강하는 총 4회에 걸쳐 실시된다. 이 사람이 공수교육을 수료할 자격이 충분한가를 평가하는 것이다. 1회는 기구 강하, 그리고 나머지 3회는 항공기 강하를 한다. 3회 중 1회는 야간 강하를 하고 이 중 한 번이라도 못 뛰면 공수훈련을 수료하지 못한다.

첫 번째 점프는 800피트(약 240m) 상공에 떠 있는 코끼리처럼 생긴 기구에서 강하한다. 한 번에 보통 6~8명 정도가 탑승하고 기구에 탑승하면 엘리베이터 타듯 위로 쭈욱 올라간다. 놀이공원에서 놀이기구가 올라가는 것처럼 느껴지며 바람이라도 불면 기구가 좌우로 심하게 움직여 떨어질 것 같은 아찔함을 경험할 것이다. 앞선 강하자가 공중으로 뛰어나갈 때마다 기구가 흔들리면서 덜컹덜컹하는데 그때마다 느끼는 스릴감은 짜릿하다.

허공으로 몸을 던지면 약 70~80m를 3~4초간 수직으로 낙하한다. 번지점프와 똑같은 느낌이다. 자유낙하를 할 때 눈을 떠보면 땅이 갑자기 위로 굉장히 빠른 속도로 올라온다고 느껴지는데, 실제 그 정도 속도로 떨어지고 있는 것이다. 그때 스릴감은 정말 최고이다. 사정없이 수직 낙하하면 겁이 나서 하늘을 쳐다보게 되는 그때, 낙하산이 펴진다.

헬기나 항공기 강하는 생각보다는 오히려 공포심이 덜하다. 강하는 주로 C-130(고정익 항공기)이나 CH-47(치누크헬기)를 이용하는데, 통상 밀리터리 강하라고 불린다. 국군의 날 행사 시에 특전요원들이 집단강하하는 모습을 보았을 것이다. 통상 2400피트(약 800m)에서 강하한다. 기체 문을 이탈하면 처음에는 그냥 뒤로 살짝 밀려가다가 약 3~4초 후에 낙하산이 펴지게 된다. 아래로 자유낙하를 하는 아찔함은 기구보다 훨씬 덜하다. 뛸 때는 혹시 기내에 머리나 다리가 부딪치지 않게 하기위해 몸을 L자로 만들어서 이탈하는 문에서 최대한 멀리 뛰어야 한다. 강하할 때 하늘 높은 곳에서 땅을 내려다보면 그 광경은 정말 신기하다. 건물들은 조그마한 성냥갑을 세워놓은 것 같고 내려오면서 차량과 사람들이 점처럼 보인다.

매스컴에서 흔히 볼 수 있는 스카이 다이빙을 군에서는 할로 (HALO, High Altitude Low Open)라고 한다. 고고도에서 기체를 이탈하여 저고도에서 낙하산을 개방하여 강하하는 강하의 한 방법이다. 1만 피트(약 3,000m)에서 이탈하여 1,000m 상공까지 자유낙하를 하다가 낙하산을 직접 편다. 요원들의 손목에는 고도계가 있어서 고도를 확인 후 낙하산을 개방한다. 항공기가 목표지역까지 접근할 수 없는 경우에 특전요원이 비행기를 이탈하여 원거리를 공중으로 은밀하게 침투하는 기술이다. 특전요원 중에서도 특수임무를 수행하는 사람들이 교육을 받는다.

특전사 근무 마지막 강하에 사고가 나다

1990년 여름날이었다. 지금도 그날의 기억이 또렷하다. 하계 특전전술종합훈련을 위해 우리는 군산비행장으로 향했다. 나에게는 특별한 의미가 있는 훈련이다. 특전사에서 약 4년의 근무를 마치고 이제 보병학교에서 고등군사반(OAC) 교육을 위해 떠나야 하는 상황이었다. 특전사에서의 마지막 강하인 것이다.

특전사에서 그동안의 기억들이 주마등처럼 지나갔다. 처음 부팀장으로 전입해서 좌충우돌하면서 그 거친 특전사 요원들과 함께했던 기억, 대대 군수장교로서 전국이 훈련장인 부대원들에게 군수지원을 하기 위해 분주했던 순간들, 팀장이 되어 여단 최고의 팀에 선발되어 기뻐하던 일 등. 과거 추억에 흠뻑 빠져 있을 때 항공기는 이륙하였다. 푸른 하늘이 반기는 것 같았다. 금방 항공기는 전라북도 변산의 아름다운 해변을 날고 있었다.

"강하지역 3분 전!"

강하조장의 지시에 팀원들은 자리에서 일어나 강하준비에 들어갔다. 기내에 푸른 불이 들어왔다. 강하지역에 도착했다는 신호다. 나는 팀원들을 뛰게 하고 마지막으로 뛰었다. 서해의 에메랄드 빛 바다가 아름답게 빛나고 있었다.

일만! 이만! 삼만!

낙하산이 펴진 것을 확인했다. 이제는 여유를 갖고 군장을 분리하고 착지하면 그만이다. 잠시 변산반도의 아름다움을 즐겼다. 그런데 문제가 발생했다. 군장을 분리하려 하는데 아무리 버클을 당겨도 군장이 분리되지 않았다. 낙하산은 계속 하강하고 있었다. 강하할 때 낙하의 속도를 줄이려면 테크라인을 잡고 홀딩자세로 (바람이 불어오는 방향으로) 돌아서야 낙하산의 전진 속도와 바람이 상쇄되어 천천히 내려오게 된다. 군장 분리를 위해 바람이 불어오는 방향으로 돌아서지 못하자 낙하산은 더 빠르게 떨어졌다.

이제 결단을 해야 할 순간이다. 그냥 군장 분리 없이 착지하기로 결심했다. 낙하산을 홀딩(바람이 불어오는 방향으로)으로 돌렸으나 이미 지상에서 그리 높지 않았고 속도도 매우 빨랐다. 그렇게 해변 모래사장에 접지를 했고 강한 충격을 느꼈다. 낙하산을 접으려고 몸을 움직이려 하는데 몸이 말을 듣지 않았다. 오른쪽 무릎에 문제가 생겼다. 쇠로 만들어진 특전사 배낭의 프레임이 충격으로 거의 'ㄱ'자로 휘어져 있었다. 다행히 산악복을 입고 있어서 충격은 줄일 수 있었으나 산악복도 찢어졌다. 의무대로 후송되어 확인한 결과 우측 무릎 인대가 파열된 것이다. 이 사고로 나는 약 한 달간을 하계훈련도 참가하지 못하고 의무대에서 치료를 받아야 했다. 정말 창피한 일이 발생한 것이다. 특전사에서 4년을 근무한 팀장이 군장을 분리하지 못해 사고가 난데다 강하훈련을 하다가 사고가 난 것도 처음이다.

의무실에서 곰곰이 생각해 보았다. 어디에서 무엇이 잘못되었는가? 문제는 사소한 곳에 있었다. 하루 전날 군장을 결속할 때 바쁜 일이 있어 팀의 막내에게 부탁을 했는데 마지막 확인을 제대로 하지 않은 것이다. 군장이 분리되기 위해서는 매듭이 제대로 결속되어야 하는데 거기에 문제가 생긴 것이다. 이 사고를 경험하면서 강하훈련의 위험성을 다시 한번 체험하게 되었다. 그리고 아주 사소한 곳에서 사고가 발생한다는 사실도 실감했다. 강하훈련은 아무리 숙달되어 있다고 하더라도 매번 신중해야 한다.

아들 임한솔 생도와의 '부자 동반강하'

인터넷 검색창에서 '부자 동반강하'를 검색해 보면 군인인 아버지와 아들이 함께 낙하산을 타고 강하한 내용이 많이 올라와 있다. 아들이 공중강하를 하는 날에 아버지가 동반강하를 하겠다고 희망하면 함께 참여할 수 있다.

2009년 7월 어느 날, 아들에게서 전화가 왔다. 나는 당시 이탈리아 로마에 위치한 나토 국방대에서 교육을 받고 있었다. 육사 생도 2학년인 아들은 하계군사훈련 기간에 공수훈련을 받고 있었기에 훈련은 잘 받고 있나 걱정하던 차에 연락이 와서 놀란 가슴으로 전화를 받았다.

"아빠! 지금 공수훈련 1주차를 받고 있는데, 저랑 동반강하 해 주실 수 있어요?"

순간 특전사에서의 마지막 강하의 사고 기억이 뇌리를 스쳤다. 그러나 망설임 없이 "그럼 얼마든지 가능하지!"라고 답했다.

강하하는 날 일찍 공수교육단으로 향했다. 1990년 마지막 강하훈련을 후 한 번도 하지 않아서 사전에 몸을 풀기 위해서다. 교관으로부터 안전교육을 받고 접지훈련도 했다. 착지할 때가 가장 위험하면서도 중요하기 때문이다. 옛날의 기억들이 살아났다.

강하에 사용할 헬기가 굉음을 내면서 도착했다. CH-47이였다. 이 헬기의 특징은 기체의 꼬리 부분으로 강하를 하는 것이다. 나는 한솔이 뒤에서 강하하게 되었는데, 다소 긴장한 한솔이의 어깨에 손을 얹고 말했다.

"한솔아, 너는 아무 걱정말고 그냥 뛰어내려. 아빠가 너의 뒷모습을 보고 따라갈 테니!"

한솔이는 주저함 없이 뛰어내렸다. 나는 테크라인을 조종하여 한솔이를 따라갔다. 잠시 후 우리는 안전하게 착륙할 수 있었다. 다행히 무사했다. 나는 신속히 일어나 어리둥절해 하는 한솔이에게 다가가서 낙하산 해체를 도와주었다. 어떻게 알았는지 카메라 기자들이 달려와서 사진을 찍기 시작했다. 아래 사진이 그때 촬영한 것이다. 평생 잊지 못할 아름다운 추억을 만들었다.

부자가 함께 같은 길을 간다는 것은 큰 축복이다. 미국과 유럽에서 유학할 때 외국군 장교 중 가족이 군인인 경우가 많았다. 이제야 그 이유를 알 것 같다. 육군사관학교의 선후배로서, 장교로서 느끼는 공감대는 무어라 표현할 수 없다. 많은 분야에서 관심사가 같을 수밖에 없고 대화의 소재가 풍부하다. 평생 친구가 되는 것 같다. 어떤 난관을 만나게 되더라도 서로 사랑하는 사람과 함께 한다면 넉넉히 이겨낼 수 있다. 사랑이 용기와 끈기를 기르는 것이다.

【동반강하 후 아들과 함께】

끈기, 리더의 역할이 중요하다

더럽혀지지 않은 마음보다 더 튼튼한 방패는 없으니!

자신의 싸움에 정당성을 부여하는 자는

세 배로 무장한 것이나 다름없다.

강철로 된 갑옷을 입었어도

양심이 부정으로 물들어 부패한 자는

벌거벗은 것이나 다름없다.

- 윌리엄 셰익스피어, 「헨리 5세」

정직이 최선의 방책이다. 성공한 리더들이 보여주는 공통점은 자신에 대하여 정확하게 알고 인정하는 정직함이다. 흔히, 다른 사람은 속이기 쉬워도 자기 자신은 속일 수 없다고 이야기한다. 일견 맞는 소리인 것 같다. 그런데 좀 더 생각해 보면 항상 맞는 말은 아니다. 그 이유는 다음과 같다.

첫째, '다른 사람을 속이기 쉽다'는 말은 개인과 개인의 관계에서 흔히 적용되는 이야기이다. 그런데 그 개인이 조직의 리더라면 이야기가 달라진다. 많은 사람을 오랫동안 속이는 것은 거의 불가능하기 때문이다. 리더는 자연스럽게 주목받기 때문에 일거수일투족이 고스란히 노출된다. 그래서 조직의 많은 사람을 오랫동안 속이는 것은 거의 불가능하다. 리더가 아무리 노력해도 무의식중에 하는 언행으로 속마음이 드러난다. 심지어 속으로 하는 생각까지 읽히는 경우가 많다. 그래서 리더는 조직원들을 속이기 어렵다. 리더는 늘 바르게 생각하고 행동해야 한다. 리더는 이 점을 반드시 명심해야 한다.

둘째, '자기 자신을 속일 수 없다'는 말은 항상 맞을까? 아니다. 인간은 교묘하게 자신을 속이는 경향이 있다. 자기방어기제가 작동하기 때문이다. 죄책감에서 벗어나기 위해 자신을 속이는 대신 정당한 행위였다고 합리화한다. 결국, 자기 자신을 속이는 것이다. 그래서 리더 자신은 스스에게 속아서 조직원들에게 떳떳하다고 항변하더라도 리더를 바라보는 조직원들은 이러한 리더의 모습에 쉽게 공감하지 않는다.

이 두 가지 사실을 종합해 보면, 리더는 자신과 타협할 수는 있으나 조직원들을 결코 속일 수 없다는 결론에 이르게 된다. 그래서 조직의 리더에게 대의명분이 대단히 중요하다. 모든 조직원이 공감하는 명분이 있다면 조직원을 감동시킬 수 있고 함께 꿈꾸게 만든다.

마오쩌둥의 대장정과 보응우옌잡의 30년 항쟁, 루악 대통령의 동티모르가 그 좋은 사례들이다. 홍군의 리더 마오쩌둥, 베트남의 영웅 보응우옌잡 그리고 동티모르의 독립군 사령관, 군 총사령관, 대통령을 역임하고 현재 총리로서 동티모르를 지도하고 있는 루악의 모습에서 조직원들을 함께 꿈꾸게 하고, 그 꿈을 이루기 위해 오래 참게 하여 마침내 목표를 달성하게 하는 끈기의 리더십을 발견하게 될 것이다.

7
대장정, 중국 공산혁명의 용광로

• • •

"우리는 열 사람으로 한 사람을 당해내지 못했다. 30만 대군이 그들 3만의 군대를 무찌르지 못했다."

장개석이 1949년 12월, 난징전투에서 패배한 후 마오쩌둥에게 대륙의 통치권을 넘겨주고 타이완으로 철수할 때 한탄하며 한 말이다. 장개석의 국민당군은 왜 소수인 마오쩌둥의 홍군에게 패배하였을까?

중국 내전은 상대적으로 약한 군사력을 가진 홍군이 강한 국민당군을 상대로 싸워 승리한 사례이다. 초기에 국민당군은 상대적 군사력 면에서 압도적으로 유리했다. 1945년 9월 정부의 공식 통계에 의하면 국민당군은 병력 370만 명, 소총 160만 정, 야포 6,000문을 보유한 반면, 홍군은 병력 32만 명, 소총 16만 정, 야포

600문이 전부였다. 장개석은 강자의 전략으로 조기 결전을 추구하였으나, 마오쩌둥은 약자의 전략으로 이를 회피했다. 그래서 홍군의 주력 격멸에 실패하였다. 국민당은 홍군의 수도인 옌안을 점령하였음에도 불구하고 홍군과의 결전을 이끌어낼 수 없었다.

이후 공산당은 국민당군의 공세가 한계에 도달하자 소규모의 승리를 누적해 나갔고, 군사력 균형이 유리하게 전환되었을 때 결전을 추구하여 결정적인 성과를 거둘 수 있었다. 그리고 홍군은 이와 같은 군사적 성과를 바탕으로 전쟁에서 승리하고, 1949년 10월 1일 중화인민공화국을 수립할 수 있었다.

대장정의 시작

1934년 10월 10일, 홍군 지도부는 일단 국민당군의 포위망을 뚫기 위한 돌파 작전에 나선다는 방침을 확정하고 인원들을 집결시켰다. 루이진의 함락이 목전에 다가오자 홍군은 병력 8만 5천 명과 간부 요원 1만 5천 명 등 10만 명이 피난길에 올랐다.

16일에 집결을 마친 홍군은 17일에 본격적인 대장정을 시작한다. 1군단과 3군단이 선봉에 섰으며 5군단이 후미를, 8군단과 9군단은 좌우를 엄호했다. 주요 인사들이 소속된 종대는 이들 군단의 호위를 받았다. 홍군의 행렬은 수십 리에 달했고 중국 공산혁명에 동조한 미국 언론인 아그네스 스메들리[179]는 다음과 같이 당시 상황을 상세하게 묘사했다.

"그들은 각자 5파운드의 쌀과 양쪽에 짐 보따리를 매달은 막대기를 어깨에 메고 있었다. 탄약이나 수류탄을 넣은 짐 바구니 안에는 석유통과 극히 아끼는 중요한 도구들이 들어 있었고, 모두 담요와 누비이불이나 솜이 든 겨울 옷가지를 비롯해 면으로 만든 덧신, 바늘, 실 등으로 꾸린 배낭을 등짐처럼 지고 있었다. 그리고 그들은 모두 소총을 가지고 있었다."

스메들리가 묘사하는 홍군의 대장정의 시작은 초라하기 이를 데 없다. 공산당은 구체적인 계획을 세우지 못한 채 일단 서쪽으로 탈출하기로 했다. 국민당군의 포위와 추격을 뚫고 후난성, 광시성, 구이저우성, 윈난성, 쓰촨성 등을 거치는 대장정이 시작되었다. 그러나 대장정 초기에 홍군은 도망에만 급급했던 지도부의 오판으로 많은 희생자를 냈다.

---

179 중국 공산혁명에 동조한 미국의 여류 언론인이자 작가. 대표작으로는 1934년 출간된 「차이나즈 레드 아미 마치스(China's Red Army Marches)」, 중국인민군 총사령관이던 주덕의 전기인 「그레이트 로드 : 더 라이프 앤드 타임스 오부 주덕(Great Road : The Life and Times of ChuTeh)」 등이 있다.

준의회의

약 2개월 후, 홍군은 구이저우성 준의(遵義)에 도착한다. 1935년 1월 16일부터 18일 사이에 중앙정치국 확대회의를 열었다. 이른바 준의회의(遵義會議)에는 16명 혹은 18명의 당 정치국원과 후보위원, 그리고 7명의 군 지도자와 코민테른 대표 오토 브라운이 참여했다.

회의 분위기는 매우 격렬했다. 채택된 〈결의안〉에는 그때까지의 실패원인을 짚어보고 그들이 당면한 과제를 조망하는 내용이 담겼다. 주요 내용은 다음과 같다. 홍군이 수세의 위기에 몰린 것은 현 지도부가 대장정을 시작하기 전에 무리한 도시 폭동[180]을 강요함에 따라 홍군이 거의 절멸의 피해를 입었기 때문이다. 대장정 초기 과정에서 현 지도부의 철수는 '전략적 후퇴'가 아니라 공포에 질려 '맹목적으로 도주'한 것에 불과했다라고 비판했다.

당연히 현 지도부는 이러한 비판을 받아들이려 하지 않았다. 그때까지 군의 작전을 주도했던 군사부장 저우언라이가 비판을 수용하고 자신의 직책에서 물러나겠다고 선언한다. 그리고 마오쩌둥이 지도권을 장악해야 한다고 주장함으로써 사태는 일단락

---

180 1930년 6월, 코민테른의 명령으로 도시지역인 남창, 무한, 장사를 공격하였다가 많은 피해를 입게 된다. 그리고 1933년 8월 실시된 국민당군의 제5차 공격에서 박고와 오토 브라운이 단순한 방어노선을 채택하여 패배하고 괴멸 위기에 몰린 홍군은 대탈출을 결심한다.

되었다.

　마오쩌둥과 저우언라이가 한 배를 타는 순간이다. 결국, 러시아와 코민테른의 지원을 받던 진방헌[181]은 당 중앙의 지위를 박탈당하고 독일인 군사고문인 오토 브라운[182]도 군사 결정에 대한 통제권을 잃었다. 막후 협상을 통해 마오쩌둥과 저우언라이는 전략상 장문천(張聞天)을 새롭게 당서기로 추대했고, 마오쩌둥은 정치국 상임위원회의 주석으로 지명된다.

　마오쩌둥은 준의회의를 통해 명실상부하게 중국 공산당을 지배하는 위치에 올랐고, 군사권을 손에 넣고 대장정을 지휘할 수 있게 되었다. 마오쩌둥은 회의 직후 준의 가톨릭 성당에 당과 군 간부들을 모아놓고 〈결의안〉 내용을 설명했다. 그는 홍군의 임무가 단순한 전투를 수행하는 데 그치지 않고 대중 활동과 대중의 조직화에 있다는 사실을 명확하게 하는 동시에 '항일을 위해 북상한다(北上抗日)'는 목표를 제시했다. 중앙정치국 상무위원이자 중앙군사위원회 주석이 된 마오쩌둥은 홍군의 임무가 대중 활동 및 대중의 조직화임을 분명히 하고, 항일투쟁을 위해 산시, 허난 소비에트

---

181 '박고'라고도 불리며 1907년생으로 강소성 무석 출신이다. 1926년 공산당의 후원으로 소련 유학을 다녀온 젊은 지도자로 장정 초기에 오토 브라운과 함께 중국 공산당을 지도했던 핵심 멤버이다.

182 코민테른이 파견한 독일인으로서 홍군에 대한 지휘권을 장악했다. 진방헌과 함께 러시아 공산혁명 방식을 중국에 그대로 접목하려 해 마오쩌둥과 대립한다.

로 갈 것을 천명했다.

실권을 쥔 마오쩌둥은 전면전 방식을 버리고 농민의 지원을
바탕으로 한 유격전으로 전환한다. 마오쩌둥이 정강산, 강서성에
서 세력을 확장할 당시 주창한 16자 전법이 이제 홍군의 전법이
된 것이다. 16개 한자로 구성된 16자 전법의 내용은 아래와 같다.

적진아퇴(敵進我退) - 적이 진군하면 우리는 물러나고
적주아요(敵駐我擾) - 적이 주둔하면 우리는 교란한다.
적피아타(敵疲我打) - 적이 피곤해지면 우리는 공격하고
적퇴아추(敵退我追) - 적이 물러나면 우리는 추격한다.

이 전법은 강서 소비에트에서 마오쩌둥이 국민당군과의 전투
때 기본전략으로 썼던 게릴라전의 요체이다. 무리한 전쟁을 하지
말라는 것이다. 또한, 자신의 분수와 능력을 알고 무리한 전쟁을
피하는 마오쩌둥 특유의 게릴라 전술이다. 준의회의 후부터 대장
정 기간에 마오쩌둥의 이 전법으로 국민당군과 싸우게 되고 확실
한 효과를 거두게 된다.

옌안 도착

마오쩌둥은 368일간의 긴 행군 끝에 드디어 1935년 10월, 산
시성 북부의 작은 소비에트 옌안(延安)에 도착했다. 1936년 10월에

는 쓰촨의 주더, 후난과 구이저우의 허룽이 합류함으로써 홍군의
3개 부대가 모두 모였다.

마오쩌둥의 홍군 제1방면군의 행군은 그야말로 대장정이었다.
홍군 제1방면군은 처음 대장정을 시작한 때부터 11개의 성을 지
나 54개 도시를 점령했다. 그들은 하루에 평균 한 번 전투를 하고,
평균 37km를 걸어 368일간 총 1만 2천km를 걸었다. 만년설이 뒤
덮인 다섯 개의 산을 포함해 18개의 산맥을 넘었고, 24개의 강과
여섯 군데의 소수민족 지구를 통과했다. 그리하여 대장정에서 살
아남은 홍군은 전체의 10분의 1에 지나지 않는 3만 명이 전부였
다.

비록 수많은 희생이 뒤따랐지만 홍군은 대장정을 통해 최정예
부대를 얻었다. 이들은 후에 항일투쟁과 공산혁명의 중심 부대가
되었다. 마오쩌둥은 대장정에 성공한 후 "장정은 진실한 선언서이
며, 선전대이고, 파종기였다"고 평가했다.

대장정의 의의
대장정은 중국 공산혁명에서 가장 중요한 분수령이 되었다. 섬
서 소비에트에 정착한 마오쩌둥은 2개월 후인 1936년 12월 27일
대장정의 의미를 다음과 같이 발표했다.

"장정은 진실로 선언서이며 선전대이며 파종기였다. … 12개월 동

안 공중에서는 매일같이 수십 대의 비행기가 우리를 정찰, 폭격하고 지상에서는 수십만의 대군이 우리를 포위, 추격, 차단하였다. 우리는 장정의 과정에서 말로 형용할 수 없는 고난과 장애를 겪었다. … 장정은 또한 선전대였다. 그것은 11개의 성에 사는 약 2억의 대중들에게 홍군이 가는 길만이 그들이 해방되는 길이라는 것을 선전하는 것이었다. … 장정은 또한 파종기였다. 장정의 과정에서 우리는 많은 종자를 11개의 성에 뿌렸다. … 한마디로 장정은 우리에게 승리였고, 적에게는 패배였다."

물론 이것은 중국 공산당의 일방적인 장밋빛 선전에 불과하다. 대장정은 전술적으로는 병력의 90%를 잃어버린 기나긴 도주의 과정이었고, 처음부터 끝까지 함께한 홍군의 수는 고작 3천여 명으로 추정된다. 계속되는 전투와 탈주 과정에서 역량이 극도로 저하된 홍군은 대장정이 끝난 후로도 반격할 여력이 없었다.

또한, 간신히 피신한 서북 지역도 중국 본토에서 가장 척박하고 인구밀도도 희박한 곳으로서 장기적으로 혁명을 도모할 만한 곳이 되지 못하였다. 단지 서안사건[183]으로 국민당군의 토벌 직전

---

183 1936년 12월 12일, 장제스가 공산군 토벌을 독려하기 위해 시안에 갔을 때 국공 내전 정지와 연공 항일을 주장하는 장학량 휘하의 동북군에 의하여 감금된 사건이다. 이 사건 이후 제2차 국공합작이 이루어지고 홍군은 이 기회를 이용하여 공산당 근거지를 확장하고 강한 군대로 성장한다.

에 기사회생했을 뿐이다.

그럼에도 불구하고, 전략적인 관점에서 분석하면 사정은 달라진다. 대장정은 중국 공산당의 승리였다. 어쨌든 국민당군은 홍군을 완전히 격멸하는 데에는 실패하였다. 홍군의 핵심 지도부는 시련을 이기고 살아남아 후일을 도모할 수 있었다. 마오쩌둥과 그의 정치 군사 이론을 중심으로 한 지도체계가 그 유효성을 입증하며 확립되었다. 홍군은 이를 바탕으로 훗날 정권을 잡기에 이르렀다.

장정이 끝난 뒤 마오쩌둥은 미국인 기자 에드거 스노를 만나 그간의 사정에 대해 인터뷰를 진행했는데, 다음과 같은 말로 자신의 이야기를 마무리했다.

"홍군이 승리의 행진을 할 수 있었던 점과 잔여 부대를 이끌고 간쑤 산시(陝西, 섬서)까지 성공적으로 도달할 수 있었던 이유는 첫째, 공산당이 올바른 영도력을 발휘할 수 있었고 둘째, 우리 소비에트 인민의 훌륭한 기술 용기, 그리고 초인적인 인내심과 혁명에 대한 열망 덕분이었다.

중국 공산당은 어제도 오늘도 그리고 내일도 마르크스-레닌주의에 충성할 것이며, 어떠한 기회주의적 경향에 대해서도 투쟁을 계속할 것이다. 불패의 신념과 최후의 승리에 대한 확신만이 이러한 결심에 대한 유일한 대답인 것이다."[184]

대장정은 현재 중국 공산당에서 매우 중요하게 다루는 사건이다. 중국 공산당은 자신들의 정통성이 이곳에서 나온다고 자부하고 있다. 그도 그럴 것이 대장정을 기점으로 보구, 낙보 등 중국 공산당을 영도하던 상하이 임시 당 중앙이 완전히 몰락했고 가장 유력한 군사적 경쟁자인 장국도가 국민당군에게 토벌당하면서 마오쩌둥이 권좌에 복귀하게 된다.

삶에서 이루고 싶은 일이 있다면 묵묵히 칼을 가는 시간이 필요하다. 원대한 꿈을 이루기 위해서는 그 꿈에 부끄럽지 않을 만큼 오랜 시간 담금질을 감내해야 한다. 이러한 축척의 시간을 통해서 내공이 쌓이는 것이다.

"십 년간 칼을 갈았으나 서리 같은 칼날을 아직 시험해 보지 못했다."

이 글은 중국을 통일한 마오쩌둥이 1954년 3월 항주에 있는 모간산에 올라 경치를 구경하면서 읊조린 시의 한 구절이다. 그리고 그는 중국을 통일했다. 사람은 본래 인내심이 약한 동물이다.

---

184 에드거 스노, 「마오쩌둥 자전」, p.184

기다림을 참지 못한다. 이러한 특성은 약자들에게는 엄청난 약점이 된다. 상황을 종합하여 충분히 고민하고 행동해야 한다. 급하게 선택하면 돌이킬 수 없는 상황에 빠지기 쉽다.

한편, 인내심을 발휘하게 되면 무한한 이점이 있다. 기다림을 통해 우리는 기회를 포착할 수 있고, 상대방의 약점을 파악하여 허를 찌를 시간도 벌 수 있다. 인내심을 가지고 적절한 시기를 기다릴 줄 아는 사람은 조급한 사람보다 언제나 유리한 고리를 점령할 수 있다.

> "전략적 퇴각은 열세인 군대가 우세한 군대의 공격을 받았을 때 신속하게 그 공격을 물리칠 수 없기에 병력을 보존하여 나중에 기회를 기다리기 위해 채택하는 계획된 걸음이다. 따라서 전략적 퇴각의 목적은 병력을 보존하여 반격을 준비하기 위함이다. 퇴각이 필요한 이유는 강한 적의 공격 앞에서 만일 퇴각하지 않으면 반드시 군사력의 보존을 위태롭게 만들기 때문이다."[185]

마오쩌둥이 국민당 군의 거센 공격으로 패배주의에 젖어 있던 홍군에 한 연설이다. 후퇴, 퇴각이 패배를 의미하는 것은 아니다. '1보 전진을 위한 2보 후퇴'라는 말이 있지 않은가? 전쟁에서든 비

---

185 야경유 · 장휘, 전병욱 역, 「마오쩌둥, 손자에게 길을 묻다」 (2004), pp.120~121

즈니스에서든 상황에 따라 전략적 후퇴는 필요한 수단이다. 손자도 패배한 뒤에 수습을 잘하는 장수는 결코 망하지 않는다고 했다.

마오쩌둥은 대장정이라는 후퇴를 통하여 정체성을 공고히 하고 사회 · 정치적 세력으로 거듭날 수 있었다. 대장정 기간을 통해 홍군은 유대감을 강화하고 자신들의 정체성과 신념에 대해 이해하는 계기가 되었다.

장국도의 행보를 보라. 강한 국민당군과 정면으로 대항하다가 세력을 잃게 되지 않는가? 후퇴의 결정은 결코 나약함이 아니다. 전략적인 지혜이다. 로버트 그린은 「전쟁의 기술」에서 시간의 중요성을 강조한다.

"전략적 사고에서 공간만큼 중요한 것이 바로 시간이다. 시간의 활용법을 알고 있다면 우월한 전략을 세울 수 있고, 공격과 방어에 새로운 차원을 가미할 수 있을 것이다."[186]

제아무리 강한 상대라 하더라도 당신이 허락하지 않으면 당신의 시간을 빼앗을 수 없다.

마오쩌둥은 시간의 중요성을 잘 이해한 지도자였다. 그는 16자 전법이라는 특유의 게릴라 전술을 구사하며 시간을 잘 활용한

---

186 로버트 그린, 안진환 · 이수경 역, 「전쟁의 기술」 (2006), p.219

다. 절대 우위에 있던 국민당군의 공격에 결정적인 패배를 하지 않고 버티며 마침내 대장정에 성공하였다. 불리한 여건 속에서 오랜 시간 인내하며 상황의 변화를 기다린 것이 주효했다.

일본의 중국 침략으로 홍군이 국민당군을 이길 수 있었다. 일본의 공격으로 장개석은 마오쩌둥과 다시 국공합작[187]을 제안하지 않을 수 없었다. 항일투쟁의 과정이 없었다면 중국 공산당은 성장하지 못했을 것이다. 일본의 공격에 대응하는 과정에서 홍군은 장개석의 도움을 받아 더욱 강해진 것이다. 이 시기를 통해 공산당은 대중적 토대를 더욱 튼튼히 하였다.

기회는 끈기를 가지고 기다리는 개인과 조직에게 어느날 갑자기 주어지는 선물이다.

---

187 2차 국공합작은 1937년 4월, 국민당과 공산당이 연합 전선 동맹에 최종합의함으로 이루어진다. 3만여 명의 홍군은 국민 혁명군 제8로군 3개 사단으로 개편되어 항일전쟁에 참여한다.

8

보응우옌잡의 3불 전략,
강자를 손들게 하다

● ● ●

적이 원하는 시간에 싸우지 않고, 적이 유리한 장소에서 싸우지 않고, 적이 생각하는 방법으로 싸우지 않는다.[188]

보응우옌잡(Vo Nguyen Giap) 장군이 프랑스, 미국, 중국을 손들게 만든 3불 전략이다. 우수한 무기체계를 보유한 강대국에 대항하는 약소국은 대항할 가용수단이 부족하여 차별화된 방법을 강구해야 했다. 그래서 보응우옌잡은 3불 전략을 구사한다. 한마디로 요약하면, 강자가 원하는 전쟁은 피하고 약자가 유리한 시간,

---

188 이 전략은 「손자병법」과 마오쩌둥의 '16자 전법'과 매우 유사하다. 특히, 마오쩌둥의 16자 전법의 내용과는 큰 차이점을 발견하기 어렵다. 敵進我退(적이 공격하면 후퇴) 敵駐我擾(적이 멈추면 교란) 敵疲我打(적이 피로하면 공격) 敵退我追(적이 후퇴하면 추격).

장소에서 기습적인 방법으로 싸운다는 것이다.

베트남의 열대우림의 특징을 활용하여 게릴라전을 구사하여 북베트남군이 주민 속에 흡수되어 형체를 보이지 않게 함으로써 첨단무기가 효과를 발휘할 수 없게 만들었다. 대규모 정면공격을 하는 대신, 소수로 분산하여 주민과 연계하여 자유롭게 작전을 구사했다. 상대편 군대와 싸워 이기려는 것이 아니라, 상대 정책결정자들의 전쟁 지속 의지를 파괴하여 포기하게 만드는 것이 목표였다. 이를 위해 의도적으로 전쟁의 장기화, 사상자 증가, 여론 형성, 강자의 비인도성 부각 등에 초점을 맞추었다.

무엇이 보응우옌잡의 3불 전략을 가능하게 하였을까? 윌리엄 J. 듀이커(William J. Duiker)는 그의 책 「호찌민 평전(Ho Chi Minh A Life)」 서문에서 베트남전쟁 승리의 공로자를 셋으로 꼽았다.

첫째는 한 세대 이상 남베트남의 정글과 늪에서 혁명적 대의를 위하여 최신식 무기로 무장한 미군에 맞서 싸우다 죽어간 무명의 베트콩 전사들이다.

둘째는 뛰어난 결의에 노련한 능력까지 겸비한 베트남 노동당 지도자 레주언[189]을 비롯한 그의 북베트남 공산당 동료들이다.

셋째는 베트남 공산당 창건자이자 혁명운동의 지도자였고 베

---

189 베트남의 정치가(1908~1986)로 1951년 베트남 노동당 중앙위원회 정치국원, 1960년 당 제일 서기였으며, 베트남 통일 후에는 베트남 공산당 서기장이 되었다.

트남민주공화국의 주석직을 종전 6년 전인 1969년까지 맡고 있다가 타계한 호찌민이다.

대체로 공감이 가는 평가이다. 그러나 나는 두 번째에 레주언 대신에 보응우옌잡이 들어가는 것이 타당하다고 생각한다.[190] 레주언과 공산당 동료들의 활동은 호찌민 활동영역에 포함하여 함께 평가하는 것이 타당하다. 그래서 본 장에서는 호찌민, 베트남 국민, 보응우옌잡으로 나누어 승리요인을 분석하겠다.

호찌민, 대의명분을 제시하다

당시 베트남이 승리하기 위해서는 호찌민의 역할이 매우 중요했다. 베트남전쟁 시기 호찌민이 실질적으로 군대를 지휘하거나 남베트남 내부에서 조직을 창설했던 것은 아니다. 총과 수류탄을 든 건 그의 휘하에 있던 보응우옌잡과 같은 지휘관들과 제국주의에 침략에 맞서 자발적으로 무기를 들고 정글 속에서 침략자들을 상대로 전투를 치렀던 무명의 병사들이었다.

그렇다면 그 저항정신과 인민 대중의 결집력은 도대체 어디서 나온 것일까? 바로 호찌민의 독립운동 경력과 한평생 그가 집필한 글과 연설에서 나왔다. 그의 글과 연설은 전장에서 싸우지 않는 한

---

190 레주언의 역할은 결코 과소평가할 수 없다. 그러나 호찌민과 많이 중복되는 역할이 있는 반면에, 보응우옌잡의 역할을 빼놓고 베트남전쟁을 이야기하는 것은 불가능하다.

계점을 보완하고도 남을 정도로 베트남 인민 대중들에게 호소력이 강했다.

1960년 응오딘지엠 정권에 맞서 남베트남 내부에서 자생적으로 베트콩이 창설된다. 이는 사회주의적인 이론을 철저하게 학습한 조직이었다기보다는, 반제국주의적인 기치 아래 자연발생적으로 단결하고 결집한 세력이었다. 1941년 창설한 베트민(Viet Minh)도 베트콩과 마찬가지로 사회주의적 이론보다는, 반제국주의 기치 아래 결집한 세력이었다. 모두 호찌민의 영향을 받은 것이다.

호찌민의 글과 연설은 프랑스, 미국 그리고 일본 같은 제국주의 국가들의 침략과 야만적인 행위를 일목요연하게 비판하고 있다. 예를 들면, 프랑스 식민지 시절 그가 해외에서 썼던 글들은 베트남을 강제로 식민지화한 프랑스 제국주의자들이 내세웠던 '자유, 평등, 우애' 정신과는 모순되는 현실을 아주 날카롭게 지적한다.

그는 1940년 일본 제국주의자들이 베트남에 들어왔을 때, 그들의 야만성을 폭로함과 동시에 베트남 인민들에게 일본 제국주의에 맞서 단결하도록 호소한다. 제2차 세계대전 이후, 프랑스가 다시 베트남을 식민지화하려 했을 때도 베트남 인민들의 저항을 호소하는 글을 썼다.

이와 같이 호찌민은 글과 연설을 통해서 베트남 국민들에게 대의명분을 제시했고 자신이 묵묵히 솔선수범으로 그 길을 걸었다. 베트남 국민을 하나 되게 하고 오래 참으며 꿈을 잃지 않게 한 것은 호찌민이라는 인물의 위대함과 인민을 향한 순수한 마음 그리고 제국주의에 맞선 그의 실천적인 저항이었다.

1950년대 소련의 서기장을 지내며 베트남의 지도자 호찌민을 만났던 니키타 흐루쇼프는 다음과 같은 말을 남겼다.

"정치 경력을 쌓는 동안 수많은 사람을 만났지만, 사실 누구도 나에게 그런 인상을 남긴 사람은 없었다. 종교를 믿는 사람들은 사도들에 대해 이야기한다. 호찌민의 삶의 방식과 그가 동료들에게 미친 영향을 살펴본다면, 그는 확실히 '신성한 사도들'에 비견할 만한 인물이었다. 혁명의 사도 말이다. 그의 눈에서 번득이는 순수함과 진실함의 빛줄기를 나는 결코 잊지 못할 것이다. 그의 원칙과 행동에서 부패하지 않은 공산주의자의 진실함을 보았고, 대의에 헌신하는 자의 순수함을 느꼈다."

호찌민은 늘 대동단결을 외쳤다. 친구를 돕는 것이 자신을 돕는 것이라는 호찌민 주석의 주장에 따라 이웃 나라인 라오스와 캄보디아를 도와주고 프랑스와의 독립투쟁 대열에 합류시켜 투쟁역량을 강화했다. 국민의 대동단결을 끊임없이 유도하여 강력한 힘을 발휘하도록 하였다.

사회 모든 분야에서 '나라사랑 경시대회'를 지속적으로 실시하여 국민의 애국심을 경쟁적으로 고취했다. 해마다 애국자 대회를 실시하여 다방 면에서 우수한 성과를 낸 창의적인 인물을 선정하여 격려하고 시상을 하는 일종의 애국심 고취 운동이다.

베트남의 국민성

전쟁의 승리에는 베트남 국민의 역할을 빼놓을 수 없다. 베트남이 13세기 세계에서 가장 강력했던 몽골제국의 침략을 3차례나 막아냈다는 사실을 알고 있는가? 국민의 단결력이 외세를 물리친 가장 큰 원동력이었다. 베트남 사람들은 외세 배타적인 성향으로, 자국민이 무시당하거나 부당한 대우를 받게 되면, 일치단결하여 항쟁하는 전통을 가지고 있다.

그들은 강대국으로부터 오랜 기간 식민지배를 받으며 수많은 핍박을 경험했다. 보응우옌잡의 경우를 보더라도 쉽게 알 수 있다. 그는 독립운동에 투신하다가 인도차이나 공산당에 가입했다. 하지만 이런 행위로 인해 프랑스 당국의 눈 밖에 나면서 체포당했고 몇 년에 걸쳐서 감옥살이하다가 중국으로 도피했다. 망명해서 생활하는 동안 아내와 처형, 처제를 비롯한 가족 친지들이 연좌제로 체포당해 단두대로 사형당했고, 보응우옌잡은 프랑스에 강한 원한을 가지게 된다.

이러한 외세에 대한 원한이 전 국민을 자발적으로 전사가 되게 하였다. 강력한 군사력을 갖춘 프랑스와 미국을 상대로 전쟁을 수행하기 위해 베트남은 무장하고 군사 조직을 정비하고 강화하기 위한 시간이 필요하였다. 당연히 베트남이 택할 수 있는 전략은 게릴라전의 확대와 발전뿐이었다. 강력한 화력을 갖춘 적의 속전속결 작전에 대하여 게릴라전은 최선의 지연전술이었던 셈이다. 전국적으로 게릴라전을 확대하는 것은 바로 국민 각자를 한 사람의 전사로 만드는 것이었다.

민간인 복장을 한 전사들은 시간과 장소를 가리지 않고 전투를 벌였다. 이들과의 전투는 민간인 학살로 오인되어 아직까지도 논쟁거리가 되고 있다. 전 국민이 자신의 생업 터전에서 총을 들게 하여 '한 손에는 망치, 한 손에는 총'을, '한 손에는 쟁기를 다른 한 손에는 총을' 들도록 하였다. 전 국민을 무장시켜 모든 국민이 전쟁에 참여하는 국민의, 국민에 의한, 국민을 위한 독립과 통일 전쟁으로 승화시키는 전략이었다.

보응우옌잡의 3불 전략

베트남 승리의 비결은 보응우옌잡의 3불 전략이다. 1945년부터 1975년까지 30년간 이어진 프랑스와 미국과의 전쟁은 베트남이 상대하기 힘든 강력한 국가와의 전쟁이었다. 그래서 전쟁목표와 전쟁 수행방식이 다를 수밖에 없었다. 1945년 독립선언 초기 베트남은 국가체제를 제대로 구축하지 못하였고, 군사력도 빈약하여 무기다운 무기도 갖추지 못한 초보적인 수준에 불과하였다.

약자가 승리할 수 있었던 비결은 기존의 법칙을 거부하고 완전히 다른 창조적인 전략을 구사했기 때문이다. 바로 베트남이 프랑스, 미국, 중국과의 전쟁에서 승리한 것은 자신의 한계를 알고 이를 극복하기 위해서 게릴라전을 폈기 때문이었다.

베트남은 작은 농업국이었고 낙후된 약소국이었다. 현대적인 군대도 없었다. 그러나 그의 전략과 전술 덕분에 강대국들의 현대적인 화력을 극복할 수 있었다. 프랑스와의 디엔비엔푸전투[191]에서 그의 군대는 상식을 깼다. 밧줄로 끌어서 야포를 이동시켰고 중장비를 분해해 짊어지고 가서 재조립했다. 105mm 곡사포는 한 번에 1인치씩, 하루에 800m씩 3개월 동안 운반했다. 200대의 자전거로 밀림을 뚫고 보급품을 날랐다.

그는 남다른 자기 방식으로 싸웠고 동일한 방식을 반복하지 않았다. 한번 승리하게 한 방식은 머리에서 지웠다. 평범한 장수는 병법에 능하고 탁월한 장수는 상황에 능하다. 병법이 상황보다 앞설 수 없다. 어제의 승리한 방법은 오늘의 승리에 가장 큰 장애물이다.

보응우옌잡이 도망만 다닌 것은 아니다. 필요한 경우에는 의외라고 생각할 만한 결단도 내렸다. 바로 앞서 말했던 베트남전쟁의

---

191 상세한 내용은 제5장 '지형과 기상을 활용하라' 참조하기 바란다.

변곡점이 된 구정 대공세[192]이다. 구정 대공세는 남베트남에 있던 북베트남 게릴라 세력을 거의 소멸하게 하는 등 전술상으로는 재앙에 가까웠다.

그러나 보응우옌잡 장군이 지휘한 이 공세로 결국 미군의 사기는 저하되었고 미국 국민의 반전 여론도 강화하면서 미군을 협상 테이블로 이끄는 정치적 성과를 거둘 수 있었다.

보응우옌잡은 미군의 힘의 근원이 미국 국민이라는 사실을 통찰했다. 그래서 군사적 투쟁은 게릴라전으로 지구전을 구사하며 심리전으로 미국 내 반전여론을 확산시키고 외교적으로 미국의 부도덕함을 알려 궁지에 몰아넣었다. 철저하게 미국의 강점을 피하며 약점에 집중했다.

보응우옌잡은 아무리 약한 조직도 기동성과 유연성이 있으면 강자를 괴롭힐 수 있음을 보여주었다. 전장의 속도와 리듬, 시간과 공간에 대한 상식을 뒤집는 전략과 전술이었다. 이 전략은 초인적인 끈기와 용기, 신념으로 현실화시킨 호찌민, 보응우옌잡과 베트남 국민의 삼위일체를 통한 승리였다.

---

192 상세한 내용은 제3장 '전투에 지고 전쟁에 이기다'를 참조하기 바란다.

9

루악 동티모르 독립군사령관,
대통령이 되다

● ● ●

2012년 4월 23일, 동티모르 법원은 전체 투표자의 23만 5,299
면 찬성, 60.21%의 지지를 획득한 타우르 마탄 루악(Taur Matan
Ruak)의 당선을 발표했다. 13명의 후보자 가운데 1차 투표에서 1
위는 야당의 프란시스코 구테레스 루올로(Francisco Guterres Luo-lo)
후보이고, 2위가 루악이었다. 두 후보 모두 1차 투표에서 유권자의
과반수를 획득하지 못하여 1, 2위를 놓고 결선투표를 실시했고, 그
결과 루악 후보가 승리한 것이다.

매스컴을 통해 전달된 루악의 대통령 당선 소식에 나는 너무
나 기뻤다. 20년 전 루악과 함께했던 일들이 기억 속에서 되살아
났기 때문이다.

루악과의 인연은 2001년으로 거슬러 올라간다. 당시 나는 유
엔평화유지군으로 파병되어 동티모르 제2의 도시 바우카우에서

동부사령부 한국군 연락장교와 사령관 정책보좌관을 겸직하고 있었다. 동부사령부는 한국, 태국, 필리핀에서 파병한 부대들로 구성되어 태국군 사령관이 한국군 상록수부대, 필리핀 대대 그리고 태국 대대를 지휘하고 있었다.

어느 날 아침, 누추한 군복을 입은 군인 한 명이 동부사령관을 찾아왔다. 우리는 서로를 소개하며 인사를 나누었다. 그가 바로 동티모르 독립군 사령관을 지냈고, 당시 동티모르 방위군 최고 사령관으로서 방위군 창설에 전념하고 있던 루악 장군이었다. 루악은 바우카우 주민들이 유엔의 상황관리에 불만을 품고 집회를 계획하고 있다는 정보를 전했다. 동부사령관과 함께 대책을 논의했고 산에서 독학으로 영어를 공부했다는 그와의 의사소통에는 문제가 없을 정도였다. 오고 가는 대화 가운데 루악의 눈빛과 대화의 깊이에서 보통 사람이 아님을 직감할 수 있었다. 그날 회의는 성공적이었고, 동부사령부는 잘 대응하여 큰 문제없이 상황은 해결되었다.

그날 이후, 여러 번의 기회를 통해 루악과 만남을 가지게 된다. 루악은 한국에 관심이 많았다. 한국의 역사에 대해서도 많이 알고 있었고, 특히, 우리나라가 일본에 36년간 식민지배를 받았다는 사실에 더욱 동질감을 느끼는 것 같았다. 한국은 땅도 작고, 자원도 없는데 강인한 정신력으로 어려움을 극복해 불과 20~30년 만에 큰 성장을 이뤘다며 한국에서 배울 점이 정말 많다고 말하곤 했다.

루악과의 만남이 깊어지면서 대화도 깊어갔다. 그는 한국은 해방 후에 어떻게 국가의 기반을 잡아갔는지, 군은 어떻게 창설했는지, 식민지배 기간 동안 일본에 부역한 사람들을 어떻게 처리했는지 등 궁금해 하는 것이 너무나 많았다. 그의 머리속에는 온통 동티모르의 재건문제로 가득했다. 다행히 나는 역사학을 전공하고, 전쟁사 교관을 하면서 한국의 해방 전후사를 연구했던 경험이 있어서 많은 조언을 해줄 수 있었다.

　루악은 인도네시아에 28년간 식민지배를 받던 기간에 산악지역에 은거하며 독립투쟁을 했던 일들을 이야기해 주었다. 동티모르는 대부분이 높은 산악지형으로 형성된 열대우림이어서 게릴라 활동이 용이했다고 한다. 그의 무용담을 듣고 있노라면, 국가의 운명을 걱정하는 지사의 마음이 어떠했는지 가늠할 수 있었다. 마치 우리나라 독립투사들이 만주지역에서 하던 무장투쟁의 역사를 듣는 듯했다.

　마침, 당시 상록수부대에서 동티모르에서 장차 리더 역할을 할 사람들을 선발하여 한국을 방문하게 하는 프로그램이 있었다. 루악에게 그 프로그램을 소개해 주었고, 얼마 후에 한국을 다녀왔다. 한국을 다녀온 후 찾아온 루악은 하고 싶은 이야기가 너무나 많은 듯했다. 그에게 서울의 모습은 별천지였다. 밤새도록 잠들지 않고 움직이는 차량, 새벽에 찾아간 동대문 시장의 불야성같은 모습, 새마을운동 등에 많이 놀랐다고 했다.

그는 한국을 '기적의 나라'라고 인식하고 동티모르를 한국처럼 만들고 싶어했다. 그 꿈은 지금 현실이 되고 있다. 동티모르 정부는 한국을 전략적 파트너로 선정하고 한국의 성장모델을 배우고 있다. 그래서 처음으로 해외 파견 근로자를 한국에 보냈고 2021년 현재, 94명의 동티모르 근로자들은 근면성을 인정받으며 열심히 일하고 있다.

하루는 루악이 심각한 표정으로 질문했다. 동티모르 방위군을 창설하려는데 쓸 만한 인재가 없다는 것이다. 오랜 기간 식민지배를 받아서 젊은 사람들이 공부할 기회를 갖지 못한 것이다. 그나마 쓸 만한 사람들은 대부분 식민시절 인도네시아에 부역하던 사람들이고, 독립투쟁을 하던 사람들은 공부할 기회조차 가져보지 못했다는 것이다. 순간, 우리나라가 독립하여 미국의 군정하에서 나라의 기틀을 잡아갈 당시 국가지도자들이 경험했던 것과 똑같은 고민을 루악이 하고 있다는 사실을 직감했다. 루악은 결단하기 쉽지 않은 딜레마 상황에 직면해 있었다.

그래서 그의 판단에 도움이 될 것을 기대하며 우리의 경험을 이야기해 주었다. 우리도 일본의 36년간의 식민지배를 끝내고 해방되었을 때 똑같은 경험을 했노라고. 그 딜레마 상황에서 당시 미국의 군정은 일본에 부역하던 사람들을 다시 활용하는 결정을 내렸고, 과거의 청산 없이 시대가 흐르면서 일제에 항거하던 많은 사람이 제대로 평가받지 못했고 지금도 많은 논쟁의 대상이 되고 있다고. 내 이야기를 들은 루악은 당장 어려움은 있겠지만, 과거는 반드시 청산하고 단절해 나가겠다는 의지를 밝혔다. 그의 지도자로서 자질과 지도자가 겪게 되는 고독을 동시에 읽을 수 있었다.

우리의 현실세계에서 약자가 강자를 맞아 승리한 기적을 살펴보면 예외 없이 등장하는 주인공이 있다. 바로 그 조직의 리더이다. 그는 조직이 어려움을 겪고 있는 상황에서 문제점을 식별하고 그 문제를 해결해야 하는 명분과 해결방법을 제시한다.

처음에는 아무도 그의 말에 귀 기울이지 않는다. 외로움을 경험한다. 자신의 생각이 잘못된 것은 아닌가 의심하기도 한다. 타협하고 싶은 유혹도 생긴다. 그러나 흔들리지 않고 앞으로 나아간다. 조직원들을 이해시키고 설득하고 마침내 함께 꿈꾸게 한다. 루악이 동티모르에서 그러한 역할을 해야 한다고 생각했다.

한국의 동티모르 평화유지활동

동티모르는 450여 년 동안 포르투갈의 식민지배를 받은 후 1975년 독립했지만, 열흘 만에 인도네시아가 강제 점령했다. 이후 1999년 8월 유엔 감독하에 주민투표를 거쳐 독립을 결정했으나, 친 인도네시아 민병대가 유혈사태를 벌였고, 같은 해 10월 김대중 정부가 유엔의 요청을 받아들여 상록수부대를 파병했다. 동티모르 상록수부대에는 4년 동안 한국 군인 총 3,328명이 파병됐고 동티모르의 평화유지에 큰 도움이 됐다.

1999년 10월, 한국은 총 420여 명으로 편성된 상록수부대 제1진을 다국적군의 일원으로 동티모르 로스팔로스 일대에 파병했다. 2000년 2월, 유엔평화유지군으로 임무가 전환됐으며, 6개월 단위로 교대해 8진까지 연인원 3,283명이 치안유지, 국경선 통제와 민사작전 등의 임무를 수행하고 2003년 10월 완전히 철수했다.

　　상록수부대는 동티모르에 파병된 이후 헌신적이고 성실한 업무수행으로 지역주민들로부터 '다국적군의 왕'(말라이 무띤), '친구의 나라'(말룩 꼬레아)로 불렸다. 뿐만 아니라 현지에서 활동 중인 유엔기구로부터 유엔 평화유지활동(PKO) 참여국 중 가장 모범적으로 임무를 수행했다는 평가를 받았다. 상록수부대의 4년에 걸친 주요 파병일지는 아래 도표와 같다.

【상록수 부대 주요 파병일지】

일 시	주 요 내 용
'99.9.15	유엔 안전보장이사회 결의안 채택 및 파병 공식요청 서한 접수 (외교통상부)
'99.9.19	국방부 현지조사단 파견
'99.9.21	국무회의 의결, 국회 국방위 긴급현안 상정
'99.9.23	국회 승인, 파병계획 통보
'99.9.30~10.9	상록수부대 파병(호주 타운즈빌)

'99.10.16~10.22	상록수부대 동티모르 로스팔로스 전개
'00.2.1	유엔 평화유지군으로 전환
'02.1.13	오쿠시 지역으로 이동
'03.4	상록수부대 8진 파병
'03.10.23	완전 철수

스콜(Squall), 오쿠시의 복병!

동티모르 오쿠시주의 노엘 에카트(Noel Ekat) 강기슭에 비석이 하나 서 있다. 급류에 휘말려 유명을 달리한 5명의 상록수부대원들을 추모하는 비이다. 이친범 대사가 이들의 한을 달래주기 위해 한국 보훈처의 예산으로 2020년에 건립했다고 한다. 과연 여기서 무슨 일이 있었던 것일까?

오쿠시는 동티모르의 서쪽에 위치하고 있다. 상록수부대가 처음 임무를 부여받은 로스팔로스는 동쪽 끝이었다. 그런데 2002년, 유엔의 명령으로 상록수부대가 오쿠시로 임무지역을 변경하게 된다. 그 지역을 맡고 있던 요르단부대가 파병 임무를 종료하였기 때문이다. 요르단부대는 식민지배에 상처받은 주민들의 신뢰와 사랑을 받지 못했다고 한다. 지역주민에 대한 배려 부족으로 민심을 잃은 상태였다. 상록수부대는 요르단과 다르게 대민지원 활동을 적극적으로 수행하여 주민들로부터 열렬한 환영을 받게 된다.

이미 로스팔로스에서 지난 3년간의 활동들이 모든 동티모르 주민들에게 알려져 있던 상황이라 주민들은 내심 기대하고 있었던 것이다.

그런데 2003년 3월 6일, 특전용사들이 대민지원 임무수행 중 강을 건너다 갑자기 불어난 급류에 휩쓸리는 사고가 발생했다. 3명의 병사와 2명의 장교가 목숨을 잃었다. 사고 원인은 복병인 오쿠시 스콜이었다. 동티모르는 열대성 집중호우로 유명하다. '스콜'이라는 비가 짧은 시간에 집중적으로 내린다. 숲으로 뒤덮인 산과 넓은 구릉이 줄지어 있는 전형적인 열대 사바나 지역으로 호주 내륙으로부터 불어오는 뜨겁고 건조한 사막 열풍의 영향을 받아 건기 때는 섬 전체가 흙먼지로 자욱하고 더위와 갈증에 지쳐 죽는 가축들이 생길 정도다. 반면에 우기 때는 서쪽으로부터 습한 바람이 불어와 폭우가 쏟아지고 홍수가 발생하기도 한다.

당시 사고지역에는 비가 오지 않았다고 한다. 상류지역에서 내린 엄청난 스콜로 갑자기 급류가 넘쳤고 손쓸 틈도 없이 강을 건너던 중에 고립되어 차량과 함께 급류에 휩쓸리고 말았다. 오쿠시 주민까지 참여하여 2달에 걸쳐 수색을 했으나, 끝내 운전병이었던 김정중 병장의 시신은 찾지 못했다. 장교 2명 중에는 일 년 후배 민병조 소령이 포함되어 있어서 안타까움을 더했다. 생도생활을 할 때 같은 중대에서 함께 꿈을 키우던 그는 평소 차분하고 성실한 장교로 모든 주변 사람들에게 신뢰와 사랑을 받았다.

강을 차량으로 건너다가 사고를 당했다는 것이 상상이 되는가? 아마 도무지 그려지지 않을 것이다. 동티모르의 도로 인프라는 매우 열악하여 강에 다리가 없는 곳이 많다. 그래서 많은 강을 차량이 건너다닌다. 다리가 아니라 물 위로 말이다. 다행히 동티모르의 강은 연중 대부분 기간에 바짝 말라 있다. 강바닥이 자갈밭으로 고스란히 드러난다.

동티모르는 화산활동으로 생긴 강원도 크기만한 섬이다. 그래서 해발 2,963m의 영산 라멜라우(Ramelau)가 솟아 동서로 흐르고 하천의 종심이 짧아 남태평양 한가운데 우뚝 솟은 산맥에 구름이 막혀 우기가 되면 스콜로 매일 많은 양의 비를 뿌렸다. 이 물은 가파른 강의 경사에 의해 순식간에 바다로 흘러 들어갔고 바닥이 현무암이라 땅속으로 스며들어서 금방 강이 바닥을 드러내게 되는 것이다.

나도 바우카우에서 임무를 수행할 때 강을 건널 것인가, 물이 빠지기를 기다릴 것인가를 고민한 적이 여러 번 있었다. 일단 물이 불어나면 줄어들 때까지 기다릴 수밖에 없는데 강 주변에는 숙박하거나 식사를 할 수 있는 여건이 전혀 갖추어져 있지 않았다. 그래서 가능하면 건너가고 싶지만 수심을 알 수 없으니 망설이는 것이다. 사고 당시의 상황이 선명하게 그려져서 아쉬움과 함께 지금도 가슴이 먹먹해진다.

대통령을 성공적으로 마치고 총리가 된 루악은 연합뉴스와 인터뷰에서 '다섯 명의 한국인 순직 장병은 우리의 머릿속에 있고, 이분들은 동티모르의 역사가 됐다'고 말했다. 이분들의 고귀한 희생으로 우리와 동티모르는 더욱 끈끈한 친구가 되었다. 국민에게 이런 사실을 언급하고 강조하여 국민적 공감대를 넓혀가는 것 또한 지도자의 중요한 역할이다. 어려움에 빠진 동티모르 사람들을 도와주기 위해 헌신하던 특전요원들의 고귀한 희생이 한국과 동티모르 사이에 공간을 초월하는 우정을 나누게 만든 것이다.

고독한 지도자 루악

루악은 오르타에 이어 5대 대통령직을 수행하고, 지금은 6대 대통령 루올로와 함께 총리로서 동티모르를 이끌고 있다. 식민지 배하에서는 독립군 사령관으로, 유엔의 지원하에 방위군을 창설할 때는 총사령관으로, 대통령으로, 지금은 총리로 동티모르를 리드해 가고 있는 것이다. 인도네시아 통치 시절 20여 년간 게릴라로 활동했고, 3대 대통령이었던 구스마오가 게릴라 활동 중에 인도네시아군에게 체포되자, 저항 게릴라의 총사령관직을 이어받았다. 그는 겸손하고 총명하며 스스로를 통제할 수 있는 리더십을 갖추었다고 평가받는다.

루악의 생가는 내가 근무했던 바우카우에서 차량으로 약 3시간 거리에 위치하고 있다. 물론 한국의 고속도로를 생각하면 안 된다. 거리가 멀어서가 아니라, 도로 상태가 나빠서이다. 구불구불한 시골 산길을 생각하면 좋겠다. 그는 지금도 고향에 내려가면 생가에 머무른다고 한다. 대통령도 역임한 사람이 머물기에는 너무 누추하지만 청렴결백한 루악의 모습을 확인할 수 있는 대목이다. 루악의 아버지는 목사였다고 한다. 루악이 독립운동을 할 때, 대통령과 총리를 할 때도 아버지는 늘 기도했다고 한다.

루악은 평소 말을 많이 하지 않았다. 늘 주변 사람들의 이야기를 경청하는 것을 좋아했다. 그리고 늘 무언가를 깊이 생각하는 모습이었다. 그는 스스로 고독을 즐기는 것 같았다. 리더의 위치는 고독한 자리이다. 그래도 참아야 한다. 리더라면 외로움을 이겨낼 수 있어야 한다. 외로움은 '누군가와 같이 있고 싶은데 떨어져 있는 것이고 단절된 심리적 상태'이다. 그래서 쓸쓸함이나 우울 같은 부정적인 감정이 든다. 그래도 리더는 외로움을 나누는 것이 아니다. 아니, 나누어서는 안 된다. 나눌 수 없는 외로움을 나누려는 순간, 다시 말해서 외롭지 않으려는 순간 문제가 발생한다.

리더는 항상 조직과 함께하며 조직을 이끌어야 한다. 같이 있기는 하여도, 같아지지는 않아야 한다. 훌륭한 리더가 되길 원한다면 몰려다니고 싶은 무리 본능을 이길 수 있어야 한다. 리더는 고독을 즐길 수 있어야 한다. 고독은 외로움과 같은 의미인 것 같으나 사실은 많은 차이가 있다. 고독은 스스로 혼자 있는 것을 선택하는 자유롭고 긍정적인 감정이다. 리더는 고독을 즐길 줄 알아야 한다. 자신만의 시간을 통해 원기를 회복하고 충만해져서 부하들보다 먼저 멀리 보고 깊이 생각해야 한다.

　루악을 만난 지 벌써 20년이 지났다. 동티모르에서의 1년의 파병생활과 그와의 짧은 만남으로 나에게 동티모르는 더 이상 남의 나라가 아니다. 그래서 매스컴에 동티모르가 나오면 하던 일을 멈추고 집중한다. 그때마다 동티모르에서의 추억이 아스라이 떠오른다. 루악과 같은 훌륭한 지도자들이 지속적으로 나와서 동티모르가 더욱 아름다운 나라로 성장하길 바란다. 코로나19가 잠잠해지면 동티모르를 꼭 방문하고 싶다. 루악 총리와도 만나서 20년 전의 추억들을 나누며 그때 꾸었던 꿈이 동티모르에 어느 정도 이루어졌는지 물어보고 싶다. 약함 너머에 강함으로 당당하게 살아가고 있는 동티모르의 모습이 기대된다. 약함을 넘어 루악이 꿈꾸던 동티모르가 현실이 되길 간절히 바란다.

Epilogue ____

사람들은 누구나 자신만의 이야기를 가지고 살아간다.
걸어온 길이 어떠하든 저마다의 고유한 경험이 있다.
그 수많은 경험이 지금의 모습을 있게 한 것이다.

자신의 내면을 가만히 들여다보라.
그러면 자신이 가장 열정을 느끼는 일을 발견할 것이다.
그 일에 열정을 쏟으며 사람들과 소통하라.
사람들은 당신의 열정에서 영감을 얻게 될 것이다.
그들은 영감을 통해 감동한다.

자기 자신을 믿고, 절대 흔들리지 말라.
우리 주변은 온통 흑백 논리가 판치고 있다.

상상력 부족으로 기존의 개념에 사로잡혀 새로움을 거부한다.

그들은 단지 과거의 시선으로 미래를 보고 있을 뿐이다.

과거에 찬란한 승리를 가져다준 전략에 현혹되지 말라.

그것 또한 과거 전략가의 찌꺼기에 불과하다.

현재에 굳게 서서 맥락적 차원에서 고민하라.

무엇이 문제이고, 어떤 처방전이 최선일지.

지금 약함에 처해 있는가?

약함은 인간의 능동성을 위축시키고 파괴할 수도

적응력과 재활력을 촉진할 수도 있는 법.

문제의 핵심은 역경을 대하는 태도이다.

불굴의 정신은 역경과 씨름할 때 형성되는 법.

좌절하지 말고 지금 일어서라.

꿈을 이루는 비결은 강한 자신감과 의지에 있다.

끝까지 자신감을 잃지 않는다면 언젠가 꿈은 이루어진다.

약자가 그리도 바라던 강자를 이기는 날이 반드시 온다.

우리의 삶이 순풍에 돛 단 듯, 늘 순조로울 수는 없다.

진퇴양난의 상황에 빠질 때도 있고,

혼자로는 도저히 해결할 수 없는 문제를 만나기도 한다.

모든 일에는 흥망성쇠가 있는 법.

고통을 수반하지 않는 성장은 없다.

참고 기다릴 줄 알아야 한다.

약함에서 배우고 살피고 익혀서 실천하라.

인내와 끈기로 고난과 역경을 버티어내면

약함이 강함으로, 주변이 다시 중심이 된다.

우리 약자의 삶은

장석주 시인의 '대추 한 알'과 많이 닮아 있다.

약한 개인, 조직, 국가가

강자를 이기는 감동적인 이야기에는

저마다의 태풍, 천둥, 벼락, 번개

몇 개씩을 간직하고 있다.

그 고난의 순간들이

설익음을 영글게 하고 약함을 단단하게 했다.

약자의 승리 방정식 V = WE MISS를

제대로 이해하고 실천할 때

약함은 위장된 축복이 된다.

담대하게 어깨를 펴고 현실을 직시하라.

약함 너머에서 승리가 손짓하고 있다.